RÉMINISCENCES D'UN TRADER DE WALL STREET

Ninette Denise UZAN-NEMITZ

Tous les renseignements inclus dans cet ouvrage sont uniquement fournis à des fins éducatives. Ninette Denise Uzan-Nemitz n'est pas un conseiller en finance et ne recommande aucun investissement. Investir, spéculer ou négocier en day-trading sur les marchés financiers sont des activités comportant des risques de pertes d'argent. Ce livre raconte une histoire vécue et ne promet aucun résultat d'aucune sorte.

Certains noms ont été changés pour respecter l'anonymat des personnes citées.

Pour mes fils, Thierry et Max, qui sont la plus grande richesse de ma vie. Je suis honorée que Maxime ait suivi mes pas dans la finance et je suis tout aussi fière de la carrière de son frère aîné. De tout mon cœur, j'espère que ces mots les inspireront tous les deux dans leur quête de l'excellence à la fois personnelle et professionnelle.

Contents

Quand on veut, on peut...

Trader

Autres Outils et Analyses

Quand on veut, on peut...

AVANT-PROPOS

Vivre, c'est être musical, à commencer par la danse
du sang dans vos veines. Tout ce qui vit a un rythme.
Ressentez-vous votre musique ?

—*Michael Jackson*

Il y a un battement de cœur dans les marchés mondiaux. Leurs cycles, leurs rythmes et leurs contractions semblent totalement chaotiques pour l'observateur occasionnel et pour l'investisseur novice, alors qu'ils sont parfaitement déchiffrés par le trader professionnel. Quant aux rythmes et aux cycles de ma vie, ils ont changé pour toujours quand, encore très jeune, j'ai ressenti les contractions annonçant mon premier bébé.

Les enfants accroissent notre conscience des dangers potentiels, nous obligent à réfléchir et à planifier pour l'avenir. Souvent, nous sommes amenés à faire beaucoup plus pour leur bien être qu'on ne le ferait pour nous-mêmes.

Ce récit est une histoire, mon histoire, qui dévoile la façon dont une jeune fille française un peu naïve est arrivée en Amérique, a appris à maîtriser les marchés, a trouvé la force de rivaliser avec les hommes qui se trouvaient sur son chemin et parfois même, de les battre pour survenir aux besoins de ses enfants.

Les pages qui suivent détaillent les épreuves et les tribulations d'un trader. Vous y trouverez non seulement les pièges à éviter, mais les principes essentiels pour réussir. Vous allez apprendre les indicateurs que les pros utilisent pour définir et affiner leurs stratégies les plus efficaces.

Et puis, j'espère également que vous y trouverez le savoir-faire pour gérer les risques du trading, tout comme ceux de votre vie.

Avec diligence et discipline, au fil du temps, les fluctuations erratiques du marché vont se transformer en impulsions rythmiques qui vous permettront de percevoir son humeur, d'anticiper ses ruades et de ressentir la cadence de sa respiration.

La plupart des traders en herbe échouent et abandonnent rapidement. Cela aurait pu m'arriver et je l'ai échappé de justesse. Je voulais gagner autant d'argent que possible, aussi vite que possible. Mais je me suis vite rendu compte qu'en me concentrant sur l'amélioration de mon attitude plutôt que sur mes profits, j'obtenais des résultats largement supérieurs.

Depuis plus de vingt ans, le marché a été pratiquement mon obsession. C'est un professeur impitoyable, même avec l'étudiant le plus assidu. J'ai eu la chance d'apprendre la pratique du métier avec l'un des premiers gestionnaires de fonds de couverture et je vous invite à vous asseoir à mes côtés, pour bénéficier des réminiscences d'un Trader de Wall Street.

INTRODUCTION

*La personne qui va le plus loin est généralement celle qui
est prête à faire et à oser. Le bateau « sans-souci »
ne s'éloigne jamais de la rive.*

—*Dale Carnegie*

Le regard fixé sur l'un des cinq écrans de ma plate-forme de
trading, je suivais la cote de l'once d'or avec attention. Le prix donnait
l'impression de se stabiliser autour de $257. Le sourire aux lèvres,
je décrochais le téléphone pour parler au courtier du COMEX qui
travaillait mon ordre.

—Excellent job ! Continue à acheter discrètement des petits lots
de vingt à trente contrats, sans faire bouger le marché. Quand tu
arrives à la valeur d'une tonne d'or physique, rappelle-moi.

Il ne me restait plus qu'à attendre.

Au dehors, le temps était magnifique, Rockefeller Center était
fleuri et le soleil jouait avec les feuilles des arbustes. L'été avait toujours
été ma saison préférée et, en ce mois de Juillet 1999, j'appréciais tout
particulièrement de vivre à New York.

L'espace d'un instant, mes pensées s'éloignèrent des cotations et
s'en allèrent vagabonder librement.

Je me revoyais quelques années plus tôt, abandonnée et sans espoir,
perdue parmi les ombres des gratte-ciel imposants de Manhattan.
Cette ville ne dort jamais, sa perpétuelle énergie semble être drainée
de l'âme de ses citoyens, aussi goulûment qu'on avale une première
tasse de café matinale.

Mes larmes de désespoir avaient séché et s'étaient transformées en ténacité. J'avais réussi à cultiver un talent pour le trading et, à présent, j'étais libre et indépendante. Mon seul adversaire était le marché avec lequel je savais négocier.

Alors que le profil d'un trader typique était celui d'un homme instruit, agressif et rusé, habillé d'un style aussi impérieux que sa personnalité, je n'avais aucun de ces attributs. J'étais étrangère, féminine et je ne sortais pas tout droit d'un MBA d'une grande école. Tout cela s'ajoutait contre moi.

Toujours $257... Bon. Avec une moue de satisfaction, je me levais pour dégourdir mes jambes.

Durant mon enfance et les premières années de mon mariage à Paris, je ne m'étais jamais posé de questions sur les opportunités aboutissant à des investissements profitables, sur le fonctionnement des bourses ou sur le choix des produits échangés au sein de l'univers financier. Je n'y connaissais rien, d'où mon manque d'intérêt. Après mon mariage, j'avais simplement accepté le choix de mon mari concernant les produits financiers, qui se trouvaient être un paquet de cartes à jouer.

Il m'aurait été impossible d'imaginer que j'allais être propulsée vers un monde inconnu et qu'une aventure extraordinaire allait tester mon sang froid et mettre mon courage à l'épreuve.

Incroyable et pourtant vrai, malgré mes antécédents adverses, j'étais devenue gérante de portefeuilles et je misais de très grosses sommes.

J'avais embrassé une carrière dont j'ignorais posséder les traits de caractère indispensables, jusqu'au moment où certains événements m'avaient confronté, m'obligeant à puiser dans mes ressources pour aller trouver une force mentale qui y dormait, enfouie au plus profond de moi-même.

Les traders ont la réputation d'être de grands joueurs, mais étrangement, les jeux de hasard m'avaient toujours été indifférents.

Mon seul souvenir d'un casino était une occasion où j'avais accompagné mon mari.

L'entrée des tables de jeux m'avait été refusée puisque j'étais encore une mineure, quoiqu'une mineure visiblement enceinte. Cette interdiction ne m'avait pas contrariée le moins du monde et j'avais passé toute la soirée assise dans le hall, ravie d'avoir un livre dans mon sac qui m'intéressait bien davantage que de tenter ma chance aux machines à sous.

Mais par une grande ironie du sort, ma destinée avait pris un tournant inattendu pour me mener au milieu des plus grands enjeux du monde, où les « bulls », les « bears » et les loups jouent à Wall Street.

Bizarrement, j'avais à présent l'opportunité, le courage et le capital pour parier dans le plus grand casino du monde...

De retour vers mes écrans, mon regard s'attarda sur la photo de mes petits garçons et, en soupirant, je pensais que j'avais encore beaucoup à faire en tant que leur mère et leur père. Mais j'avais une volonté à toute épreuve et ma motivation était décuplée par le désir de pourvoir au bien-être de mes enfants. Rien ni personne n'allait m'empêcher de donner un foyer sécurisant à mes petits et l'opportunité d'étudier dans les meilleures écoles.

Ce qui avait commencé comme un combat pour survivre et subvenir au confort de mes garçons, s'était transformé en une lutte quotidienne contre ma propre ignorance, tout en affrontant l'arrogance des hommes. Une vie dont je n'aurais jamais pu rêver avait lentement émergé, alors que ma persévérance se transformait en passion.

DE PARIS À NEW YORK

*La différence entre l'impossible et le possible
réside dans la volonté d'une personne.*

—*Tommy Lagord*

A quinze ans, j'étais assez précoce. Mon corps mûrissait plus vite que mon esprit et avait déjà l'apparence de celui d'une femme. Mon besoin d'indépendance s'était développé avec mes formes et mes parents, par souci de protection pour ma sœur et moi-même, nous interdisaient de sortir sans être accompagnée d'un chaperon, alors que nos frères étaient bien plus libres.

Aux fiançailles de ma grande sœur, j'eus la révélation qu'il suffisait d'épouser un garçon pour être autonome. Si je pouvais être mariée, la vie serait romantique et passionnante. Je ne serais plus une petite fille et je ferais enfin partie du monde des adultes.

Comme dans les contes de fées, notre histoire dirait « ils vécurent heureux. »

Un des invités me fut présenté au cours de cette soirée. Il travaillait dans la musique, tout comme mon futur beau-frère et il m'avait complimenté sur ma jolie voix. C'était la première fois qu'un homme me montrait de l'intérêt. J'étais flattée et excitée par les attentions de ce monsieur beaucoup plus âgé et, résolument, je décidais qu'il serait mon mari.

Quelques mois plus tard, quoique mes parents aient essayé de me raisonner, j'avais réussi à les convaincre que ce n'était pas une toquade d'enfant gâtée. Naturellement, j'étais une adolescente déterminée et je savais ce que je voulais.

Ainsi, malgré leur réticence et la désapprobation de la famille de mon futur mari, j'étais mariée.

Sans aucun doute, le rêve de danser au clair de lune, nuit après nuit avait été irréaliste. De plus, j'étais bien trop jeune et immature, mon mari avait déjà ses habitudes et ses amis et, bientôt, il s'était avéré que nous n'avions pratiquement rien en commun.

Dans l'espoir de sauver notre mariage, j'eus un bébé et puis un second, mais rien ne pouvait renforcer notre couple qui était voué à l'échec.

Malheureusement, notre union se termina rapidement en divorce. Le choc de cette défaite et le sentiment de rejet affectèrent ma santé. Je devins si malade et amaigrie que je dus être hospitalisée. Par conséquent, mon ex-mari obtint la garde de nos enfants, ce qui me déprima davantage encore. Désillusionnée, ma tristesse était profonde et seule la pensée de mes deux adorables petits garçons me donnait une raison de vivre.

Toutefois, la jeunesse a une puissance de récupération tout à fait remarquable.

On m'a souvent demandé ce qui m'a amené aux Etats Unis. Je ne peux pas prétendre que c'était l'ambition ou le désir d'avoir une profession prisée et de devenir une femme icône, quoique ce fut le cas… Non, ma raison de quitter la France pour l'Amérique était simple. Je suis tombée amoureuse.

Une fois sortie de l'hôpital, ma convalescence fut recommandée hors de Paris, où trop de souvenirs rendaient difficile la cicatrisation de mes récentes blessures, c'est pourquoi j'allais rendre visite à des amis en Espagne. Là, sur un terrain de golf, je rencontrais un homme si grand et beau qu'il avait l'air d'une statue.

Karl avait 24 ans, il était américain et top model. Au cours d'une pause sur les prises de vues d'une publicité de vêtements de sport, il avait remarqué que j'exerçais mon swing et il s'était approché pour m'aider à corriger ma position. Là-dessus, il m'invita à rejoindre toute l'équipe de tournage, pour boire un rafraîchissement. Depuis l'école j'avais toujours aimé parler l'anglais et sur tous les sujets que nous avions abordés ce jour-là, notre conversation fut très intéressante.

Le lendemain, aussitôt qu'il fut libre il m'invita à la plage. Dès notre arrivée, pour que mes pieds ne touchent pas le sable brûlant de Marbella, il me souleva comme si j'étais une plume. J'étais étonnée qu'une telle force se manifeste avec autant de douceur et de tendresse et, en un instant, cette étreinte eu l'effet d'un coup de foudre, aussi bien pour moi que pour lui.

En quelques jours, toutes mes espérances d'amour furent exaucées et même dépassées. Enfin, je découvrais les soirées romantiques et les danses langoureuses sous le ciel étoilé.

Nous étions très jeunes et amoureux. Quelques temps plus tard, nous étions mariés et je le suivais pour vivre à New York.

Peu après, mon ex-mari me donna son accord pour que je prenne soin de nos enfants et, à ma grande joie, ils vinrent vivre avec moi en Amérique.

Cependant, bien que Karl les adore et qu'il ait aimé jouer avec eux, il fut vite évident qu'il se sentait pris au piège par la charge d'élever des enfants qui n'étaient pas les siens. C'était nettement beaucoup plus de responsabilités que ce qu'il avait envisagé et je dus choisir entre mon nouveau mari et mes garçons.

Évidemment, ma priorité était le bien-être de mes enfants et je le quittais, amèrement désillusionnée et meurtrie de voir notre grand bonheur détruit si facilement.

Ainsi, peu de temps après avoir quitté Paris pour l'Amérique, j'étais de nouveau divorcée. Mon cœur était brisé et mes rêves aussi, une fois de plus. Je me sentais non seulement abandonnée mais terriblement blessée et je cachais mes larmes pour ne pas inquiéter mes petits.

Avec le temps, l'immense joie d'avoir retrouvé mes fils allait me faire oublier mon sacrifice, me réconforter et aussi cicatriser mes blessures, le problème était que je n'en avais pas officiellement la garde, seule une lettre de leur père m'autorisait à les élever et par conséquent, je ne bénéficiais d'aucun soutien financier. J'étais jeune et sans expérience, sans ressources, sans pension alimentaire et bien trop têtue pour demander de l'aide à quiconque. Il était grand temps que je grandisse.

Je devais trouver de toute urgence comment j'allais assumer cette responsabilité toute seule.

Il n'était pas question de retourner en France où j'aurais été à la charge de mes parents, je préférais qu'ils ne sachent rien de mes problèmes. Il me fallait agir en adulte, avoir le courage nécessaire pour être à la hauteur de cette terrible situation et trouver un moyen de survivre.

Trois ans plus tôt, j'avais écris une chanson qui avait obtenu un petit succès en France et à cette occasion, j'avais rencontré des gens du show business des Etats-Unis, dont j'avais gardé la carte de visite.

Ne connaissant personne d'autre, je contactais une de ces relations dans le but d'obtenir un emploi et j'eus la chance d'être engagée par une maison de production de disques, dont les bureaux se trouvaient sur Broadway. Mon salaire était maigre mais c'était mieux que rien, même si j'avais toujours des difficultés à élever mes petits décemment.

La seule solution était de trouver un emploi supplémentaire pour gagner un peu plus et cela, le plus vite possible.

J'eus l'idée de m'inscrire à NYU (New York University) en cours du soir, pour obtenir une licence en immobilier. Avec ce diplôme, j'avais la possibilité de travailler le week-end pour vendre ou louer des appartements. Si une transaction était conclue, le vendeur payait une commission à l'agent. Cette somme représentait 6% du prix reçu pour la demeure et elle était versée à mon employeur le jour de la transaction. Pour les locations, le pourcentage était de 15% calculé sur le total de l'année et sur ces montants, la moitié m'était payée.

Vendre un bel appartement pouvait doubler mon salaire annuel, c'était donc prometteur. Cependant, mes efforts résultaient par des contrats de loyer. Qu'importe, en travaillant sept jours par semaine, je parvenais à subvenir aux besoins de mes enfants plus aisément.

Seulement, le problème de leur scolarité n'était pas résolu. J'avais visité plusieurs écoles publiques et trouvé certaines d'entres elles dangereuses. La vulgarité des élèves dans la cour et les détecteurs de métal à chaque issue pour éviter que les enfants portent des armes, m'avaient vraiment alarmée. Heureusement, cette activité secondaire me permis de les inscrire au Lycée Français de New York.

Les frais de scolarité de cette excellente institution coûtaient presqu'autant que mon salaire annuel et je comptais sur mon travail de locations immobilières pour arriver à payer le loyer et la nourriture... Et même si je faisais face à une pression énorme, je ne pensais qu'à trouver des solutions.

Tous les matins, je consultais les annonces du New York Times pour y trouver des offres récentes.

Aussi, j'explorais la rubrique nécrologique pour faire une petite enquête et savoir si la famille voulait se débarrasser d'une propriété ayant appartenu au défunt. Si les biens devaient être divisés entre les héritiers, j'avais une chance d'être l'intermédiaire qui proposerait un acheteur.

Un jour, en feuilletant les pages du journal au hasard, mon regard s'arrêta sur une proposition d'emploi d'une société de courtage qui promettait de payer cent mille dollars par an, sans indiquer d'autre précision.

Je n'avais probablement pas les qualifications requises pour ce poste. Malgré cela, j'imaginais les conditions pouvant être exigées et, après réflexion, je décidais de contacter cette entreprise pour obtenir plus d'informations sur l'offre. J'espérais apprendre quelque chose ou tout au moins recevoir des renseignements qui pourraient m'être utiles. Je n'avais rien à perdre et au fond, j'étais convaincue que si je ne tentais rien, je n'aurais rien.

Par curiosité, j'appelais le numéro indiqué et, à ma grande surprise, j'étais invitée à venir me présenter le jour suivant, pour un entretien au cœur de Wall Street.

WALL STREET

*Wall Street est le seul endroit où les gens montent
dans une Rolls Royce pour aller obtenir des conseils
de ceux qui prennent le métro.*

—*Warren Buffet*

La maison de courtage « Hamilton-Grant » était une firme
spécialisée dans les « penny-stocks » (titres valant quelques centimes).

Je n'avais aucune idée de ce à quoi m'attendre mais, comme
toujours, j'étais habillée d'un tailleur élégant et je portais des hauts
talons. S'il y avait une opportunité, si minime soit-elle, de gagner
assez d'argent pour vivre plus confortablement, j'étais déterminée à
mettre toutes les chances de mon côté. J'espérais que mon apparence
sérieuse et professionnelle indique clairement que j'étais prête à
travailler.

Un grand homme barbu, aux cheveux grisonnants, m'invita à le
suivre dans les bureaux d'Hamilton-Grant. Il semblait attendre que
je parle et j'en profitais pour lui demander des détails sur ce qui était
exigé. Il m'expliqua que le travail consistait à vendre des actions au
téléphone à tous ceux qui pourraient les payer.

Cela me donna une certaine confiance, puisque j'avais de
l'expérience avec mes activités dans l'immobilier d'être aimable au
téléphone avec les acheteurs potentiels. Mon anglais parlé était assez
bon et j'espérais que mon accent français ne soit pas un problème.

A ma grande surprise, il ne m'avait posé aucune question sur mes
études et mes connaissances sur la finance.

Au lieu de cela, alors que nous discutions de sujets de la vie quotidienne tels que le prix des locations d'appartements à New York, les yeux perçants de cet homme me regardaient comme s'il essayait de décider si mon apparence athlétique et mon jeune visage signifiait que j'étais une « dumb blonde » (une blonde stupide)...

De toute évidence, il opta pour le contraire. Même s'il était clair que je n'avais aucune expérience réelle dans la finance, le directeur me proposa un emploi et me demanda de commencer immédiatement. Il m'assura que je recevrais un « draw » (une avance) sur les commissions à venir et me précisa qu'il prendrait à sa charge le prix des études pour l'acquisition de ma licence de broker (courtier).

Pourquoi moi ?

Cette question me brûlait les lèvres, mais j'avais assez de bon sens pour qu'elle ne sorte pas de ma bouche. Pourtant, il comprit qu'il me devait une explication et avec un sourire, il affirma que les jolies filles célibataires étaient généralement d'excellents brokers. Apparemment, il ne s'inquiétait pas.

Je lui promis de rester pendant six mois, après l'obtention de la licence.

A la fin d'une formation accélérée, les épreuves avaient lieu un Samedi. Très tôt, le matin du 17 Octobre, j'allais dans une école où chaque salle de classe allait recevoir les nombreux candidats.

Nous étions sans doute plusieurs centaines à nous présenter ce jour-là.

En dépit d'un examen long d'une journée entière, avec 250 questions le matin et 250 l'après-midi, je n'étais pas trop inquiète. Pour les choses importantes, j'avais une certaine aisance à garder mon calme. Et puis, j'avais beaucoup étudié et j'allais faire de mon mieux. Mon habitude de toujours m'asseoir au premier rang durant mes cours, pour mieux absorber les paroles du professeur, avait grandement facilité ma compréhension et je me sentais prête.

Si j'étais recalée, mes chances au sein de cette firme étaient perdues mais il n'était pas question de m'occuper l'esprit avec des pensées négatives.

Tout ce qui était mathématique avait l'air assez simple, ce qui me paraissait difficile était qu'un grand nombre de questions comprenaient deux, parfois trois négations. Je devais les relire plusieurs fois avant de pouvoir comprendre ce qui m'était demandé, d'autant plus que ma connaissance de la langue n'était pas experte. Ainsi, je m'appliquais pour ne pas me tromper.

A l'époque, le nombre de personnes reçues à l'examen s'élevait à moins de 50 pourcent des concurrents. Portant, même si l'anglais n'était pas ma langue maternelle, je fus admise et la licence fut envoyée à mon employeur.

Curieusement, j'étais à présent un courtier agréé !

Mais le lundi suivant était le 19 Octobre 1987, jour du krach de la bourse de New York.

Tous les journaux en parlaient et tout le monde s'affolait. Quant à moi, je me détachais de la panique du moment et je restais pragmatique, sachant que j'allais avoir un vrai problème pour démarrer dans mon nouveau métier, qu'il y ait eu un krach boursier ou pas.

Mon challenge était de vendre des titres qui n'étaient pas échangés en bourse et dont la valeur était publiée sur les « Pink Sheets » (un système d'information de prix hors cote, comprenant des sociétés qui n'étaient pas requises de satisfaire certaines exigences minimales de réglementation).

Ces investissements avaient la réputation d'être les plus risqués et donc, le moment était très mal choisi.

La firme pour laquelle j'allais travailler était « Market-Maker » (faisant le marché) d'une vingtaine de titres, sur lesquels la moitié de la commission facturée au client revenait au broker. Ce « payout » ou paiement était de 14% supérieur aux compensations usuelles d'environ 36%. C'était généreux, quoique l'écart n'était pas encore trop loin de la normale.

Le détail incroyable était le calcul de celles-ci. Alors que les commissions sur les actions cotées en bourse étaient pratiquement insignifiantes, celles reçues sur les titres émis par cette maison de courtage étaient, en comparaison, payées royalement.

Comment ?

Si le bid (prix auquel il y avait acheteur et par conséquent où on pouvait vendre) était à cinquante centimes et l'offer (offre et prix auquel on pouvait acheter) à un dollar, la différence (ou spread) de cinquante centimes représentait la commission, partagée entre la firme et le courtier. Donc, 50% du prix d'acquisition était payé en prime par le client.

Par exemple, l'achat pour cinquante mille dollars d'une action IBM à $100, achetait environ 500 titres sur lesquels le client ajoutait $300 de commission, représentant 0.6% du prix. Par contre, si je prenais un ordre pour le même montant sur une des entreprises dont Hamilton-Grant faisait le marché, cotée $0.50 – $1.00, aucune commission n'était ajoutée, mais la différence de vingt cinq mille dollars (ou cinquante pourcent) revenait à ma firme, dont douze mille cinq cents dollars m'étaient versés.

Cette particularité faisait que, si l'acheteur avait voulu vendre l'investissement qu'il avait acquit pour cinquante mille dollars, et dont le prix était toujours le même, il n'aurait pu en récupérer que vingt cinq mille dollars, puisque la valeur de son acquisition ne représentait que la moitié de l'argent qu'il avait versé.

Et c'était légal !

Bien évidemment, il fallait travailler de préférence sur les titres de la maison. Pendant plusieurs semaines, j'appelais au téléphone les numéros d'une liste de clients potentiels, mais la plupart ne prenaient même pas le temps de m'écouter. Ils raccrochaient quand ils entendaient mon accent français ou quand j'annonçais pour qui je travaillais.

Quant aux autres, rares étaient ceux qui avaient l'intention d'investir. Je faisais quelques ventes mais, malheureusement, j'étais loin de couvrir le montant de mon avance mensuelle… Ma dette envers mon patron augmentait rapidement et je doutais qu'il me soit possible d'ouvrir assez de comptes pour rattraper mon passif.

Mon activité secondaire dans l'immobilier ne représentait pas des rentrées d'argent régulières et je commençais à m'inquiéter davantage chaque jour.

Plus le temps passait et plus la peur s'emparait de moi. Il me semblait tout à fait impossible d'arriver à pouvoir rembourser mes acomptes.

Poser pour « Playboy »

Il ne suffit pas d'avoir un bon esprit.
L'essentiel est de bien l'utiliser.

—*René Descartes*

Un matin, mon directeur m'appela dans son bureau pour me montrer une petite annonce, qui lisait:

« Toute jeune femme travaillant à Wall Street est invitée à un casting pour modèles. »

Incrédule, je levais les yeux de la coupure de journal en haussant les sourcils.

—Si vous êtes choisie, votre succès est assuré ! me dit-il avec conviction.

—Quoi ! m'écriais-je choquée. Quel est le rapport avec mon métier de courtier ?

C'était une invitation du magazine « Playboy » et je ne voyais pas du tout en quoi cela pouvait me concerner, ni comment ma réussite allait en dépendre. J'étais surprise, offensée même, par cette allusion et il n'était pas question que je suive son conseil. Mais mon patron insista obstinément:

—Voyons, réfléchissez ! En acceptant de leur parler, vous ne vous engagez à rien… Ils ne recherchent pas des modèles nus, ils sont juste fascinés par les femmes qui travaillent dans un monde masculin. Vous allez faire connaître votre nom et le nôtre. Je les ai déjà contactés et un reporter va sûrement vous appeler cet après-midi.

Vexée, j'étais incapable de répondre. Avec une moue de contrariété, je le saluais d'un signe de la tête et je retournais à mon bureau, inquiète qu'il puisse déceler mes craintes de ne pas être à la hauteur du salaire qui m'était versé. Je me demandais si je donnais l'impression d'être désespérée et ma fierté était froissée.

Pourtant, j'essayais de me convaincre intérieurement que cette « invitation » n'était qu'une conversation innocente pour une publication bien connue et que je devais être honorée plutôt qu'ennuyée. Je préparais donc ce que j'allais dire sur le métier de courtier.

Quelques heures plus tard, je répondais au coup de fil d'un journaliste.

—Bonjour, Mademoiselle. J'espère que mon appel ne vous dérange pas. Je travaille pour Playboy Entreprises et j'écris un article sur les femmes de Wall Street. Pouvez-vous m'accorder quelques minutes ?

Sa voix était chaleureuse et amicale. J'essayais de paraître sûre de moi et importante.

—Oui, bien sûr…

—Avez-vous un commentaire sur le fait que votre métier est traditionnellement réservé aux hommes ? Est-il difficile de s'imposer à leur niveau ?

Sachant qu'il allait me le demander, j'avais préparé ma réponse à l'avance.

—Cette profession est un peu comme nager au milieu des requins, seul le plus fort survit. Cependant, le succès est obtenu non pas par la force, mais par l'intelligence. Beaucoup de femmes agissent avec des manières agressives pour être incluses parmi les garçons, mais je reste toujours féminine parce que c'est la performance du résultat financier qui compte et non pas l'apparence, le style ou le comportement. A chacun sa façon de faire mais pour s'imposer, il suffit d'être le meilleur.

Je parlais avec assurance et aplomb, en essayant de donner l'impression d'être un broker établi. Je ne voulais surtout pas qu'il sache que je débutais dans ma profession et que j'avais beaucoup de mal à ouvrir des compte pour vendre des actions.

Au cours de l'interview, toutes les questions étaient orientées sur les difficultés d'être une femme dans un secteur d'activité essentiellement masculin. Et puis, une d'entre elles fut plus personnelle:

—Quels sont vos rêves ?

—Travailler dans les Mergers & Acquisitions (fusions de sociétés), trouver mon Prince Charmant et fusionner avec lui.

—J'apprécie vraiment la pertinence et la perspicacité de vos réponses. C'est exactement le genre de matériel que nous recherchons. Accepteriez-vous de venir dans les bureaux de Playboy sur la Troisième Avenue, pour continuer notre discussion ?

Quoique très étonnée par son invitation, j'oubliais ma résistance initiale et je consentais à une entrevue, trois jours plus tard.

Je fus reçue avec égard. Le journaliste me donna des détails sur l'article à venir.

—Nous allons publier une édition spéciale intitulée « Women of Wall Street» et nous avons déjà plus de 900 jeunes femmes qui ont postulé pour y paraître.

—Mais il n'y a pas 900 femmes à Wall Street ! m'écriais-je.

—Oh, si vous ajoutez les secrétaires et les femmes de ménages…, ajouta-t-il en riant. Je ris aussi et il continua, Bien sûr, il est normal que les stars qui sont dans nos articles se déshabillent avant d'être photographiées…

Devant mon expression choquée et mon imminent refus, il ajouta rapidement:

—Mais, si vous êtes choisie, les photos seront aussi décentes que vous le désirez.

Je n'étais pas convaincue. Pourtant, j'acceptais qu'il prenne une photo de mon visage pour aider à la sélection.

Courtois jusqu'au bout, le journaliste m'accompagna à la porte et, au moment où je m'apprêtais à partir, il ajouta nonchalamment:

—J'ai oublié de mentionner le prix qui sera payé à la personne sélectionnée par l'éditeur…, et il donna un chiffre qui me coupa le souffle.

Instinctivement, j'imaginais ce que cette somme pourrait acheter aux enfants, mais je n'en montrais rien.

Quelques temps plus tard et à ma grande surprise, j'étais choisie.

Même si ma toute première réaction, en dépit de la somme promise avait été de rejeter catégoriquement cette idée, je me sentais influencée par mon directeur qui m'assurait que cette publicité pourrait être une bonne chose pour sa firme et pour moi-même. De plus, il m'avait affirmé que je n'aurais plus à chercher les clients et qu'au contraire, ceux-ci viendraient d'eux-mêmes, heureux d'avoir une jolie fille pour courtier.

Naturellement, avec des dépenses de scolarité importantes, il me fallait admettre que la perspective de ne plus avoir à m'inquiéter du manque d'argent pour élever mes garçons correctement était assez rassurante.

Mais en toute franchise, une autre raison m'avait fait changer d'avis. J'avais l'espoir que cette aventure picturale me ferait reprendre confiance en moi et qu'elle m'aiderait à guérir de la peine profonde que je ressentais toujours, depuis ma rupture avec Karl et l'abandon du père des enfants. Depuis leur arrivée, je n'avais eu aucun contact avec lui et il n'avait pas une seule fois appelé pour prendre des nouvelles de nos petits garçons.

Avec la perspective de pouvoir améliorer la vie de mes fils à New York, j'acceptais de poser à la condition de garder ma petite culotte et de ne montrer que ce que les filles exposent sur les plages de Saint-Tropez.

Ainsi, puisque j'avais enfin la possibilité de développer mes ventes, je décidais de prendre mon travail en main et, au lieu d'appeler les noms d'une liste pour essayer d'ouvrir des comptes à l'aveuglette, j'utilisais tout mon temps au bureau pour analyser les actions dont mon employeur faisait le marché.

J'étudiais chacune des entreprises de façon plus approfondie, afin de sélectionner celle qui allait être la plus « vendable. » Mon but était de trouver un produit ou un service particulier, dont le potentiel serait facilement accepté et qui serait susceptible d'intéresser les acheteurs.

Je n'en retenais qu'un seul, un remède pour traiter l'impuissance qui venait d'être découvert par une société de recherche biologique inconnue, faisant partie des actions sur lesquelles je devais travailler. En recherchant ce que je pouvais trouver sur le sujet, je repérais une étude faite à Boston, concluant que 52% des hommes entre 40 et 70 ans avaient ce problème aux Etats Unis.

Grâce à cette information, je décidais de baser mon « sales pitch » (argument de vente) sur le fait que cette invention allait révolutionner le secteur pharmaceutique.

A cette époque, personne n'avait entendu parler de ce médicament et la pilule bleue n'existait pas encore.

Quelques jours plus tard, je rencontrais les responsables du projet éditorial de Playboy et j'étais présentée au réalisateur, afin de convenir des dates et des différents emplacements choisis pour les prises de vues, dont faisait partie le New York Stock Exchange.

Dès le premier jour de tournage, toute l'équipe du magazine était agréablement attentionnée, tout en restant extrêmement professionnelle. Chacun s'affairait sans répit sur les détails de maquillage, de lingerie ou d'éclairage et me respectait comme si j'avais été une grande personnalité.

Au début des séances, j'étais un peu tendue par toute cette déférence. Mais le photographe me rassura avec des paroles amicales et des encouragements. Cet homme charmant et affable avait visiblement une grande expérience des modèles qui pouvaient ressentir de la timidité ou de la nervosité.

Quelques minutes plus tard, j'ignorais le mitraillage des appareils et je me sentais presqu'aussi à l'aise que si j'avais été seule.

J'espérais seulement, que mon père ne l'apprenne jamais.

Du Studio au Trois Pièces

La seule vraie sagesse est de savoir
que vous ne savez rien.

Mon idée de proposer les actions de la compagnie dont le traitement soignait l'impuissance fut bien reçue. Mes arguments de vente étaient excellents. Très vite, j'obtenais des résultats formidables et j'écrivais régulièrement des tickets de dix mille titres, sur l'offre cotée à un dollar l'action.

Je gagnais de grosses sommes rapidement et, après seulement trois mois, le studio minuscule où il fallait fermer la table pliante pour ouvrir les lits des enfants, était troqué pour un appartement dans le même immeuble, avec deux chambres et un grand living room.

C'était un vrai luxe !

Toutefois au bureau, un détail allait vite assombrir la suite de mes activités. Si je pouvais vendre ces actions en nombre, je n'avais pas le droit d'accepter qu'un client veuille prendre ses profits et, s'il insistait vraiment, je devais trouver un autre preneur pour la même quantité, en établissant une « cross-trade » (remettre les actions du vendeur à un nouvel acheteur sans affecter le marché), afin d'éviter d'en faire descendre le prix.

Pour comble, un problème beaucoup plus grave m'était dévoilé. Alors que mes ventes se développaient avec succès, j'étais informée que la drogue était injectable et cela, sur le pénis de l'homme !

Malgré mes recherches, je n'en avais rien su auparavant et

j'imaginais avec horreur que certains individus seraient tentés de piquer une seringue à cet endroit délicat avec des conséquences désastreuses… et une publicité déplorable !

Il fallait absolument que je sorte tous mes clients de cet investissement, le plus vite possible.

Heureusement, les six mois convenus de travailler pour Hamilton-Grant touchaient à leur fin et j'entrepris de chercher les meilleures possibilités pour aller continuer ma carrière.

Je posais ma candidature chez « Paine Webber », une firme prestigieuse où, après un seul entretien d'embauche, je reçus une proposition d'emploi généreuse, avec l'accord de commencer dès que je serais libre.

Ce changement me redonnait l'espoir de ne pas décevoir ma clientèle qui, jusqu'alors, avait été très satisfaite du titre que j'avais suggéré et dont la valeur montait un peu chaque jour. Avec soulagement, j'allais quitter les penny-stocks et transférer mon « book » (portefeuille) dans une maison de courtage renommée où mes clients allaient pouvoir vendre leurs titres sans problème et bénéficier de services de haute qualité.

Les six mois révolus, je démissionnais à la grande déception de mon directeur et, pour profiter d'un petit interlude avant de m'installer dans mon nouveau poste, j'emmenais les enfants à Disney World pour deux semaines de vacances. Ce voyage était un divertissement bien mérité et notre séjour fut un enchantement.

J'étais détendue pour la première fois depuis de nombreux mois et enfin, ma vie semblait plus douce. Je n'avais plus peur et j'avais trouvé une raison d'avoir confiance en l'avenir.

Pendant ce temps, chez Hamilton-Grant, tous les courtiers s'étaient mis à travailler sur la promotion de cette action et grâce au surcroît d'intérêt, la montée du prix s'en trouvait multipliée.

Par conséquent, la valeur grossissante attirait la cupidité de nouveaux investisseurs et, comme une boule de neige, leurs achats gonflaient le prix encore davantage.

C'était une aubaine.

De retour à New York et dès le premier jour chez mon nouvel employeur, j'appelais tous ceux qui avaient acheté l'action sur mes conseils et je leur recommandais de prendre leurs profits sans tarder, en m'autorisant à transférer leur compte. Ils acceptèrent et, malgré mes ventes, la valeur resta stable.

Ainsi, comme la majorité de mes clients avaient acheté l'action à un dollar et que seuls les tous derniers en date avaient payé un peu plus, ils furent enchantés quand ils apprirent qu'ils avaient vendu leur investissement à un prix moyen de dix dollars et cinquante centimes.

Leur bénéfice était énorme.

Mes résultats spectaculaires me firent gagner le respect et l'admiration de tous mais, pour moi, le soulagement de l'avoir échappé belle était infiniment plus significatif. Je ne pouvais pas m'empêcher de penser avec anxiété que s'ils avaient été impatients ou si le prix de l'action avait stagné, je n'aurais sûrement pas bénéficié de leurs éloges. Ils auraient probablement perdu beaucoup d'argent du jour au lendemain... J'en avais des frissons dans le dos.

Je me fis la promesse de ne plus travailler dans ce genre de firme et de ne plus toucher aux penny-stocks, même si ces instruments n'étaient pas interdits par la loi. J'avais eu de la chance et mes clients aussi.

Depuis, je n'ai jamais su ce que cette société de biotechnologie était devenue, mais l'idée était bonne...

D'ailleurs, quelques années plus tard la petite pilule bleue apparut, avec son succès notoire.

D.K. (Don't Know)

L'échelle du succès est bien mieux escaladée
en marchant sur les barreaux de l'opportunité...

—*Ayn Rand*

Dans une des plus grandes banques d'investissement de Wall Street, finies les commissions de plusieurs milliers de dollars qui représentaient la moitié du montant payé par le client. Il me fallait gagner des rémunérations petit à petit pour faire du chiffre.

Il était toujours préférable de vendre les produits de ma firme mais je n'en avais plus l'obligation. Les procédés étaient éthiques, les choix s'avéraient nombreux et les valeurs proposées paraissaient plus sûres.

Je m'accordais quelques semaines pour trouver un nouvel investissement convenable afin de le proposer à mes clients, pour qu'ils réinvestissent leur argent. Je préférais attendre une opportunité, tout en leur laissant le temps de se réjouir de leurs gains et d'en parler autour d'eux. A vrai dire, je n'étais pas sûre de pouvoir continuer sur ma lancée, sachant que la croissance phénoménale de leur actif, tout comme de ma réputation, ne pouvait que piétiner ou diminuer.

Alors que les autres courtiers ne pensaient qu'à vendre, je recherchais des placements solides. Cependant, tout comme c'était l'usage dans chaque société de courtage, il était indispensable d'ouvrir de nouveaux comptes. Pour cela, je devais appeler des gens à partir d'une liste de prospects et les persuader de me faire confiance, en m'achetant des titres.

Le choix des investissements m'était laissé, sans aucune influence de mes supérieurs et il ne tenait qu'à moi de trouver un instrument alléchant... Mais ce n'était pas si facile.

Dès qu'une personne appelée au téléphone était d'accord pour acquérir une quantité d'actions, les formalités d'ouverture de compte étaient de noter leur nom, date et lieu de naissance, adresse, numéro de sécurité sociale et leurs revenus. Un petit questionnaire sur la valeur de leur patrimoine était rempli et l'ordre d'achat était pris. J'allais faire signer le tout par mon supérieur et je passais l'ordre. Une fois celui-ci exécuté, le prix d'achat du titre était communiqué au client pour qu'il envoie son chèque de paiement.

Rien de sorcier. Depuis le début de ma carrière de courtier, personne ne m'avait posé de problème.

Un matin, j'ouvris un nouveau compte pour une vieille femme qui avait accepté avec enthousiasme une recommandation sur une action rapportant de bons dividendes. D'après son âge, je préférais conseiller une valeur solide et je proposais Chevron (CVX). Une fois son dossier rempli, je passais l'ordre et je lui en donnais la confirmation quelques minutes plus tard.

Le lendemain, dès l'ouverture du marché, elle m'appela au téléphone pour me demander la cote de l'action qu'elle venait d'acheter. Je répondais sans hésiter:

—CVX recule de 50 centimes aujourd'hui à $52, en tandem avec l'indice Dow Jones à la baisse de 38 points.

Soudain, j'entendis dans un torrent de cris, une tirade qui m'accusait de l'avoir influencée par mes arguments de vente. Elle hurlait qu'elle n'en voulait plus et que ni moi, ni ma firme ne pourraient l'obliger à payer. Là-dessus, elle ajouta que si le litige allait devant un tribunal, les juges seraient de son côté puisqu'elle était très âgée.

Tout cela était récité d'une telle façon que j'eus l'impression que ce n'était pas la première qu'elle réagissait ainsi !

J'étais abasourdie par ce manque d'honnêteté et j'avais du mal à croire ce que j'entendais. Néanmoins, je trouvais les mots pour lui répondre respectueusement et sans perdre mon calme:

—En êtes-vous certaine, Madame ? Ce titre est l'un des plus sûrs du marché. Il figure dans les portefeuilles les plus conservatifs et...

Elle me coupa la parole très sèchement, pour rétorquer d'un ton catégorique, qu'elle ne paierait pas.

Sans insister d'avantage, je la rassurais poliment:

—Très bien Madame, ne vous inquiétez pas. Je m'en occupe de suite et je ferme votre compte. Je suis désolée.

Ce fut le seul D.K. de ma carrière (Don't Know - Connaît pas, lorsqu'un client ignore une transaction). Après avoir consulté le département des litiges qui confirma mes craintes, j'appelais le service des ordres pour renverser la pose. Chevron était toujours au même prix et je savais que j'allais devoir payer de ma poche les 50 centimes de pertes, multipliées par les mille titres passés dans l'ordre de la veille.

En pensant qu'après tout, c'était le risque du métier, je fis face à ma responsabilité sans rechigner. Bien évidemment, c'était un miracle que cette histoire ne me soit pas arrivée chez Hamilton-Grant ! J'avais frôlé le drame et je le réalisais à contrecoup.

Après cet incident, j'entrepris d'étudier de plus près certains outils que les courtiers les plus performants utilisaient. Ainsi, je découvrais qu'il était possible de confier la responsabilité de mes comptes à des gérants expérimentés qui allaient me verser des commissions chaque fois qu'ils effectueraient des transactions dans les portefeuilles de mes clients.

Pour cela, je sélectionnais les meilleurs PM (Portfolio Managers ou gérants de portefeuilles) d'après leurs résultats sur 1, 5 et 10 ans et je conseillais à ma clientèle d'investir avec eux. Lorsque des actions étaient achetées ou vendues par ces gérants, les frais d'exécution m'étaient automatiquement crédités.

Cette nouvelle façon d'exercer mon métier me permettait de faire du chiffre, sans avoir moi-même une connaissance approfondie des secrets de Wall Street.

J'étais ignorante des raisons qui faisaient qu'un marché puisse parfois monter après l'annonce de mauvaises nouvelles, ou encore baisser de prix, après la sortie d'assez bons résultats. Pour mon esprit logique, c'était incompréhensible.

Toutefois, si je n'avais encore aucune idée des causes de ces réactions contraires, j'avais bien l'intention d'apprendre.

Il me fallait juste un peu de temps.

« CONTRÔLEZ VOTRE ARGENT »

*Vous devez constamment vous réinventer
et vous investir dans l'avenir.*

—*Reid Hoffman (LinkedIn)*

Mon bureau se situait sur Park Avenue.

Les femmes veuves ou divorcées représentaient une large partie de mon book et, même si mon apparence était trop jeune pour qu'elles me fassent confiance, elles étaient rassurées par les résultats et l'expérience du gérant de portefeuilles qui allait faire fructifier leur patrimoine, par mon intermédiaire.

Rares étaient celles qui auraient pu décider elles-mêmes quels instruments utiliser et de quelle façon investir leur actif. Les questions financières avaient probablement été la responsabilité de leur ancien mari et elle se trouvaient un peu accablées par la charge de prendre la relève.

Leur candeur et leurs questions sur les affaires d'argent me donnèrent l'idée de faire des séminaires gratuits, tous les mardis soirs dans la salle de conférence de ma branche, pour enseigner les différents investissements.

« Take control of your money » (contrôlez votre argent) devint très populaire et me permis d'agrandir ma clientèle.

Grâce à ces réunions hebdomadaires, de plus en plus de personnes me recommandaient à leurs amis. Ainsi, ma situation financière s'améliorait rapidement.

Mais j'étais ambitieuse et bien décidée à obtenir tous les diplômes supplémentaires qui pourraient m'ouvrir certaines portes à l'avenir et j'ajoutais à mon palmarès de licences, celles de la négociation des matières premières et du trading des actions.

Je lisais aussi énormément.

Pour commencer, j'avais épluché les meilleurs écrits publiés par les investisseurs les plus fameux, avec l'espoir d'y trouver tout ce dont je pourrais avoir besoin pour avancer rapidement dans ma carrière.

A ces lectures, j'ajoutais l'étude de la psychologie. Ce sujet me passionnait et, après avoir passé au crible une bonne vingtaine de livres d'analyse du comportement pour mieux comprendre les gens, je m'attardais tout particulièrement sur la Programmation Neuro Linguistique (PNL), de façon à bien communiquer avec les autres. De plus, je dévorais tous les ouvrages d'auteurs reconnus pour l'amélioration du développement individuel. Dale Carnegie et Napoleon Hill étaient en haut de ma liste et j'en découvrais de nouveaux comme Stephen Covey, dont le recueil venait de paraître sur les sept habitudes d'efficacité, communes chez tous les gagnants...

D'ailleurs, j'enseignais aussi à mes enfants certains détails que j'apprenais. Je jugeais ces informations extrêmement importantes pour l'épanouissement personnel et j'utilisais ces renseignements dans le but de les aider dans leur croissance intellectuelle. Grâce à mon désir d'inculquer ces connaissances à mes garçons, j'espérais leur donner le plus de chances possibles de réussite.

Mon travail de parent était de les guider sur le chemin d'un avenir brillant et j'avais bien l'intention de leur montrer le bon exemple.

« WOMEN OF WALL STREET »

Pensez comme une reine. Une reine n'a pas peur d'échouer.
L'échec est un autre tremplin qui mène à la grandeur.

—Oprah Winfrey

Je n'avais aucune nouvelle de la parution de « Women of Wall Street » et je priais le ciel que cette édition de Playboy ne paraisse jamais. Seulement, quelques mois plus tard en rentrant chez moi, je trouvais une lettre avec pour titre:

« Congratulations, you are about to be famous ! » (Félicitations, vous allez être célèbre !)

Dans l'enveloppe était aussi la photocopie de l'article avec mes photos. A vrai dire, elles ne révélaient qu'un bout de sein et elles étaient plutôt artistiques... Cependant, m'exposer de cette façon n'était pas du tout l'image que mes clients, ma firme ou mes collègues devaient avoir de moi.

C'était une catastrophe !

Toute la soirée, je pensais aux conséquences de ces photos et j'étais bouleversée. Ma situation était bien différente de l'époque où j'avais posé, puisqu'à présent j'avais un vrai métier. Avec le temps, j'avais innocemment espéré que le projet de publication soit annulé et que je puisse échapper à cet embarras mais je n'avais pas eu cette chance et j'allais devoir payer pour mon erreur de jugement.

Après une nuit blanche à ressasser toutes les répercussions inévitables, j'étais incapable d'aller travailler ce matin là.

Comment allais-je annoncer à mon directeur que celle qu'il considérait comme une jeune maman aux manières impeccables et respectée de tous, moi, avait osé se dévêtir pour Playboy ?

Comment expliquer que je l'avais fait avant même d'occuper ma position actuelle et que mon patron me l'avait conseillé, un an auparavant ?

Quelles que soient mes raisons, les faits étaient là et personne n'allait tenir compte de mes excuses.

J'allais sûrement être renvoyée... Et comment pourrais-je subvenir aux besoins de mes fils qui s'habituaient à avoir leur chambre. Pourrais-je trouver un autre emploi ?

Les enfants étaient en colonie de vacances et je restais seule dans l'appartement, torturée par toutes ces pensées, quand le téléphone sonna. Une femme, affiliée à la chaîne de télévision CBS, me dit qu'elle avait un accord avec l'éditeur de Playboy.

Immédiatement, j'espérais la convaincre de m'aider et j'imaginais qu'il n'était pas trop tard pour empêcher la parution de mes clichés. Imperturbable, elle me posa plusieurs questions sur les circonstances qui m'avaient fait accepter de poser et, sans même comprendre exactement où elle voulait en venir, je vidais mon sac.

A la fin de la conversation, tous mes espoirs d'échapper aux conséquences furent détruits quand elle m'informa qu'un film appelé « I posed for Playboy » allait être tourné avec l'actrice Lynda Carter et que mon histoire en ferait partie. J'étais abasourdie, c'était sûrement un malentendu... Mais non ! J'avais malheureusement trop parlé et ma situation s'était aggravée.

Honteuse et déçue, je m'attendais au pire.

Le lendemain, je frappais à la porte de mon supérieur et je posais la lettre que j'avais reçue sur son bureau, en disant simplement:

—Je suis vraiment désolée !

Après avoir jeté un coup d'œil sur le contenu, il releva la tête et me regarda, incrédule, comme s'il avait reçu un choc. Au bout d'un moment, il chuchota:

—Non ! Pas vous ?

Le regard fixé sur mon visage, il était visiblement très ennuyé et hochait la tête négativement.

Après un profond soupir, il me demanda de retourner travailler et, au moment où je me retournais pour sortir, il ajouta terriblement contrarié:

—Nous en parlerons plus tard !...

GARDE DU CORPS ET LIMOUSINE

La meilleure protection que toute femme
puisse avoir... est le courage.

—Elizabeth Cady Stanton

Le soir même, deux responsables de la haute direction étaient venus me chercher pour m'amener au siège social en limousine, afin de m'interroger.

Là, après m'avoir entendue, ils me donnèrent l'assurance que mon emploi n'était pas en danger. Cependant, pour plus de sécurité et pendant un temps indéterminé, ils me demandèrent de m'installer dans un bureau situé sur le même étage que celui du P.D.G. dans l'immeuble de la Sixième Avenue.

Je fus informée que pendant les deux prochains mois, ou jusqu'à ce que l'affaire soit oubliée, un garde du corps allait m'accompagner partout et se tenir à ma porte, de jour comme de nuit. J'appris aussi que la même voiture avec chauffeur que nous venions d'utiliser serait à ma disposition 24 heures sur 24.

Ils ne m'imposaient qu'une seule condition: Ne pas parler aux gens de la presse.

Sans hésiter, j'acceptais immédiatement. Un an avait passé et ma perspective était totalement différente de celle que j'avais eue lorsque je travaillais chez Hamilton-Grant. Ma décision de poser avait été prise dans l'espoir de vivre plus confortablement et pourtant, ma situation s'était grandement améliorée sans cette publicité. A présent, au lieu de m'aider, ce faux-pas risquait de détruire ma carrière et ma réputation.

Je le regrettais sincèrement...

Les semaines passées au quartier général furent sans problème. La seule chose un peu choquante était que, même pour aller aux toilettes, je devais être accompagnée par une dame. Evidemment, les dirigeants de la firme ne plaisantaient pas sur le fait qu'on aurait pu me questionner à cet endroit là, aussi bien qu'ailleurs.

Quelques temps plus tard, ma vie redevint normale et je retournais à mon bureau de Park Avenue où une montagne de cadeaux et de lettres d'admirateurs m'attendaient. Par pudeur, je les transférais chez moi avant de les ouvrir et, contrairement à ce que j'avais imaginé, les présents reçus en mon absence auraient pu être destinés à un libraire ou à un professeur.

Ces nombreux admirateurs avaient envoyé des foulards élégants, des livres sur la finance, des abonnements aux musées Smithsonian ou pour des magazines financiers... Etc. Les lettres d'accompagnement étaient respectueuses et polies, mais je ne répondis à aucune. J'avais hâte d'effacer cet épisode de ma mémoire et je n'avais aucune intention d'en parler. Pourtant, en fin de compte, j'étais intimement soulagée d'être traitée de manière convenable par toutes ces personnes. J'avais redouté de recevoir des allusions ou des insinuations vulgaires et ce n'était pas du tout le cas. J'étais adressée avec égard, ce qui était à la fois étonnant, rassurant et agréable.

Autre surprise, de nouveaux clients me contactaient sans aucune sollicitation de ma part, sans me connaître et sans me dire pourquoi, simplement en exprimant le désir d'ouvrir un compte et de m'acheter des titres. Invraisemblable et pourtant vrai, il y avait des gens qui m'avaient choisie pour broker, juste parce qu'ils m'avaient trouvée jolie dans un magazine.

Il faut dire que Playboy n'avait pas seulement publié mes photos, quelques unes portant de la lingerie et une autre en tailleur devant le New York Stock Exchange, un article basé sur mon premier entretien avec le journaliste y figurait aussi, avec mon portrait. Malgré n'avoir pas été en contact depuis tout ce temps, le rédacteur avait découvert pour qui je travaillais au moment de la publication et le nom de cette grande banque d'investissements était mis en évidence.

Dans le reportage, un commentaire révélait que du temps où j'étais l'employée d'une autre société, j'avais conseillé à mes clients d'acheter une action à un dollar et que celle-ci avait été vendue à $10.50, six mois plus tard.

Bien sûr, c'était la vérité, mais je me demandais comment il l'avait appris. En tous cas, cette précision me valait l'intérêt des nouveaux venus et c'était appréciable.

Malheureusement, ce surcroît d'attention avait également éveillé la jalousie de certains de mes collègues durant cette période, sans que je puisse m'en rendre compte. Sur mon bureau se trouvaient deux encadrements, l'une des photos montrait les enfants et l'autre, avait été prise avec le maire de New York pendant la célébration du bicentenaire de la Constitution des Etats Unis.

Un matin, je trouvais le verre du cadre me représentant avec Mayor Koch brisé et, tracé au feutre rouge sur une feuille de papier, le mot « whore » (putain) était inscrit.

Affolée, j'appelais mon directeur qui vint de suite. Après avoir constaté les faits sans un mot, s'en retourna à son bureau pour annoncer au micro qu'il voulait voir tous les employés au complet dans la salle de conférence, immédiatement !

Devant tout le personnel, il gronda d'une voix menaçante que si quiconque, même le plus fameux courtier de la firme, osait m'insulter ou faire une remarque désagréable à mon sujet, cette personne serait renvoyée sur le champ.

J'étais bien triste de m'apercevoir qu'un des visages affables de mes collègues ne soit qu'une façade et je n'ai jamais découvert qui avait été responsable.

Cependant, l'incident fut vite oublié.

Ma performance mensuelle montait en flèche et je gagnais plusieurs trophées de récompense pour la croissance de mes ventes, dont une horloge « L'Epée » d'une grande valeur.

VISITE D'UN HEDGE FUND

Si vous vivez au milieu des loups
vous devez agir comme un loup.

—*Nikita Khrouchtchev*

Mes excellents résultats m'avaient amené à rencontrer les traders d'un hedge fund (fonds alternatif ou fonds de couverture), qui étaient intéressés par mes allocations d'IPO (introduction en bourse)

Puisque je bénéficiais d'une clientèle solide, j'avais droit à une plus grande quantité de titres lorsque les introductions en bourse étaient en sur-demande, ce nombre s'agrandissant avec mon chiffre d'affaires. Sachant que chaque courtier ne pouvait pas en accorder plus d'une certaine quantité par compte, les traders cherchaient à avoir des brokers dans le plus de firmes différentes possible, d'où l'intérêt de ces fonds de faire des affaires avec moi.

D'ailleurs, pour justifier qu'ils étaient actifs, je recevais régulièrement des ordres, chacun d'au moins dix mille titres, sur des actions qu'ils négociaient souvent, et cela, sans aucune sollicitation de ma part. Moyennant les belles commissions qu'"ils me payaient, ils avaient droit au plafond de ce qui pouvait être attribué sur les « hot » (chaudes) IPOs.

A l'époque, les nouvelles issues ouvraient fortement à la hausse dès le premier jour d'introduction en bourse et obtenir le plus de titres possibles pouvait être très profitable pour les traders. L'indication du nombre total souhaité par les professionnels était toujours imposante, quant à l'allocation au courtier, tout dépendait de son rendement.

Ainsi, les meilleurs clients des meilleurs courtiers étaient favorisés, sans excéder la limite.

Les hedge funds (gestion alternative) étaient plutôt rares et, contrairement à tous les fonds d'investissements classiques qui étaient très surveillés et devaient respecter une réglementation rigide, la gestion alternative n'était presque pas contrôlée. C'est pourquoi elle était réservée aux investisseurs dont l'actif s'élevait à plusieurs millions de dollars.

Une autre particularité de ces fonds de couverture était qu'ils pouvaient miser sur la baisse d'un marché et gagner sur des actions, ou des indices, qui perdaient de leur valeur.

Ils utilisaient aussi le « leverage » (effet de levier), qui était une technique pour multiplier les gains (ou les pertes). Le surendettement signifiait encourir une énorme dette en empruntant de l'argent à un taux d'intérêt inférieur et puis, d'utiliser les fonds excédentaires dans des placements à haut risque, afin de maximiser les rendements. Ces prêts étaient faits automatiquement par la chambre de compensation (clearing house) après l'ouverture d'un Margin Account ou d'un Futures Account (comptes sur marge).

Le danger le plus évident de l'effet de levier était qu'il multipliait les pertes, aussi bien que les profits. Une position allant à l'encontre du marché était perdante d'autant plus vite que le levier était grand et, faute de son élimination immédiate, entraînait des problèmes très sérieux.

Pour le trading des actions en bourse, si un investisseur avait acheté son titre « on margin » (sur marge), celle-ci étant de 50% en ce temps là, une baisse de prix de 20% représentait une perte de 40% du capital investi.

Dans la gestion alternative, de nombreuses transactions étaient faites sur des Options et des Futures qui avaient un effet de levier infiniment plus grand. Les Futures étaient des outils de négociation qui montraient le prix anticipé d'une valeur, à une certaine date dans le futur.

La différence entre le « leverage » des Futures et celui des actions en bourse était remarquable et les traders d'un hedge fund devaient être des experts, car les risques étaient multipliés.

Avec de l'expérience et un bon management du risque, cet effet de levier était utilisé pour obtenir plus de bénéfices, tout en ne misant qu'un capital minimum. Sur les Futures, dont l'endettement était de loin le plus important, le danger était que 100% du dépôt initial pouvait être perdu (le montant requis pour entrer) si le marché allait à l'encontre de la transaction par seulement 2 ou 3%.

Le marché des Futures était souvent utilisé par la gestion alternative qui favorisait les instruments avec le plus grand effet de levier. Là, s'échangeaient toutes les matières premières, les indexes, les obligations du gouvernement et les devises.

En offrant ample liquidité et volatilité, les Futures étaient un placement idéal pour les traders, qu'ils soient à très court terme (day-trading), swing traders (qui gardaient leur pose quelques jours) ou encore hedgers, visant un plus long terme. Ces derniers étaient des producteurs d'une matière première, voulant s'assurer d'un prix de vente fixé aujourd'hui, pour les produits qu'ils allaient délivrer à une date ultérieure.

Les traders d'un hedge fund devaient avoir une excellente compréhension du marché négocié pour pouvoir utiliser ces instruments qui, avec leur important effet de levier, étaient parmi les outils financiers les plus profitables tout en étant potentiellement les plus dangereux, puisqu'il y avait toujours une balance de risques et de récompenses.

Les méthodes utilisées par ces fonds nécessitaient plus que jamais une stratégie solide. Dans le cas de pertes importantes, si la « margin » (marge minimum imposée par l'échange) était touchée ou dépassée, la position était fermée sans avoir à demander l'avis du trader, par les « Margin Clerks. » Ces derniers étaient les employés de la chambre de compensation et ils avaient pour devoir de surveiller les comptes pour qu'aucune position excédant le capital requis ne s'y trouve.

Naturellement, les seuls pouvant travailler avec ces outils étaient des traders professionnels qui connaissaient leur métier et savaient éviter les catastrophes que l'effet de levier pouvait engendrer.

Ces fonds alternatifs utilisaient aussi les Options. Celles-ci offraient tout autant de levier que les Futures, quoique leur volume soit rarement assez important pour que leur exécution soit satisfaisante sur des ordres de taille, par manque du volume nécessaire. Par conséquent, le « spread » (différence entre bid et offer) sur les options était souvent très large et il augmentait les risques auxquels s'ajoutaient un effritement de la valeur avec le temps (time value) et une volatilité effrayante.

Le « spread » des options était un peu comme celui des penny-stocks, dont Hamilton-Grant faisait le marché.

Intriguée par l'activité de ces traders, je décidais d'aller visiter leur bureau, qui se trouvait à deux pas du New York Stock Exchange.

De suite, j'étais frappée par l'intensité de l'atmosphère qui régnait sur le trading desk (table de trading) où certains des hommes se levaient brusquement en agitant les bras, comme pour donner plus de force à leurs paroles. L'agressivité était dans l'air et j'étais un peu surprise d'entendre des grossièretés s'intercaler entre chaque mot des ordres criés au téléphone.

Aucune femme n'y travaillait. La combativité faisait rage et les gestes sauvages étaient vraiment impressionnants.

Tous ces garçons aux manières rudes ne plaisantaient pas et ils avaient l'air d'être enragés. Ils ressemblaient à des loups affamés, à l'affût d'une proie.

Mais quelles que soient leurs manières une chose était sûre, ils gagnaient beaucoup d'argent. Rolex au poignet, voiture de sport ou Rolls au garage, ils semblaient faire partie d'un clan à part et la majorité d'entre eux n'avait même pas trente ans.

En étudiant leur comportement, je ne pouvais pas m'empêcher de penser que s'ils pouvaient faire ce métier, je serais capable de le faire aussi, si seulement je pouvais étudier leurs tactiques…

Bien décidée à en découvrir davantage, je passais leur dire bonjour régulièrement et, plus je les connaissais, plus j'avais envie d'apprendre à faire leur métier. La complication était qu'aucune école ne l'enseignait. Ma licence « Séries 55 » me donnait l'autorisation de négocier activement les actions. Toutefois, ce que j'avais appris pour l'obtention de mon diplôme était très loin de ce qui se pratiquait sur le desk.

Malgré cela, de plus en plus souvent, une expression me trottait dans la tête et répétait:

« Quand on veut, on peut. »

Cette phrase se trouvait écrite au-dessus du tableau noir de ma classe quand j'étais petite fille et ces quelques mots étaient restés ancrés dans ma mémoire, pour inspirer toute ma vie.

Puisque j'avais amassé de bonnes économies, je décidais de prendre rendez-vous avec Mr. Townsend, le patron du fonds alternatif. C'était un homme très grand, approchant la cinquantaine et habillé dans un style impeccable. Ses cheveux grisonnants et courts le faisaient paraître sévère et sa peau extrêmement blanche lui donnait un air maladif.

Quand il me reçut, ses yeux d'acier me fixaient froidement, comme s'il voulait lire ce que j'allais dire avant même que je commence à lui parler. Je l'avais salué lors de chacune de mes visites mais c'était la première fois que je lui adressais la parole. Courageusement, je lui demandais s'il accepterait que je sois son assistante, sans salaire pendant six mois. Il me laissa m'exprimer sans m'interrompre, alors que j'expliquais mon intention d'apprendre le métier.

Au bout d'un moment, qui m'avait paru interminable, il fit une moue perplexe.

Il était pensif et sérieux. Il se contentait de me regarder dans les yeux sans dire un mot. Quant à moi, j'étais figée de peur qu'il refuse. Je n'osais même pas respirer. Quoique j'espérais de tout mon cœur qu'il accepte, je ne trouvais aucune raison pouvant justifier son intérêt.

Finalement, son visage s'éclaira et il parut détendu et amusé à la fois. Il me sourit et, à ma grande surprise, il accepta.

Etait-ce parce qu'il voulait voir à quelle vitesse j'abandonnerais ou encore, pour le plaisir d'avoir une « Playboy Bunny » à ces côtés pendant une semaine ou deux avant de me renvoyer ?...

Je n'en avais aucune idée.

Cependant, je considérais sa réponse comme une victoire totale. Une vague de bonheur m'envahissait et j'avais l'impression qu'une porte s'ouvrait sur ma destinée.

C'était le début d'un grand voyage qui allait sûrement me mettre à l'épreuve. J'en étais consciente et je n'avais pas peur, j'anticipais même le défi avec impatience.

Sur une poignée de main, il me demanda de venir à huit heures le premier Lundi du mois suivant. Pour moi, c'était tout ce qui comptait. Je lui promis qu'il ne serait pas déçu et qu'il ne regretterait pas sa décision.

De retour au bureau, j'allais voir mon manager sans attendre, pour lui parler de mon désir de prendre un an « sabbatique » et pour l'informer de mon projet de devenir trader dans ce hedge fund. Il répondit qu'il était désolé de mon départ et que, si je ne me plaisais pas dans cet apprentissage, il serait heureux de me voir revenir.

C'était rassurant et je savais que ses mots étaient sincères. Il me souhaita bonne chance et, joyeusement, je l'embrassais sur la joue en le remerciant.

Une aventure allait commencer, il ne tenait qu'à moi d'en faire un bel avenir.

Après tout, j'avais la foi, j'étais jeune et je savais que mon rêve n'était pas impossible. Ma décision était prise et j'étais déterminée à apprendre ce métier, quoi qu'il m'en coûte.

Pour célébrer la bonne nouvelle, je donnais rendez-vous à ma meilleure amie Lila et je la retrouvais pour déjeuner le lendemain, dans un café populaire du South Street Seaport. C'était une jolie brunette, née à Brooklyn et âgée d'à peine vingt ans qui, avant de reprendre ses études, était en stage chez Tudor Investment Corp., un hedge fund très connu.

Son patron, Paul Tudor Jones, avait été broker avant de devenir gérant, tout comme Mr. Townsend.

Le bruit courrait que dix ans plus tôt, alors qu'il s'était inscrit à Harvard Business School, il avait réalisé qu'aucune école aussi réputée soit-elle, ne pourrait lui enseigner les secrets qui s'apprennent sur une bourse. C'était donc sur le New York Cotton Exchange qu'il avait été formé au métier par un trader de renom.

Fort de cet apprentissage, il avait ouvert son propre fonds et était devenu célèbre pour avoir gagné une fortune, le jour du krach de 1987.

PREMIER JOUR

Contrôlez votre propre destin ou
quelqu'un d'autre le fera.

—*Jack Welch*

Depuis mes débuts à Wall Street, j'avais pris l'habitude d'aller travailler vêtue de tailleurs élégants, portés sur des chemisiers soyeux. Pour mon apprentissage parmi les traders, j'ajoutais une cravate, que je portais avec des chemises à l'allure masculine, de façon à être habillée comme les autres, tout au moins du col à la taille. Assise, j'avais l'impression de faire partie du clan, même si je portais une jupe, des bas et des chaussures à hauts talons.

Le premier jour, dès mon arrivée Mr. Townsend m'invita à prendre le siège situé à côté de lui. Pour imiter les traders qui retiraient leur veste avant de s'asseoir, j'ôtais la mienne aussi et je la posais sur le dos de ma chaise. Aussitôt, il me demanda de m'inscrire au New York Institute of Finance pour étudier l'Analyse Technique en cours du soir.

C'était impératif !

Par chance, les cours commençaient une nouvelle session cette semaine-là et je le fis immédiatement, alors qu'il prenait des appels de brokers. Avant l'ouverture du marché, toutes les grandes banques d'investissement donnaient des indications sur les recommandations de leurs analystes et les courtiers informaient leurs clients des titres qu'ils allaient négocier dans la journée et des blocs d'actions qui allaient être offerts. Si l'un des traders était intéressé, il indiquait alors à quel prix il était preneur et pour quelle quantité.

Entre deux conversations téléphoniques, il me remis une invitation pour que j'assiste à sa place, à un dîner de gala organisé pour les grands traders, en suggérant qu'il était utile de rencontrer des gens du métier, en dehors du trading desk.

Après l'avoir remercié, j'examinais son écran où une étiquette était collée avec la mention:

« No Emotion = Discipline ! »

Je ne savais pas encore que cette petite phrase était la description parfaite de l'attitude nécessaire au trading et, depuis ce jour-là, je n'en ai trouvé aucune autre qui puisse mieux convenir, même après de nombreuses années de carrière.

Il me confia son « blotter » (registre) pour prendre note de ses transactions et il me donna un petit carnet qu'il allait pointer du doigt pour que j'y écrive certains des principes qu'il jugeait essentiels et dont je devrais me souvenir.

Immédiatement, j'apprenais quelques faits fascinants.

Dans le cas où un énorme bid était affiché et que l'offre était minime en comparaison, si le bid disparaissait soudain, le graphique disait si cette demande d'achat avait été exécutée ou pas, par le comportement du volume. Si ce n'était qu'une ruse pour essayer d'attirer des acheteurs en exhibant un gros ordre d'achat, ce fait était dévoilé par la quantité qui n'avait pas augmenté.

Et puis, que l'ordre soit vrai ou faux, si le prix tombait rapidement après la disparition du bid, l'acheteur « at the market » qui avait été influencé par le piège d'une indication d'acquisition importante était sûrement perdant.

En regardant plusieurs time-frames (des écarts de temps pouvant aller de moins d'une minute à un mois), la compréhension des mouvements du marché était visiblement meilleure. La stratégie du trading devait être adaptée à l'intervalle qui paraissait être le plus profitable, d'après le style propre de chaque personne.

Au fil des jours, seule l'activité de Mr. Townsend me paraissait essentielle. Je ne participais à aucune discussion avec les autres opérateurs, bien décidée à tirer profit de mon apprentissage. C'était ma chance et je n'avais pas envie de la perdre.

Toutefois, mon détachement intriguait les traders. Une femme sur le desk était inhabituel et ils pariaient probablement entre eux, sur la longévité de ma présence dans ce repaire de bêtes sauvages.

Quant à moi, je me concentrais sur ma formation et j'ignorais leurs éclats de voix et leurs gros mots puisque, tant qu'ils ne m'étaient pas adressés, leurs propos m'étaient indifférents. Je gardais mes distances avec tous les hommes de la table, même ceux qui avaient été les bénéficiaires de mes allocations d'IPOs.

Peu à peu, je commençais à gagner le respect de la plupart. Sans doute, quelques uns d'entre eux avaient lu l'article du magazine sur lequel j'avais posé, mais personne n'osait m'en parler directement et mon sérieux me dissociait totalement de tout rapprochement avec ce détail. Ils savaient que je m'appliquais pour que, durant les six mois à venir, mon éducation soit aussi approfondie qu'efficace.

J'étais bien décidée à découvrir la façon de procéder, pour adopter ce qui marchait et éviter ce qui ne marchait pas. Je comprenais qu'il fallait être au bon endroit, au bon moment et bien évidemment, miser dans le bon sens du marché pour gagner dans le trading. C'est pourquoi, il me fallait étudier la méthode qui allait me permettre de trouver cette bonne combinaison et je comptais bien sur les outils de l'analyse technique pour m'y conduire.

Au New York Institute of Finance, les cours étaient enseignés par un grand du métier. Avec une simplicité d'explication et une phrase d'humour pour chaque règle importante, cet analyste avait le doigté pour transformer ces heures de classe en moments absolument passionnants. Auparavant, il m'avait semblé insensé d'être en mesure de prédire le prix d'une action à l'avance. Et pourtant, je découvrais que c'était possible.

Plus qu'une science, c'était un art.

Ainsi, la base de l'analyse technique m'était révélée. Le prix reflétait la valeur réelle, la cote affichée de l'instrument étant justifiée par la somme de toutes les informations et du savoir de tous. Par conséquent, le prix obtenu révélait l'évaluation du moment. L'étude des graphiques avec leur tendance, support, résistance et bien d'autres calculs permettait de pronostiquer le mouvement futur d'après l'évolution du titre, et servait à identifier les opportunités de profit potentiel.

Les motifs historiques se répétaient fréquemment et le prix changeait en suivant une tendance visible, permettant une prévision plus crédible (forecast).

Les marchés bougeaient d'après les offres et les demandes et les ordres étaient souvent motivés par la peur ou la cupidité. Un rapport économique, par lui-même, ne voulait rien dire et seule comptait l'interprétation de la masse des traders.

« A picture is worth a thousand words ! » (Une image vaut mille mots !) Le « Charting » était l'expression graphique des sentiments du marché.

Un trader devait pouvoir obtenir rapidement une confirmation de la tendance générale du prix grâce à la vision de plusieurs intervalles de temps, lorsqu'il consultait un titre. Plus le délai considéré était court (1, 5,10 minutes ou nombre de ticks par barre) et moins un signal d'entrée de transaction allait être effectif et profitable, à moins d'être en corrélation avec la durée analysée. Par exemple, sur une vue de 5 minutes, il était recommandé de ne pas garder la pose plus de deux ou trois fois ce délai.

Bien évidemment, un signal d'achat obtenu sur un graphique de 10 minutes n'était efficace que pour un laps de temps réduit à une demi-heure maximum, contrairement à un signal élu sur celui d'une semaine, nécessitant de garder la position plus longtemps avec un stop plus éloigné du prix d'entrée. Sur une longue durée, le profit potentiel étant plus grand, le risque l'était aussi.

Les écarts très courts avaient souvent beaucoup de « noise » (bruit) causés par les Scalpers (traders prenant leurs profits pour quelques centimes) ou encore par des petits ordres sans conséquences. Ainsi, un signal avait davantage d'opportunités d'apparaître, alors qu'il était moins fiable. Pour en vérifier le potentiel, une vue d'ensemble sur un intervalle de graphique supérieur était indispensable, puisque sur des délais très courts, les changements de tendances étaient vite signalés, puis annulés, la plupart du temps aussi. De sorte que le trader devait sortir de sa position, en accord avec l'écart de temps choisi.

C'était intéressant !

La majorité de mes soirées étaient consacrées aux études et j'attendais la fin de semaine pour être vraiment avec les enfants.

La qualité de ces moments n'était probablement pas suffisante et ne compensait pas pour mes longues journées d'absence mais j'essayais de me faire pardonner par des petites attentions et des sorties le week-end.

Mais exceptionnellement, le Samedi soir de l'invitation, je confiais mes enfants à ma voisine et je me rendais à ce grand dîner.

Je fus assise à côté d'un monsieur appelé Bernie Madoff[1] qui, de toute évidence, était très respecté par tous les autres invités. Au cours de notre conversation, je l'informais de mon désir de devenir trader, ce à quoi il répondit avec bienveillance, que pour réussir dans ce métier, il fallait simplement « parlay the money » (réemployer l'argent).

Je le remerciais du conseil et je le notais sur sa carte de visite. La soirée fut très instructive grâce aux discours des différentes personnalités qui avaient adressé l'audience sur le futur de la profession.

A cette époque, les obligations de ma course effrénée vers le succès étaient nombreuses mais je faisais de mon mieux pour être en même temps, une maman attentionnée, un papa responsable et aussi, un bon exemple pour les études de mes petits garçons, afin qu'ils soient élevés du mieux possible.

Par chance, je bénéficiais d'une volonté et d'une énergie à toute épreuve. Sans un instant de répit, j'arrivais à élever mes enfants seule, à surveiller leurs devoirs, à travailler à Wall Street et à ne jamais manquer un cours du soir, tout cela sans salaire et sans avoir droit au chômage.

---

1 Bernard (Bernie) Madoff était le Président du Nasdaq. Toutefois, dix huit ans plus tard, en décembre 2008, il avait été arrêté par le FBI pour avoir fait l'escroquerie du siècle, style « Ponzi » évaluée à 65 milliard de dollars. Il semble ironique qu'il m'ait conseillé de réemployer l'argent, alors que c'est le principe de base de la « chaîne de Ponzi. »

Apprentissage

Vivez comme si vous deviez mourir demain.
Apprenez comme si vous deviez vivre pour toujours.

—*Mahatma Gandhi*

En quelques semaines, je faisais preuve d'une telle efficacité que plus rien ne m'était demandé, chaque tâche étant déjà accomplie, avant même d'être requise.

Alors que mon aide semblait être appréciée, j'étais intéressée par les moindres détails du métier et je n'hésitais pas à poser de nombreuses questions, auxquelles Mr. Townsend me donnait des réponses brèves, logiques et claires. A mes yeux, il représentait un trader exemplaire qui vivait par le pouls du marché et j'avais une grande admiration pour cet homme.

J'appréciais la chance qu'il soit mon mentor.

Scrupuleusement, j'étudiais ses moindres gestes, ses réactions, ce qu'il regardait et j'essayais de m'imprégner des circonstances, tout en imaginant l'acheminement de ses pensées.

Parmi les divers instruments utilisés par les traders, les Futures, les matières premières, les devises, les choix étaient nombreux. Mais sur ma table de trading, seules les actions de la bourse de New York étaient négociées.

Bien sûr, avant de décider d'une position ou de considérer des titres intéressants, un trader devait choisir le marché sur lequel il allait exercer son activité. Pour de meilleurs résultats, il était préférable que l'échange puisse offrir les attributs suivants:

Liquidité – Beaucoup d'intérêt et des ordres de taille, à l'achat comme à la vente. C'était un des atouts les plus importants pour permettre d'entrer ou de sortir d'une position rapidement.

Efficacité – Un marché devait offrir de bonnes exécutions, au prix de la cotation. Le broker prenant l'ordre devait être sur place, sinon la transaction devait être faite électroniquement.

Leverage – Si l'effet de levier était un danger pour les non initiés, c'était un avantage pour les traders de métier, qui utilisaient une gestion du risque étudiée.

Volatilité – Quand le marché dormait, il était difficile de profiter. Les traders appréciaient les grands mouvements de prix, dont ils bénéficiaient.

Une autre considération importante était de tenir compte que les marchés agissaient souvent de manière perverse et, par conséquent, les professionnels devaient pouvoir s'adapter rapidement à tout changement. En effet, c'était lors d'évènements anormaux que les opportunités de gains pouvaient récompenser une entrée de trade par un montant équivalent à plusieurs semaines de bénéfices.

Sans aucun doute, tout trader de métier devait examiner les avertissements économiques.

Indépendamment du fait que les chiffres du gouvernement représentaient souvent des estimations, basées sur des données elles-mêmes estimées, ces informations officielles avaient énormément de poids sur le comportement des bourses. Même si les résultats obtenus étaient la plupart du temps grandement révisés et cela, plusieurs fois avant qu'une conclusion définitive ne soit publiée beaucoup plus tard, les réactions anticipant les conséquences dans le futur étaient immédiates.

D'ailleurs, sans s'éloigner des règles purement de trading, il était impératif d'examiner les indications permettant d'évaluer la prospérité du pays, puisque ce genre d'alerte affectait dramatiquement les marchés.

Chaque matin, les banques d'investissement annonçaient leurs nouvelles recommandations et depuis mes débuts sur le trading desk de Mr. Townsend, j'avais pris l'habitude de noter les meilleurs titres mentionnés ainsi que la recherche générale affectant la bourse.

Les observations invoquées étaient faites d'après une analyse fondamentale.

Bien sûr, cette analyse était nécessaire pour les positions de longues durées. Cependant, son timing laissait bien souvent à désirer. C'est pourquoi l'analyse technique était indispensable.

Je travaillais assidûment pour améliorer mes connaissances rapidement et je recherchais les méthodes tenant compte de plusieurs outils d'analyses différentes, pour que je puisse bientôt exercer mon activité d'une façon efficace qui me permettrait d'arriver à obtenir une excellente performance dans mon trading à court terme.

Aussi, je ressentais la nécessité d'avoir une vision générale des éléments, pour mieux comprendre ce qui pouvaient affecter les marchés. Dans le but de progresser avec une aide supplémentaire, je découvrais l'analyse des cycles, une étude logiquement intéressante.

Incontestablement, la nature évoluait par périodes qui se renouvelaient. Il y avait le cycle des saisons, le jour et la nuit, les phases de la lune, la migration des oiseaux vers le sud, l'hibernation de certains animaux, la nage en amont des saumons ou encore les dates propices à l'accouplement de certaines races.

Plus important encore, je découvrais que le secret du succès de carrière dépendait de la psychologie et que la vraie victoire d'un trader était gagnée après un combat avec lui-même.

D'ores et déjà, je devinais que les émotions avaient des répercutions négatives sur les gens du métier. La petite étiquette sur l'écran de Mr. Townsend y figurait pour une bonne raison.

Faire des opérations « on paper » (sans argent) ne générait pas l'agitation associée à la valeur des gains ou des pertes et pour cause, il était facile de garder le cerveau discipliné en respectant toutes les règles, puisque les risques n'étaient pas vrais.

Sans engagement de capital, les décisions pouvaient être prises sans hésitation, tout en observant la stratégie planifiée. D'ailleurs, je m'exerçais à en faire et je réussissais assez bien. Toutefois, dès l'instant où la mise était réelle, tout changeait dramatiquement.

Pour garder la tête froide et bénéficier de toutes ses capacités, il fallait de l'entraînement. D'ailleurs, il était recommandé de pratiquer avec des sommes dérisoires au début, puis d'augmenter les mises après 40 ou 50 transactions, quand l'expérience et la confiance en soi étaient quelque peu acquises.

Evidemment, chaque opérateur était différent.

Pour déterminer sa tolérance aux risques (et aux pertes), il fallait qu'il connaisse son propre degré d'agressivité, que sa compréhension du marché soit élevée et qu'il possède une bonne maîtrise du comportement du titre dont il allait en faire la transaction. Tout cela était indispensable avant de s'engager.

Si une personne paniquait facilement et s'agitait dans tous les sens ou, au contraire, devenait paralysée et contemplait une perte sans pouvoir réagir, ces deux opposés ne feraient pas long feu dans le métier.

Préparer un plan et suivre une stratégie permettaient de faire face aux circonstances avec plus d'assurance. La prise de position devait avoir été étudiée au préalable, pour permettre au trader de rester confident. Ainsi, ses émotions n'entraient pas en jeu puisque l'ébauche en avait été faite à l'avance, il lui suffisait de la suivre avec discipline, afin de garder son sang-froid.

Ce qui faisait bouger les marchés à l'extrême était dû aux émotions. Un krach boursier n'arrivait que si tous les investisseurs paniquaient en masse, le même jour.

« Fear and Greed » (peur et cupidité) étaient les troubles les plus fréquents.

La frayeur faisait faire des erreurs, l'avidité aussi.

En général, toute excitation importante était néfaste pour le trader parce qu'il risquait de perdre tout, ou partie, de ses moyens de réflexion. Le temps de sauter de joie ou de transpirer à grosses gouttes allait être déduit du temps d'analyse de la situation et allait taxer le trader dans sa capacité de rester objectif. C'était la raison pour laquelle la taille des positions était cruciale.

Un trader devait l'adapter à son propre confort émotionnel. Des positions trop larges l'empêcheraient de rester calme et, à la moindre mauvaise surprise, le rendrait malade.

Selon les hommes de la table, les réactions étaient assez différentes. Quand la peur les prenait, certains traders allaient vomir, d'autres hurlaient des injures ou bien, au comble de la colère, ils cassaient quelque chose avec furie.

La frustration et la rage étaient d'autres réactions qui pouvaient engendrer une maladresse regrettable. Quand un trader se sentait vaincu par un événement ou par une personne, frustré par l'idée du manque à gagner ou par la rage d'avoir été dupé, il était facilement amené à faire des erreurs supplémentaires.

L'ego pouvait également entraîner des problèmes, en influençant le trader à refuser de fermer une mauvaise trade, pour ne pas perdre la face. Si un trader s'accrochait à son opération ou qu'il faisait des fausses manœuvres pour essayer de rattraper l'argent perdu, il allait forcément précipiter son capital vers une chute de valeur encore plus grave.

J'apprenais que si le prix n'agissait pas comme anticipé, il suffisait de couper la pose, en respectant le principe qu'il était non seulement préférable de garder de la poudre sèche dans son fusil pour d'autres tentatives, mais que cela permettait aussi de libérer son esprit. Sans quoi, le trader restait fixé sur ce titre et était incapable de détecter d'autres opportunités.

La maîtrise de soi et la préparation étaient vitales dans ce métier et permettaient une absence de soucis, d'inquiétudes et d'émotions négatives, c'était bel et bien prouvé.

J'avais l'intention de faire les choses dans l'ordre. La première étape était d'apprendre la base du trading et de m'exercer « on paper » (sans argent). Pour cela, d'après les informations et la recherche des banques d'investissements, je notais sur une feuille des transactions fictives dont j'étais très fière car je bénéficiais d'excellents résultats.

J'étais sûre d'être douée bien que, naturellement, l'influence de mon tuteur y jouait un rôle important. C'est pourquoi je n'en disais rien.

Par la suite, il me faudrait acquérir l'expérience nécessaire pour pouvoir négocier seule et pour de vrai, dans le genre de trading le plus difficile qui soit, le day-trading.

Il y avait plusieurs styles.

Un Position-Trader prenait une pose pour la garder un certain temps, souvent plus d'une semaine ou d'un mois, avec une combinaison de décisions basées sur l'analyse fondamentale associée à l'analyse technique, afin d'y entrer au bon moment. Il était conseillé de commencer par ce procédé, qui était un peu comme investir. C'était seulement après un nombre de transactions profitables, lorsque le trader était habitué au principe, qu'un autre style pouvait être essayé.

En intermédiaire, venait le Swing-Trader qui effectuait des trades gardées pour une durée de 3 à 5 jours. Cela demandait un peu plus d'expérience, celle-ci ayant été acquise en général, par le poste de Position-Trader.

Plus avancé encore était le « Short-Term » Trader. Ce dernier adoptait un style de trading qui, en plus d'être difficile, était le plus risqué, nécessitant une discipline énorme. Pour devenir day-trader (avec des entrées de poses de quelques minutes ou de quelques heures), il était requis d'être excellent et, tout comme un athlète, de s'y entraîner chaque jour. C'était le même principe d'exigence nécessaire à un pianiste ou à un gymnaste. Pour le faire parfaitement, il fallait le faire constamment.

Si certaines personnes s'imaginaient qu'il était facile de faire du day-trading, il était fréquent que leurs rêves se transforment en cauchemars. D'ailleurs, à moins d'avoir fait un apprentissage rigoureux, il était recommandé de ne pas faire de day-trades sans un minimum d'expérience. C'était un métier qui demandait les études et le talent pour bien le faire. Mais, dans ma salle de marché, le day-trading était roi et j'en apprenais les techniques jour après jour.

J'essayais de suivre le regard de mon tuteur pour détecter ce qui l'intéressait et je buvais ses paroles, en essayant de comprendre ses moindres intentions et ses moindres pensées.

Sur son écran, juste en dessous de la cote de l'index du marché, se trouvaient une série de symboles qui donnaient la température de la bourse ce jour-là. Le NYSE TICK index comptait le nombre d'action à la hausse moins celles à la baisse sur la bourse, le TIKI représentait la même chose mais sur les actions du Dow Jones, le TRIN aussi appelé Arms Index reflétait le sentiment du marché avec un chiffre faible pour un marché haussier et élevé pour un marché baissier (0.50 étant positif et 2.00 extrêmement négatif), le VIX montrait la volatilité des options sur le marché (S&P) avec un chiffre très bas voulant dire que l'optimisme régnait et un VIX élevé, signifiant la peur des investisseurs. Enfin, la ligne A/D (Advance/Decline) était formée par la différence entre le total des actions haussières et celles baissières.

Ces indicateurs internes du marché étaient les plus populaires. Et puis, l'étude des graphiques s'avérait indispensable.

Sur la table de trading, une expression revenait toujours :

« THE TREND IS YOUR FRIEND » (La tendance est votre amie).

Cette phrase de sagesse était la préférée des traders. Lors d'une entrée de position, respecter la tendance était considéré comme diriger un navire, avec le vent en poupe.

La méthode la plus simple s'assurait de la direction de la tendance avec la confirmation de celle-ci sur un graphique de délai supérieur et, une fois l'inclinaison bien établie, il suffisait d'y ajouter les moyennes mobiles de 20 et de 50 périodes, ces dernières devant visiblement suivre le prix.

L'entrée de position était faite alors que le prix revenait toucher la moyenne de 20, après s'en être éloigné, son signal étant une toute petite barre ou bougie d'indécision qui devait être positive sur une tendance haussière avec un achat juste au-dessus de son haut point, et négative sur une baissière, avec une vente en dessous de son bas point. Le stop était placé sur le dépassement de la même bougie en sens inverse.

De plus, j'apprenais que quand une action bénéficiait d'un nouveau prix plus haut, dépassant le sommet des 52 dernières semaines (un an) et que cela arrivait un Vendredi alors que le marché était sur le point de fermer au plus haut de la journée (ou presque), une tactique était d'acheter ce titre, tout près de l'heure de fermeture et d'en garder la position pendant le week-end.

Il suffisait d'attendre le Mardi et de vendre l'action dès l'ouverture du marché, ce qui était généralement très profitable. Par contre, si le marché ouvrait bien plus bas le Lundi matin, il fallait sortir de cette position immédiatement. Cette éventualité était une des seules exceptions où un day-trader gardait un titre plus d'une journée.

Une autre technique consistait à chercher des « inside days » (préférablement sur un graphique journalier, une barre ou bougie située à l'intérieur de la gamme de prix de la barre précédente). Cette particularité signifiait l'indécision et il fallait acheter si le prix allait au-dessus de la petite barre d'hésitation le lendemain, et de vendre, s'il allait en dessous.

La plupart des traders préféraient travailler avec des graphiques de chandeliers et chacun d'entre eux y appliquait une stratégie qui lui convenait parfaitement, d'après sa personnalité.

Puisqu'il s'agissait du day-trading, certaines des stratégies employées pouvaient être comparées au « scalping » qui signifiait de sortir de la position dès qu'elle était profitable.

Un système appelé « trend fading » impliquait d'acheter lorsque le prix venait toucher un support à un prix sous-évalué et de vendre lorsque qu'une résistance était atteinte, avec un niveau de prix surévalué. Et puis, l'élan d'un mouvement dans une direction, accompagné d'un volume supérieur, était une indication de force qui allait être l'instigation d'entrer dans le même sens, après un léger recul pour « digérer » l'avance initiale.

Des tas de stratégies utilisaient des points pivots, qui étaient calculés à partir du jour précédent et qui allaient donner des niveaux de support et de résistance aussi.

Quant au stop de protection, chacune des méthodes utilisées

devait comprendre une règle stipulant son emplacement.

Un jour, alors qu'une action était largement baissière, Mr. Townsend avait reçu l'appel d'un courtier lui demandant s'il voulait participer à un bloc à l'achat, deux points plus bas.

— I'm game for 100 (Je suis dans le jeu pour cent mille titres), avait-il répondu sans hésiter.

J'étais surprise. Le graphique n'appuyait pas sa réponse et cela ne correspondait pas à ses habitudes, puisqu'il n'y avait aucune indication de remontée. Mais il m'expliqua que si la cotation avait été en baisse confirmée par sa ligne d'inclinaison depuis un bon moment et qu'un nouveau prix bas était signalé (une bougie représentant un bas plus bas) avec un énorme volume, c'était une circonstance à considérer de plus près.

Il était possible et même probable, qu'un vendeur d'une très grosse quantité, ayant travaillé son ordre depuis plusieurs semaines, terminait la totalité de sa position avec un dernier bloc. Le plus souvent, cet échange était convenu avec une banque d'investissement qui le débarrassait de tout son inventaire, à un niveau bradé.

C'était une signature que le vendeur avait soldé son lot par cette liquidation et que la pression sur le titre allait être réduite ou même disparaître.

De plus, il y avait de grandes chances que la société financière décide de publier une recherche positive sur le titre, quelques jours après avoir acquis ce tas d'actions. Ce rapport élogieux faisait l'éloge de sa valeur attractive et la banque pouvait vendre toute la quantité à ses clients, en sortant de sa récente acquisition avec des profits, par rapport à son achat.

Pour le trader, c'était également un signal que le titre avait terminé de descendre aussi régulièrement et qu'enfin, il avait des chances de remonter puisque la pression en était enlevée, tout au moins de façon temporaire. Ainsi, dès la parution de la recherche, Mr. Townsend allait vendre ses titres, en enregistrant un gain solide.

J'apprenais aussi qu'en général, les opérateurs prêtaient une grande attention aux écarts de prix qui, un jour ou l'autre seraient remplis. Il était couramment accepté qu'une valeur devait être négociée à tous les prix d'un diagramme et qu'un « gap » ouvert, alors que le titre avait sauté en valeur, devait être comblé dans la plupart des cas.

Cependant, le point commun de chacun des professionnels était d'arriver à faire le moins d'erreur possible.

Ce n'était pas d'avoir été un génie et d'avoir trouvé l'instrument parfait. Au contraire, c'était d'accepter que le métier soit fait de gains et de pertes, tout en essayant d'avoir plus de profits et moins de risques.

En admettant rapidement d'avoir été trop en avance, trop en retard ou encore, d'avoir laissé passer des bénéfices, une grande évolution mentale était acquise et permettait d'atteindre l'esprit d'un gagnant. La clé était de profiter sur le nombre total de transactions, sans s'inquiéter si l'une ou l'autre n'avait pas performé comme prévu.

Par conséquent, je devais concentrer mon attention sur une bonne discipline et sur les outils qui auraient le plus de poids dans mes analyses. Tout en me permettant une performance régulière, c'était une condition nécessaire pour exercer mon futur métier de day-trader, avec talent.

Tout au moins, je l'espérais.

Sur le trading desk, j'entendais des phrases de bon sens et, de temps en temps, je notais celles qui me paraissaient primordiales:

✓ L'analyse technique est une manche à air, ce n'est pas une boule de cristal. C'est une compétence qui s'améliore avec l'expérience et le temps. Il faut en faire l'étude car il y a toujours quelqu'un de plus intelligent que nous. Le prix dévoile la vérité.

✓ On ne peut pas contrôler le marché. La meilleure chose à faire est d'essayer de comprendre ce que le marché essaie de dire.

✓ La plupart des traders prennent un bon système et le détruisent en essayant de le transformer en un système parfait.

✓ Vendez quand vous pouvez, pas quand vous devez.

✓ Apprenez à prendre vos pertes rapidement et apprenez de vos erreurs. Ne vous attendez pas à avoir raison tout le temps

✓ Même les poissons morts peuvent aller avec le courant. Pourtant, il faut un poisson fort pour nager à contre-courant. L'opposé du courage est la conformité. En d'autres termes, ce qui semble un choix « difficile » à un moment, a un potentiel d'enrichissement futur.

✓ « Espérer » peut être préjudiciable à votre patrimoine financier.

✓ Ne laissez pas une position profitable se transformer en une position perdante et ne laissez jamais de trade devenir un investissement, parce que c'est déficitaire.

✓ Il n'y a pas de fumée sans feu et quand on voit un cafard, il y en a toujours bien davantage. Ce qui signifie qu'une mauvaise nouvelle n'arrive jamais seule, d'autres vont suivre au fil du temps.

✓ Ce n'est pas les investissements que vous vendez et qui continuent à monter sans vous qui comptent, c'est ceux que vous ne vendez pas et qui continuent à perdre en valeur.

✓ Toute petite perte fait partie de la procédure d'un investissement. La clé est de ne pas la laisser devenir une grosse perte qui pourrait dévaster votre portefeuille.

✓ Il faut négocier ce que vous voyez, pas ce que vous pensez.

✓ Tous les grands traders partagent la même caractéristique, ils ont la capacité de changer quand les événements indiquent de changer.

✓ Les traders expérimentés contrôlent le risque, ceux qui sont inexpérimentés courent après les profits.

Fibonacci & Elliott

*Les mathématiques ne seraient certainement pas venues à l'existence
si l'on avait su dès le début qu'il n'y avait dans la nature aucune ligne
exactement droite, aucun cercle réel et aucune valeur absolue.*

—*Friedrich Nietzsche*

Le trading, comme il se pratiquait dans la salle de Mr. Townsend, partait du principe de base qu'une tendance établie devait continuer sur sa lancée, à moins d'une divergence d'indicateurs. La clé était de définir à quel niveau entrer, après qu'un prix se soit éloigné de sa moyenne mobile et une fois qu'il revenait vers un équilibre. Un signal de reprise de direction devait être visible pour anticiper, avec le plus de chance possible, que le recul soit terminé.

Ceci s'avérait particulièrement vital lorsque les marchés étaient très volatiles.

Un des meilleurs outils pour calculer le pourcentage de ce retracement venait d'une évidence trouvée dans la nature et rendue célèbre, huit siècles auparavant.

Leonardo de Pise (surnommé Fibonacci), avait vécu entre 1170 et 1250 et était un mathématicien italien réputé pour ses livres sur l'arithmétique et la géométrie. Pour calculer la croissance de la population des lapins, il avait utilisé une méthode utilisant 0 et 1 comme les deux premiers chiffres d'une suite, chacun des suivants étant l'addition des deux précédents:

$$0+1= 1+1=2+1=3+2=5+3=8+5=13+8=21... \text{ etc.}$$

Son nom fut ultérieurement donné à cette série évolutive, caractérisée par chaque chiffre étant la somme des deux derniers. Le détail intéressant était que le quotient par rapport au précédant restait le même et celui relatif au suivant était également identique, quel que soit le nombre considéré, à partir du troisième. De plus, il était prouvé que la nature avait souvent un taux de croissance utilisant ce même quotient de 1,618, qui avait pour nom le « Golden ratio » (Nombre d'or). L'expansion du coquillage Nautilus était souvent cité comme un parfait exemple.

Parmi une infinité d'autres exemples, le tournesol formait deux séries de spirales tournant en sens opposé, leur nombre correspondant dans chacun des cas à deux termes consécutifs de la suite Fibonacci, comme 34/55 ou 55/89.

Après les tout premiers numéros de la séquence, le quotient d'un nombre de la suite par rapport au précédent était très proche de 1,618 pour marquer l'expansion, et celui relatif au nombre immédiatement supérieur était pratiquement de 0,618 pour représenter le recul en arrière. Plus longue était la séquence et plus le ratio se rapprochait de phi, un nombre irrationnel de 0,618034...

Entre autres numéros dans l'ordre, le quotient d'un nombre par rapport à celui placé devant le précédent était d'environ 2,618 et inversement, en relation avec celui figurant après le suivant, de 0,382.

Je maîtrisais rapidement ce concept mathématique et j'étais captivée par le fait qu'il pouvait être utilisé pour gagner de l'argent.

Dans le trading, l'évolution d'une progression était souvent par une avance de 1,618% et celle d'une régression, par un recul de 0,618%. La tournure de l'action des prix était souvent démontrée régie par le Golden ratio ou Nombre d'or et la suite de Fibonacci apparaissait fréquemment dans les statistiques du marché. Le recul du prix d'un graphique s'arrêtait souvent dans une zone située entre 50 et 61.8% de l'élan initial.

De plus, même si ces chiffres eux-mêmes n'avaient qu'un poids théorique dans le concept des mouvements formés, il était crucial de comprendre que ce quotient était aussi la clé fondamentale de l'étude des modèles de croissance.

La nature utilisait le nombre d'or dans ses blocs de construction les plus intimes et dans ses modèles les plus avancés, que ce soit dans les formes minuscules de la structure atomique, les microtubules des molécules du cerveau et de l'ADN ou encore, celles aussi grandes que les orbites cométaires et les galaxies. Ce quotient était impliqué dans des phénomènes aussi divers que des distances planétaires, des formations de cristaux, des réflexions d'un faisceau de lumière sur le verre, du cerveau et du système nerveux, d'un arrangement musical et aussi, de la structure des plantes et des animaux.

La science démontrait qu'il y avait effectivement un principe proportionnel de base dans la nature.

Une autre étude tenait également compte de la nature et y ajoutait la psychologie.

L'« Elliott Wave Principle » était la découverte de Ralph Nelson Elliott qui décrivait que les émotions des foules avaient des poussées et des revers, signalés par des motifs reconnaissables.

Un bon timing du marché dépendait de l'apprentissage du comportement psychologique humain.

Le principe de la vagues d'Elliott considérait que l'évolution, ou la voie toujours changeante des cours boursiers (ou de tout autre instrument), était dessinée de façon à révéler une conception de structure qui reflétait une harmonie fondamentale, celle-ci étant trouvée aussi dans la nature. Au sens large, la théorie proposait que la même loi qui façonne les êtres vivants et les galaxies allait influencer les émotions et les activités des hommes en masse.

Quel que soit la période d'un graphique, le prix pouvait être reconnu comme étant à un certain niveau de vagues, qu'elles soient motrices (cinq vagues) ou correctrices (trois vagues). Un cycle entier était donc composé de huit vagues. Pouvoir identifier le placement du prix par rapport au motif représenté permettait de négocier avec plus d'assurance.

Tenir compte de ces niveaux était utile. Cette étude représentait un outil supplémentaire et, associée à d'autres analyses, elle améliorait les probabilités de succès des décisions de négociation.

Dans le Charting, les retracements de prix qui prenaient la forme de vagues, s'arrêtaient souvent à des niveaux Fibonacci, avant de reprendre leur tendance. Les traders les utilisaient régulièrement et il semblait tout naturel d'en tenir compte.

Pour faire participer les enfants chaque midi des week-ends, je quittais mon agence immobilière et je les emmenais à Central Park pour rechercher des exemples d'accroissements naturels de certaines proportions.

Ensemble, nous allions à la cueillette de feuilles, de fleurs ou de pommes de pin, qui semblaient progresser en utilisant ce principe d'essor, avant de déjeuner d'un pique-nique en plein air, quand le temps le permettait. C'était une excuse pour se retrouver. Puisque l'évolution de valeur des marchés que j'étudiais se rapprochait du rythme de croissance de la nature, nous faisions cette petite chasse au trésor, pour trouver le plus d'échantillons possibles.

Même si je devais retourner travailler l'après-midi pour essayer de vendre ou de louer des appartements, nous avions malgré tout notre petit moment familial.

Plan d'Entrée de Pose

D'abord demandez-vous: Quel est le pire qui puisse arriver ?
Et puis, préparez-vous à l'accepter. Ensuite, procédez à améliorer le pire.

—*Dale Carnegie*

La théorie soutenant une entrée de position de suivi de tendance partait de l'hypothèse que sa direction était bien établie et qu'elle allait continuer sur sa lancée.

Pour une tendance haussière, à la suite d'une bonne avancée, il fallait attendre un recul de prix, quand la valeur avait suffisamment retracé une partie du chemin, pour arriver à un niveau où les acheteurs voulaient l'accaparer de nouveau. Cette entrée était alors justifiée par la confirmation d'un nombre important de preuves, stipulées dans la stratégie.

Le principe d'une entrée à contre-tendance était que cette dernière était démentie par toute une série de signes qui témoignaient d'un affaiblissement de la tendance établie et prédisaient un retournement du prix, à commencer par une divergence d'indicateurs.

Bien évidemment, chaque méthode avait un signal de déclenchement tout particulier et l'entrée de position était régie par une série de règles à respecter. Ces règles en imposaient les conditions ainsi que l'emplacement du stop.

Quelle que soit la tactique utilisée, si tous les éléments n'étaient pas au complet, l'ordre ne devait pas être placé. Ainsi, toutes les circonstances requises devaient être satisfaites pour pouvoir anticiper de faire des bénéfices.

Le but n'était pas d'avoir raison mais d'exécuter parfaitement le plan !

La performance devait être considérée sur le résultat général du trading et non pas avec l'implication que chacune des trades devaient produire des revenus. L'objectif était donc d'accomplir une régularité de gains qui, avec le temps, permettait un résultat général positif du P&L (profits et pertes) en agrandissant la valeur du portefeuille.

Pour ce faire, il était primordial de respecter un programme établi, ce dernier permettant d'énumérer les conditions requises en stipulant les normes de la stratégie choisie.

L'entrée de transaction était justifiée par plusieurs raisons écrites dans le plan et si l'une d'entre elles devenait douteuse, il était indispensable de couper la pose immédiatement.

« When in doubt, get out ! » (Dans le doute, sortez !) Cette expression semblait être une question de sauvegarde, tout simplement.

Même si la position pouvait rapporter plus, il était vital de respecter le planning étudié préalablement et cela, avant que les émotions du marché viennent s'en mêler. Comme toujours, le trader devait rester discipliné et son travail de préparation était construit pour que la position envisagée comporte le moins d'aléas possible, de manière à en limiter les risques au maximum.

Le calcul devait aussi comporter un stop, permettant de sortir d'une position automatiquement avant qu'elle ne tourne en une perte importante et, pour s'en assurer, il était indispensable de savoir à quel endroit le placer. La priorité étant la préservation du capital avant même de cibler une augmentation de sa valeur, il fallait s'assurer que les pertes restent minimales, par rapport à la taille du compte.

Manifestement, la base fondamentale du métier était de toujours avoir un potentiel de gain supérieur au potentiel de perte (rendement-risque)

Ne pas se soumettre au système de préparation par un manque de discipline était la meilleure façon d'augmenter les risques et de s'attirer des problèmes. Pourtant, même si ce point s'avérait évident, c'était la raison de 90% de défaillances parmi les traders. Encore et encore, les cas où l'émotion avait pris le dessus étaient mentionnés pour parler d'un échec assuré.

La clé du succès était de prendre des petits profits réguliers et nombreux, qui allaient aider le trader à avoir confiance en lui-même et, par la même occasion, bénéficier la santé du portefeuille. Dans le cas d'un gestionnaire d'actifs, un rendement constant était plus attractif pour les investisseurs que des résultats trop volatiles.

Plus que tout, c'était l'habitude de prendre des gains réitérés qui dirigeait l'opérateur sur la route du succès. Et, pour cette fidélité de résultats, il fallait en avoir fait l'étude, vérifié les calculs et les avoir préparés à l'avance.

Trader son plan et planifier ses trades était le fil conducteur de la réussite dans cette profession.

Ce qui séparait les grands maîtres de tous les autres traders était que les experts possédaient tous une grande patience. Ils préféraient attendre et s'assurer que de nombreuses raisons viennent s'amonceler les unes sur les autres, avant de décider de l'entrée d'une transaction.

Ainsi, ce qui pouvait paraître une perte de temps par des analyses répétées était, bien au contraire, un moyen d'obtenir des possibilités de victoires multipliées. Lorsque les trades étaient réfléchies et qu'elles offraient un nombre de probabilités aussi grand que possible, le portefeuille avait de plus fortes chances de s'agrandir en valeur.

Puisque les stratégies donnaient une liste de règles, toute préparation n'était pas complète si chaque condition de celle-ci n'était pas suivie à la lettre.

J'avais appris de bonne heure l'importance d'une grande discipline. Si j'allais réussir à subvenir aux besoins de mes enfants, cette discipline devait devenir une seconde nature, à appliquer dans ma carrière potentielle de trader.

Quant à la stratégie que j'utilisais pour élever mes garçons, je ne grondais jamais sans avoir donné une longue explication de ce qui était bien ou mal et cela, avec tendresse. Je n'avais jamais été dans le clan de ceux qui recommandaient les fessées, quoique beaucoup de parents pouvaient défendre l'argument de leur nécessité.

Ma philosophie était de les encourager, dès leur plus jeune âge, à être responsable de leurs actions. Pour cela, je leur donnais de l'argent de poche qu'ils pouvaient utiliser à leur guise, en s'achetant ce qui leur faisait plaisir. Cependant, chaque écart de comportement était taxé par une ponction de la somme hebdomadaire qui leur revenait et celle-ci pouvait être complètement retirée, si je jugeais leur attitude vraiment vilaine ou s'il ne méritaient pas de récompense pour avoir rapporté un bulletin scolaire décevant.

Ainsi, je leur apprenais à se comporter comme des grands.

Ils devaient faire face à leurs devoirs et à leurs obligations, mais ils étaient récompensés par une plus large somme s'ils avaient particulièrement bien fait, tout comme un adulte allait payer une contravention ou une taxe supplémentaire mais pouvait aussi recevoir un bonus, d'après sa conduite.

GESTION DU RISQUE

Si vous ne prenez aucun risque, vous n'allez souffrir aucune défaite.
Mais si vous ne prenez aucun risque, vous ne gagnerez aucune victoire.

—Richard M. Nixon

Toutes les stratégies et toutes les formules, aussi élaborées soient-elles, ne pouvaient pas remplacer une bonne gestion du capital, sans laquelle la plupart des traders étaient voués à l'échec. Les professionnels l'affirmaient souvent et certains d'entre eux ne plaisantaient qu'à moitié quand ils décrivaient comment dilapider son argent, par un manque de prudence:

« Sans une bonne administration des risques, la seule façon de se retrouver avec une petite fortune est d'avoir commencé avec une grande. »

Ne pas tenir compte des impondérables et miser trop gros, dès les premières transactions, allait être néfaste et réduire le compte rapidement, en compromettant très sérieusement la longévité de l'exercice du métier.

Alors que certains considéraient le risque comme étant un pourcentage de la valeur investie, d'autres le calculaient par rapport au montant maximum en dollars qu'ils acceptaient de miser. Quant à moi, avec l'espoir d'être trader dans un proche avenir, j'envisageais de fixer mon exposition d'après l'emplacement de mon stop, toujours placé à un niveau bien étudié. Ensuite, j'allais échelonner mes sorties pour que ma position soit en sécurité en sortant de la moitié dès qu'elle avait atteint le seuil de la rentabilité.

D'après les anciens, cette façon de faire permettait de se concentrer sur d'autres transactions, avec moins d'aléas éventuels.

Ce choix me semblait plus facile à gérer puisqu'il permettait un plus grand nombre de titres négociés et suivis mentalement.

Pour le trading à partir des graphiques, le danger s'avérait être au point où la supposition d'entrée était démentie et, prudence exige, c'était le niveau de stop aussi.

Sur mon trading desk, deux stratégies de suivi de tendance était utilisées. Pour la première et dans le cas d'un marché haussier, après un éloignement plus haut du prix par rapport à la moyenne mobile de 20 barres, suivi d'un retour vers celle-ci avec un moindre volume, l'hypothèse était réfutée quand l'évidence prouvait que la bougie de déclenchement n'était pas la fin du recul et, dans ce cas, le stop placé au bas de cette bougie était exécuté.

Dans la seconde, aussi pour un marché haussier, la cassure vers le haut d'un niveau plat de résistance testé plusieurs fois anticipait une forte avancée du prix qui allait continuer dans la direction établie, le risque étant que ce dernier revienne en arrière pour faire un bas plus bas que le précédent. C'était donc l'emplacement du stop, puisqu'au toucher de ce niveau, la tendance haussière était démentie, celle-ci étant la condition instigatrice de la position.

Quant au procédé anticipant un retournement de tendance haussière vers la baisse, dicté par une divergence d'indicateurs et une bougie marteau inversé ou une pierre tombale, le risque était que le prix fasse un nouveau haut, et donc, le stop était placé à cet endroit. Ainsi, l'hypothèse de changement de direction était faussée par l'évidence d'une tendance haussière reconfirmée.

Dans tous les cas, les stops avaient une place importante dans la gestion des risques, puisqu'ils maintenaient des pertes de taille réduite.

D'ailleurs, Mr. Townsend disait souvent aux traders:

« If your reason is out, get out ! » (Si votre raison n'est plus là, sortez !).

Et puis, le calcul de l'objectif avait aussi sa place, dans la responsabilité de gérance. Par exemple, si le risque était de cinquante centimes de pertes sur 3000 actions, il représentait $1500. La cible devait donc avoir la capacité de gagner deux ou trois fois cette somme.

En général, un titre à bas prix avait un moindre potentiel de gain ou de perte en dollars, dans la journée et pour la même quantité, qu'un autre valant près de cent dollars. De toute évidence, un mouvement moyen de 1% sur vingt cinq dollars représentait beaucoup moins d'argent que 1% sur quatre vingt quinze dollars. C'est pourquoi il fallait être très vigilant dans la préparation de son plan de travail, en étudiant la volatilité du titre par rapport au marché (bêta). Ainsi, l'étude préalable devait projeter un gain plusieurs fois plus grand que la perte possible, d'après le calcul du risque représenté par le niveau d'emplacement du stop.

J'avais bien compris que l'efficacité d'un trader était mesurée non seulement par la performance du portefeuille mais aussi, par un quotient de rendement favorable par rapport aux risques encourus. Le bonus ou récompense était toujours basé sur le taux de rendement (profits) en fin d'année, de trimestre ou de mois. Toutefois, le potentiel de succès de carrière était défini par la qualité des résultats de rendement-risque.

Par conséquent, un chiffre final reportant un gain de 4%, alors que le risque avait été de 35% (calculé par le pourcentage de différence entre la crête et le creux de la performance du compte), représentait un bien plus mauvais rendement, relativement à ce que l'apparence laissait supposer. En effet, la valeur d'un portefeuille partant d'un million avait été propulsée à un million six cent mille par des gains (la crête) mais d'énormes pertes avaient réduit le profit à seulement quarante mille dollars, pour une valeur totale en fin d'année d'un million et quarante mille dollars (le creux). Cette énorme volatilité de 35% en ramenait le résultat réel non pas à 4% mais à seulement 0.114%.

Ce trader avait gagné 60% sur la valeur de son fonds et, par la suite, avait constamment perdu pour arriver à un très pauvre résultat. Sans aucun doute, la raison était due à une mauvaise administration du risque et à un manque flagrant de préparation.

Le ratio de Sharpe était une mesure d'évaluation populaire. Ce quotient mesurait la rentabilité d'un portefeuille d'actifs comparé à un investissement sans risque, comme une OAT, et cet excès était calculé par unité de risque. L'utilisation de ce quotient permettait de comparer les performances de gérants ayant des stratégies opposées, ainsi qu'un management du risque différent. Plus simplement, le ratio de Sharpe montrait comment un actif allait payer un investisseur, par rapport au risque encouru.

Lorsque la comparaison était faite d'après une référence de données commune, il était plus facile de juger.

Le quotient mesurait la quantité de rendement, ajusté pour chaque niveau de risque pris. Il était calculé en soustrayant le taux sans risque de revenus annualisés et en divisant le résultat par l'écart type des profits. Cette mesure pouvait être appliquée sur toute une quantité de fonds, ayant des niveaux différents de profitabilité et de volatilité, pour déterminer si ces derniers généraient un alpha (surperformance) en prenant des risques supplémentaires.

Un bon ratio de Sharpe variait selon la stratégie du fonds, mais tant qu'il était au-dessus de 1, il était considéré comme un rendement intéressant.

Sachant que la gestion financière était la partie du système de trading qui décidait de la taille de la position, du prix auquel entrer et surtout du pourcentage de capital exposé, il me fallait décider d'un degré de risque raisonnable, par rapport aux possibilités de bénéfices. C'est pourquoi, je passais une très grande partie de ma préparation à calculer ces détails, même si mes transactions n'étaient encore que sur papier (fictives).

D'ailleurs, en dehors des problèmes psychologiques personnels, c'était le concept le plus critique qu'il fallait résoudre en tant que trader ou gérant.

« Combien miser ? »

La réponse à cette question déterminait le risque et le potentiel de gains.

L'idéal était de diviser les fonds en un certain nombre de trades insignifiantes, réparties sur plusieurs investissements ou produits différents, pour avoir des opportunités multipliées et pour être en mesure de gagner de l'argent sur l'ensemble. Même si, en dehors du métier, les traders étaient parfois comparés à des joueurs professionnels, j'étais persuadée que les deux étaient loin de se ressembler.

Des années plus tôt, mon ex-mari m'avait appris que certains joueurs utilisaient un système de martingale ou d'anti-martingale.

La martingale demandait de doubler la mise après chaque perte et ainsi, dès le premier gain toutes les mises étaient récupérées. Seulement, cette pratique ne pouvait pas être efficace parce que les tables de jeux imposaient des limites maximales de paris. En effet, une perte dix fois de suite (on avait vu des quinze et seize fois) représentait une somme colossale. Par exemple, en partant d'une mise de 10 Euros, au dixième coup l'enjeu devait être de 20480 Euros et au onzième, de 40960 Euros.

Il était donc impossible de récupérer l'argent puisque, généralement, les tables à 10 Euros avaient une limite d'un millier d'Euros maximum !

Par contre, l'anti-martingale adoptée par les professionnels du jeu avait quelques adeptes parmi les traders. Il s'agissait de ne monter les mises que lorsque les poses étaient gagnantes, et cela, avec certaines limites. Ce système m'apparaissait plus valable, du reste c'était le principe des « Turtles » (Tortues), que je venais d'apprendre. Puisque ma curiosité était bien acceptée, je n'hésitais pas à profiter de toutes les opportunités pour poser d'innombrables questions autour de moi et c'est ainsi que j'avais découvert ce système au cours d'une conversation avec un des brokers de la bourse.

C'était simplement une stratégie de suivi de tendance, avec une entrée de position sur la cassure d'un nouveau prix haut (ou bas) des 20 derniers jours ou encore des 55 jours, alors que la position était agrandie si elle gagnait, sous certaines conditions.

Cette stratégie miraculeuse avait permis au plus jeune de ces traders de gagner plus de trente millions de dollars en quatre ans et, bien entendu, je voulais me familiariser avec tous les détails pour pouvoir l'appliquer moi-même.

Par principe, que ce soit dans les casinos ou dans le trading, une bonne exploitation du capital se traduisait en calculant les risques de façon précise et en n'augmentant l'enjeu que si la pose gagnait suffisamment pour couvrir le risque de la quantité ajoutée. De plus, il fallait bouger les stops initialement placés vers des nouveaux niveaux de support ou de résistance et, au fur et à mesure de l'avance du prix, les déplacer encore de façon à rester investi et à bénéficier jusqu'à la fin du mouvement favorable, auquel cas le stop était touché.

J'avais bien compris ce système et j'avais l'intention de l'adopter.

Le grand danger était de miser trop gros dès le début et, pire encore, d'augmenter la mise si celle-ci était perdante (average down). Une bonne gestion était donc de décider de la taille de l'ordre, de la taille de la mise de capital et du quotient de gain potentiel ou rendement, évalué par rapport à celui des pertes ou risques.

Un stop était une précaution permettant de faciliter le management de l'argent, tout simplement.

Relaxation & Pep Talk

*La répétition tenace de ce qu'on se rabâche est
ce qui change notre propre image.*

— *Denis Waitley*

J'apprenais avec étonnement que la relaxation faisait partie de la préparation et facilitait une meilleure gestion du risque. Une réduction du stress allait permettre une diminution de la tension artérielle ainsi que de la fréquence cardiaque et respiratoire, ce qui allait résulter en un bien-être général. L'avantage était de ne pas perdre son sang-froid par rapport à l'imprévisibilité du marché et résultait en une amélioration de la performance.

L'expérience était nécessaire avant de savoir gérer des instruments qui s'affolaient et, plus encore, pour profiter alors que leur cote devenait d'une volatilité insupportable. D'ailleurs, la tension nerveuse pouvait très facilement engendrer un épuisement mental, une condition extrêmement néfaste au bon rendement.

Une méthode utilisée par certaines personnes consistait à écrire quelques expressions comme celles-ci:

« Je suis confident, je contrôle mes actions et mes émotions, je suis discipliné, je respecte mon plan à la lettre… etc. »

Ensuite, il suffisait de s'allonger pour se relaxer complètement et, une fois au calme, de répéter ces phrases de motivation. Ainsi, en associant ces phrases à des odeurs plaisantes, à des sons agréables et à des images attrayantes tout en imaginant un goût délicieux, ces inspirations s'imprégnaient profondément dans le cerveau.

En apprenant à se détendre et à penser positivement, il était possible d'atteindre un état second, obtenu en faisant le vide autour de soi. Le subconscient, la partie du cerveau qui dirige le comportement et les habitudes, devenait accessible pour permettre aux affirmations rabâchées d'être mieux ancrées dans la mémoire, ce qui suscitait une meilleure performance générale du trader.

Cet état de paix rendait la suggestion plus facile et cette méthode de relaxation permettait d'être motivé, tout en facilitant l'acquisition d'une santé mentale qui était aussi nécessaire que la santé physique.

Quand une réaction rapide s'imposait sur une position négative, la bonne attitude était alors instinctive d'où l'importance de ce travail de détente.

Le métier de trader nécessitait un effort psychologique constant. De façon à renforcer la confiance en soi, des phrases optimistes devaient être dites ou pensées. Les expressions positives allaient servir à améliorer le self-estime et l'aider à devenir plus discipliné, ce qui le rendait plus performant.

Cette sorte d'auto-persuasion amenait, par exemple, à avoir une meilleure gestion du risque si chaque jour, une phrase était dite avec l'affirmation de la discipline et l'incitation à respecter le plan de travail. De même, l'habitude d'exprimer des encouragements avait l'avantage de préparer à la journée de trading, permettait aux émotions d'être contrôlées plus facilement et, logiquement, il y avait moins de chances de succomber à la cupidité ou à la peur, puisque la force cérébrale était renforcée. Avec la répétition de ces propos, la préparation portait davantage de fruits.

C'était une sorte de « Neuro Linguistic Programming » (PNL), une méthode reconnue pour aider à discipliner le cerveau, de façon à atteindre une performance plus satisfaisante. Bien sûr, il était préférable de ne pas avoir déjà pris de mauvaises habitudes mais, le cas échéant, cette liste aidait à reprogrammer le mental, pour en « re-câbler » les circuits émotionnels.

J'avais assisté à un séminaire destinés aux personnes voulant améliorer leur commerce et j'en avais trouvé les informations extrêmement intéressantes.

La technique enseignée appliquait les principes de la programmation neurolinguistique et en utilisait aussi les particularités. Le présentateur était un grand jeune homme charismatique, d'une énergie incroyable. Il s'appelait Anthony Robbins et n'était pas encore très connu. J'avais été impressionnée par sa facilité d'expliquer très simplement comment vaincre les défaillances ou les phobies, comme la peur de voir un serpent.

Quand il publia un ouvrage, je ne manquais pas de souligner les passages les plus sensibles et je demandais aux enfants de les apprendre aussi. Seulement, malgré mon insistance, je n'avais pas obtenu un grand succès à les convaincre, ce qui m'obligeait à leur en lire quelques phrases de temps en temps, en appuyant sur certains détails qui me semblaient particulièrement importants.

Incontestablement, en plus de l'étude de l'analyse technique et du comportement du marché, ma puissance mentale devait être travaillée pour améliorer ma psychologie, qui devait être à son mieux, tout comme ma force physique. D'ailleurs, je ne manquais pas de faire du sport presque tous les jours, pour que mon endurance naturelle soit meilleure.

Toutefois, les phrases de mon « Pep-Talk » ne devaient pas me donner une assurance négative. Il ne s'agissait pas de devenir arrogante, puisqu'il y avait une grande différence entre être au meilleur de soi-même et se sentir invincible.

En fait, la disparité était grande !

Même si parfois, il y avait une séparation assez fine entre les deux, être au meilleur de soi-même était positif, alors que se sentir invincible était carrément négatif et pouvait mener à faire de grosses erreurs. Cependant, rester conscient de son attitude et regarder la vérité en face n'était pas toujours facile.

Pour arriver à une performance supérieure, l'efficacité morale devait s'ajouter à l'apprentissage du métier et à l'expérience indispensable pour bien l'exercer. C'était mon intention et j'étais déterminée à n'épargner aucun détail pour devenir un excellent trader.

Feu Vert

Le succès est de faire des choses ordinaires,
extraordinairement bien.

—*Jim Rohn*

A la fin des six mois, Mr. Townsend me dit nonchalamment que j'étais prête.

Désormais, j'allais être assise à l'autre bout de la table, avec la responsabilité de gérer un portefeuille d'un million de dollars. Cependant, si cette somme venait à diminuer de dix pour cent, il me faudrait partir et je serais « remerciée » (mise à la porte).

Sur l'argent gagné à la fin de chaque mois, la moitié allait m'être versée sous une semaine, par un virement sur mon compte bancaire. Aucune stratégie n'était imposée, la seule condition était que les positions ne soient prises que pour la journée et qu'elles soient liquidées « before the bell » (avant la cloche qui sonnait à seize heures, annonçant la fermeture du New York Stock Exchange).

Je n'en croyais pas mes oreilles et j'avais envie de lui sauter au cou pour l'embrasser, mais je me contentais de lui sourire, les yeux écarquillés et brillants de joie.

D'une voix tremblante d'excitation, je le remerciais chaleureusement en lui promettant que je serais un bon trader, grâce à sa formation. Il semblait amusé de voir que j'avais du mal à contenir mon euphorie et, là-dessus, j'allais occuper la place qui m'avait été désignée.

Pendant un moment, je savourais le plaisir d'avoir mon propre poste et, pensive, je caressais du bout des doigts la surface de mon nouveau territoire.

Je ressentais un mélange de fierté, d'aboutissement et aussi une petite anxiété avant d'en assumer le défi. C'était à moi de jouer, de prouver que j'étais à la hauteur et de révéler que j'étais tout aussi capable de négocier que les monstres qui hurlaient des injures à mes côtés. J'avais bien l'intention de démontrer, devant tous, que mon apprentissage était bien ancré dans ma mémoire et que mon apprentissage allait porter ses fruits.

Sur le trading desk, devant chaque siège se trouvait un écran d'ordinateur et un panneau bas incliné, sur lequel figuraient une centaine de touches, chacune correspondant à une « direct wire » (ligne directe) pour appeler un broker. Certaines de ces lignes étaient pour joindre un courtier se trouvant près d'un spécialiste du New York stock Exchange, selon la « room » (salle) où il était situé, de façon à avoir un accès immédiat au poste où était échangée l'action considérée. Les autres boutons étaient connectés avec plusieurs brokers, dans chacune des grandes banques d'investissement des Etats-Unis.

La majorité des courtiers de la bourse avec lesquels nous avions des lignes directes étaient des « discount brokers » qui ne prenaient pour leur service que 3 centimes par titre. « Upstairs » (en haut, signifiant qu'ils n'étaient pas sur le « floor » du New York Stock Exchange), les courtiers informaient de la recherche de leur firme et, si la transaction étaient vraiment rentable, ils pouvaient recevoir dans certains cas exceptionnels, jusqu'à 10 centimes l'action, lors de la clôture de la pose dont ils avaient suggéré l'ordre. Cependant, ils étaient généralement payés 6 centimes par titre et 8 centimes, pour compenser un « good call » qui sortait le trader de sa position.

Sur le mur, un tableau réservé à la recherche était visible de tous. Chaque jour, une liste y était notée sur laquelle figurait le diminutif encerclé de la banque ayant publié l'information (par exemple, GS pour Goldman Sachs) et sur la même ligne, s'ajoutaient tous les symboles des actions qui avaient été cités en recommandation, suivis de plusieurs + ou encore des -, selon l'importance de l'avertissement.

Depuis le début, j'avais enregistré tous les « morning-calls » (appel du matin de chaque firme) et donc, j'avais une bonne idée des actions à acheter ou à vendre. En particulier, j'avais souligné ceux des analystes les plus célèbres pour la qualité de leur rapport, dans le but de m'en servir plus tard.

J'étais d'attaque. Toutefois, je décidais de me donner un jour ou deux pour préparer mon plan de trading et organiser la procédure de mes ordres. Aussi, il me fallait choisir qui j'allais appeler de préférence, d'après les titres qui m'intéressaient, puisque je voulais être opérationnelle dès mon premier jour de négociation.

La journée de travail se terminait juste après la fermeture du marché et, chaque soir, j'avais ramené chez moi mon petit carnet pour réviser ce que Mr. Townsend avait considéré important de noter. Il était bien rempli et j'en connaissais le contenu par cœur.

C'était également la date du dernier de mes cours, qui commençaient à dix huit heures, et j'avais une bonne heure devant moi avant de me rendre au New York Institute of Finance. J'en profitais pour aller au Harry's Bar au coin de la rue, pour y rencontrer les gens du métier comme on me l'avait conseillé.

La plupart des hommes de la bourse s'y retrouvaient. Ils se connaissaient tous et faisaient un peu une famille. A la fin de leur journée de trading, ils se groupaient habituellement autour de cocktails alcoolisés, afin de se détendre. Quant à moi, par principe, j'insistais pour ne boire que de l'eau pétillante. Ma sobriété ne m'empêchait pas d'être toujours souriante et j'étais bien décidée à mettre ma timidité de côté, pour poser des questions pertinentes sur la profession.

Dans ce but, je me présentais avec courage à ceux qui me semblaient avoir le plus d'expérience.

Certains n'hésitaient pas à me donner des conseils, sachant chez qui j'avais commencé à travailler et d'autres, ajoutaient à leurs phrases:

« Kid: This isn't for the faint of heart… » (Gosse: Ce n'est pas pour les cœurs sensibles) ou quelque chose de similaire, comme s'ils pensaient essentiel de me prévenir que cette activité était brutale et qu'elle n'avait rien de très facile, tout particulièrement pour une femme.

Parmi les courtiers et les traders, je rencontrais aussi des spécialistes. Ces personnes étaient membres de la bourse et se devaient de maintenir « un marché équitable et ordonné » sur plusieurs titres différents.

Il était important de savoir dans quelle salle était échangée chaque action, de façon à appeler un courtier de confiance qui avait rapidement accès au poste où elle était échangée. En effet, les titres ne pouvaient être achetés ou vendus sur l'échange, qu'en passant par son spécialiste attitré.

Ce soir là, l'un d'entre eux m'invita sur le New York Stock Exchange et j'acceptais avec joie.

New York Stock Exchange

*Le fait le plus unique et le plus important d'un marché libre est
qu'aucun échange n'a lieu à moins que les deux parties en bénéficient.*

—*Milton Friedman*

Dans le hedge fund, de l'ouverture à la fermeture du marché, il n'y avait aucune interruption. Chacun commandait son déjeuner qui était livré puis avalé en vitesse, entre deux ordres téléphoniques. Cependant, mon patron poussait ses traders à rencontrer des brokers et des spécialistes pour développer des amitiés. Les informations et les anecdotes échangées au cours de ces visites étaient souvent intéressantes et les conversations permettaient d'obtenir une idée d'ensemble sur l'opinion des autres firmes.

A condition de ne pas avoir de pose ouverte en quittant le bureau, tout ce qui pouvait aider à acquérir une meilleure performance était encouragé.

Ce matin là, j'en demandais la permission à mon patron qui, sans hésiter, m'autorisa à aller visiter la bourse de New York. Evidemment, je préférais m'y rendre avant de faire ma première trade, pour avoir une meilleure idée de ce qui se passait sur le floor.

Vêtue de mon tailleur le plus élégant, j'arrivais au New York Stock Exchange, qui n'était qu'à cinq minutes de mon trading desk. Après être passée par le portique de sécurité et récupéré mon sac à main soumis aux détecteurs de métal, je rencontrais un assistant qui m'attendait à l'intérieur, pour me remettre un badge. Le trading s'effectuait dans quatre salles différentes, reliées les unes aux autres sur un même niveau.

Elles s'intitulaient la Main Room, la Blue Room, l'Extended Blue Room et le Garage.

Le jeune homme m'invita à le suivre et m'indiqua que nous allions vers la Blue Room où se trouvait le poste du spécialiste avec lequel il travaillait. Après avoir monté quelques marches et traversé un labyrinthe de corridors, il passa son badge sur le dessus d'un tourniquet à la hauteur de sa taille pour entrer et j'en fis autant, avec le badge qu'il m'avait confié.

La salle était bondée. Presque tous les hommes étaient revêtus d'une surveste légère de couleur bleu-marine sur laquelle se trouvait une plaque avec de grands numéros, composés de trois chiffres. Certains étaient regroupés autour des différents postes et d'autres se dépêchaient de marcher dans tous les sens. Apparemment, il était interdit de courir.

Soudain, le brouhaha s'arrêta. Je vis les visages se tourner dans ma direction en souriant, alors que j'entendais un tonnerre d'applaudissement. Rapidement, je me retournais pour voir quelle était la célébrité qui venait d'arriver, mais l'assistant se mit à rire et, à mon grand étonnement, il m'informa qu'ils avaient tous lu le magazine où j'avais posé et qu'ils attendaient ma visite.

Incrédule, je haussais les sourcils. Je n'y avais pas du tout pensé… Toutefois, je cachais ma surprise par un sourire et je serrais la main de la plupart d'entre eux. Ils étaient tous respectueux et admiratifs. Quant à moi, j'étais un peu embarrassée.

Pour parler d'autre chose, je demandais pourquoi l'un des hommes avait une croix sur l'épaule, faite avec deux larges bandes de ruban adhésif de couleur grise. J'appris que ce signe indiquait qu'il souffrait à cet endroit là, pour qu'il ne soit pas bousculé.

Chaque station ressemblait à un grand champignon bordé d'une série d'écrans et plusieurs spécialistes et leurs assistants y étaient regroupés.

Guidée par le jeune assistant, je traversais les salles appelées le garage et la main room, avant d'arriver à la Blue Room où se trouvait le poste de Mr. Phillips, le spécialiste qui m'avait invitée et qui était responsable de six titres différents.

Après m'avoir salué et présenté les personnes qui l'entouraient, il me montra son cahier d'ordres, en me donnant quelques explications sur l'acheminement des trades qui y figuraient et sur leur processus d'exécution.

Il ne portait pas de blouse, contrairement à la majorité des courtiers quoique, lui aussi, exhibait une plaque numérotée sur sa veste. Son costume était bien taillé et je remarquais que les spécialistes étaient tous habillés de manière très élégante.

Sa mission était d'équilibrer le marché et pour cela, il était responsable d'acheter certaines quantités pour son compte, en cas de panique d'investisseurs ou si trop d'ordres arrivaient pour être vendus. Aussi, il devait vendre si un titre s'affolait à la hausse. De plus, il prenait des positions pour sa firme et avait un résultat de gain ou de perte en fin de journée, comme tout autre trader. Je ne doutais pas une seconde qu'il en était l'un des meilleurs et que personne ne pouvait connaître mieux que lui, le comportement des actions dont il faisait le marché.

Ses informations, données sur un ton affable, étaient parfaitement logiques et claires. Avec appréciation, je le remerciais ainsi que son assistant et je quittais la bourse.

Grâce à ma visite, j'avais acquis la vision de la transmission d'un ordre passé au broker, ou lorsqu'un trader demandait un « look » avant ou après une entrée de position. La commande était prise par téléphone et le courtier se déplaçait physiquement pour la passer au poste du spécialiste. Là-dessus, l'information demandée ou l'exécution de cet ordre était communiquée au broker, qui rappelait le trader pour l'en informer.

Tout cela ne prenait que quelques secondes. Il fallait choisir un courtier de confiance, qui puisse avoir facilement accès au poste du spécialiste où l'action était échangée et qui, de préférence, se trouvait dans la même salle pour bénéficier d'un gain de temps appréciable.

J'étais un peu anxieuse de commencer, même si j'avais attendu ce moment avec impatience. J'avais grand espoir d'être à la hauteur de ce qui était attendu de moi et je ne voulais surtout pas décevoir Mr.

Townsend, qui me donnait une chance que je n'aurais probablement jamais eue sans lui.

De retour au bureau, je décidais de regarder les mouvements de quelques titres sans prendre de position et je passais une partie de l'après-midi à organiser mon écran.

Je configurais mes graphiques afin qu'ils comportent automatiquement les outils qui me semblaient les plus relevant pour négocier, de façon à être mieux préparée pour commencer à travailler. Aussi, j'analysais plusieurs actions et je notais celles qui agissaient remarquablement bien ou mal, par rapport au marché en général ou encore, au comportement de leur secteur, pour en tenir compte dans mon trading du lendemain.

Les études mathématiques extrêmement poussées et les compétences d'analyse ne pouvaient pas supplanter une préparation minutieuse et une discipline sévère. J'avais aussi appris qu'il fallait se connaître, savoir ce qui était important personnellement, jusqu'où on avait l'intention d'aller et aussi, pourquoi.

Pour mes débuts, je voulais être d'attaque et me sentir au meilleur de moi-même.

Mes cours au New York Institute of Finance étaient terminés depuis la veille et, malgré toutes mes connaissances sur un nombre important d'analyses, j'adoptais la méthode « K.I.S.S. » (Keep It Simple, Stupid) qui, en d'autres termes, signifiait de ne pas compliquer les choses.

En fait, sur un graphique, plus il y avait d'outils et plus la perspective se montrait embrouillée.

Sur ma plateforme, je décidais de ne garder que mes bougies avec plusieurs moyennes mobiles, le volume, deux indicateurs de confirmation de tendance et un autre, pour vérifier sa solidité. Ensuite, j'entrais tous les indices dans le même ordre que Mr. Townsend les avaient disposés sur son écran et j'associais les cotes de plusieurs titres par industrie, regroupés pour me permettre de regarder en même temps les marchés corrélés avec certains secteurs d'activité.

Trader

PREMIERE TRADE

Ayez confiance en vous-même. Créez le genre de personnalité avec lequel vous serez heureux de vivre toute votre vie. Tirez le meilleur de vous-même en attisant les minuscules petites étincelles internes de possibilités pour qu'elles deviennent des flammes d'achèvement.

— *Golda Meir*

De bonne heure le lendemain, l'anxiété de la veille avait fait place à l'excitation de prouver mes capacités. Mon moral était bon et j'anticipais une bonne journée.

Même si j'avais encore beaucoup à découvrir, j'allais enfin passer à la pratique et utiliser ce que j'avais appris. Ces quelques mois sur la table de trading m'avaient bien montré qu'être un bon trader n'arrivait pas par chance et que c'était un métier.

A la suite d'une excellente formation, la meilleure façon de gagner de l'expérience était de négocier avec l'argent et non plus « sur papier. » Fini les trades virtuelles, cette fois c'était réel.

A présent, j'allais être jugée sur mes aptitudes et sur la bonne utilisation de mon apprentissage.

Une image venait à l'esprit pour définir la profession, c'était une jungle et j'en acceptais les dangers...

J'étais entourée de brutes aux besoins insatiables et affamées de sang, qui n'hésitaient pas à agresser toute proie sur leur passage. Mon attitude différente et il fallait que je m'impose parmi ces traders.

Autour de moi, c'était tuer ou être tué.

Mais je savais qu'il me serait possible de m'y faire une place en étant bien préparée et disciplinée. Je devais survivre au milieu de ces créatures redoutables qui me considéraient comme une nuisance et une compétition à éliminer.

Une femme assistante passait encore, mais un trader du sexe féminin était hors de question. Décidément, je devais être sur mes gardes, faire mon travail avec précision et adopter une gestion du risque à toute épreuve.

J'étais prête à l'action.

Ce premier jour, dès mon arrivée à 7 heures 30 du matin, je commençais un petit tour d'horizon pour déterminer ce qui se passait dans le monde. Je cherchais quelles étaient les nouvelles politiques et économiques, sans oublier les informations qui pouvaient influencer la tendance de la bourse.

Les marchés des autres continents gagnaient un peu en général, ce jour là. Les SP Futures (les 500 plus grandes entreprises des Etats-Unis, dont les titres étaient compilés par Standard & Poors) étaient légèrement à la hausse aussi, en « pre-market » (avant l'ouverture).

Les « index Futures » donnaient la « température » de l'humeur qui prévaudrait dans la journée et représentaient une bonne indication. Aussi, je consultais le calendrier économique puisque, naturellement, tout pouvait changer si des chiffres sur la situation gouvernementale ou des rapports trimestriels de certaines grosses sociétés étaient annoncés.

Pour presque tous les traders de la table, il était préférable d'attendre que les annonces soient sorties, au lieu de prendre des risques superflus en se positionnant avant. En fait, les professionnels avaient des bases de probabilités et réagissaient aux résultats, d'après l'écart de ceux-ci, par rapport au consensus des analystes.

Ce n'était pas un casino. Rouge ou noir, négatif ou positif, ils profitaient en suivant la tendance et le flux de l'argent. Il fallait une certaine expérience pour comprendre les données économiques et prendre des décisions de trading sur celles-ci et bien évidemment, je n'étais pas prête à agir, ni à réagir, sur ces annonces.

Pour mes débuts, j'avais l'intention de ne rien faire de compliqué et de mettre toutes les chances de mon côté, en n'utilisant que ce que je comprenais bien, tout simplement. J'avais préparé mon plan la veille, avec mes graphiques à l'appui, et j'étais décidée à me contenter de ma recherche.

Le but était sans aucun doute de gagner, mais la priorité était d'abord de survivre. Tant qu'on faisait partie de ce cercle, tout était possible et toutes les opportunités étaient présentes et à saisir. Au dehors, elles ne servaient plus à rien.

Durant mon apprentissage, j'avais fait des transactions fictives qui avaient toutes été gagnantes... Par contre, ma première « pour de vrai » ne le fut pas.

Avant même de commencer à travailler sur ce que j'avais préparé, un broker du floor m'appela au téléphone. Il contactait souvent mes collègues et il était très apprécié. Innocemment, je pensais qu'il me faisait une fleur...

Il chuchota d'une voix étouffée:

« Quelqu'un travaille un ordre à l'achat d'un million d'action IBM (International Business Machines). Il y en a justement dix mille offertes, achetez-les tout de suite, mais appelez un autre broker et soyez discrète... Je suis sûr que vous allez faire au moins deux points. »

Je pensais... Un profit de vingt mille dollars, pas mal pour commencer !

Immédiatement, je poussais un des boutons pour un autre « three cents broker » (un courtier payé 3 centimes par titre) et j'achetais 10000 IBM « at the market » (au prix de l'offre).

Je m'imaginais gagner facilement et j'avais le sourire.

De suite, j'écrivais en marge de mon journal de lui donner mon ordre de sortie et de le payer avec une large commission. J'avais dû faire vite pour ne pas laisser le temps à un autre acheteur d'attraper cette offre avant moi.

Une fois la position prise et pour plus de précaution, je décidais de consulter les rapports d'analystes récents. Pourtant, je ne trouvais rien de tout particulièrement brillant.

Je suivais la cote avec attention, tout comme j'avais vu faire Mr. Townsend tant de fois, et je notais les transactions faites sur l'offre par rapport à celles faites sur le bid. Il était évident qu'un acheteur impatient allait s'accaparer le titre au prix de l'offre, tout comme je l'avais fait moi-même alors que, s'il avait tout son temps, il essaierait d'acheter plus bas ou sur le bid.

Seulement, personne ne semblait s'empresser d'acheter...

Je fronçais les sourcils et j'étudiais le graphique. Ce que je voyais n'était pas rassurant non plus. Techniquement, il y avait une forte résistance quelques points plus haut et le seul support qui soit vraiment solide se trouvait autour de 100 dollars, très en dessous de mon prix.

Fallait-il que j'attende avant que l'acheteur commence à montrer son nez ?

Je n'imaginais pas d'autre raison, pour cet appel, qu'un geste de bienvenue d'un courtier désireux d'être parmi ceux avec lesquels j'allais travailler le plus souvent. Et puis, cet homme avait une bonne réputation et il était estimé des autres traders, je ne pouvais pas douter de ses bonnes intentions.

De plus, j'étais tellement sûre de profiter, comme je l'avais fait dans mes « paper trades » que je n'avais pas posé de question. Sans même vérifier ailleurs, je l'avais cru aveuglément et j'avais passé l'ordre pour un montant total de plus d'un million trois cent mille dollars, en utilisant l'effet de levier de mon compte, qui m'autorisait des positions jusqu'à deux millions.

Plus je regardais l'activité du cours d'IBM et plus je constatais avec déception qu'un nombre minime de petites transactions étaient faites sur un uptick (au prix de l'offre par un acheteur). Avec horreur, je me rendais compte que j'avais probablement fait une faute grave.

Je commençais à avoir très peur et je sentais mon estomac se serrer. Pire, je n'avais pas de stop et je ne voyais aucune indication me permettant d'anticiper un rebond du prix, avant au moins quatre points.

J'essayais de respirer profondément et de ne pas perdre mon sang-froid mais, petit à petit, je réalisais que toutes mes bonnes intentions de ne pas être prise au piège étaient fichues. Toutes mes promesses de faire ce que j'avais appris et d'être disciplinée étaient tombées à l'eau et j'avais ignoré les mises en gardes, dès mes premières minutes de travail.

Il n'était pas question de succomber à la panique et j'analysais mentalement toutes les possibilités. La cote continuait de montrer 90% de downticks (ventes) et j'essayais d'accepter l'idée que je devais peut-être sortir de cette position. Je ne voulais pas faire l'erreur la plus fréquente de garder une mauvaise trade, en espérant que le prix revienne. S'il devait y avoir une perte, il me fallait la prendre sans avoir honte et surtout, éviter de laisser la situation s'aggraver.

Pourtant, je n'arrivais pas à croire que le broker m'ait dupé et avant de réagir brusquement, je rappelais celui que j'avais choisi pour acheter IBM pour lui demander un « look » (qui a acheté - plus exactement, par l'intermédiaire de quelle banque et par quelle quantité - qui a vendu et par combien.)

Une des règles fondamentales était de sortir d'une position qui tournait mal. Cependant, j'avais mal au cœur d'en sortir sans un compte rendu plus détaillé que la cote visible par tous, sur l'écran de leur plate-forme et ce service justifiait la préférence d'une personne de la bourse. Avec cinquante centimes de perte sur le prix, le broker me donnait son rapport:

« Des vendeurs pour la plupart. Le peu d'acheteurs étaient pour 100 ou 200 titres. Apparemment, un broker travaillait une quantité énorme à la vente. Voilà, rien d'autre. »

Soudainement, j'eus un frisson d'angoisse, qui me secoua comme une décharge électrique. J'avais agi sur la recommandations d'un courtier qui travaillait avec les autres traders... Et si c'était pour gagner à mes dépends ?.

C'est alors qu'une phrase me revint en mémoire:

« If your reason is out, get out ! (Si votre raison n'est plus là, sortez !) » Ma raison n'était certainement plus là. Cette réalité m'évita de chercher, ne serait-ce que quelques minutes, des raisons de m'accrocher et d'attendre.

Sans hésiter, je lui donnais l'ordre de vendre immédiatement mes dix mille titres IBM « at the market ! » Là-dessus, la gorge serrée, inquiète et mal à l'aise, je jetais un œil vers Mr. Townsend qui semblait indifférent, mais j'étais sûre qu'il n'en avait pas perdu un mot.

Pour en avoir le cœur net, j'appelais alors le broker qui m'avait recommandé l'achat.

Il répondit évasivement que des vendeurs étaient apparus et qu'il ne savait rien de plus, il était désolé. Je raccrochais pour répondre à l'appel du courtier qui me donnait mon prix moyen d'exécution.

Quoique ma décision ait été rapide, ma perte était très large, puisqu'il n'y avait que très peu d'acheteurs. Mon ordre de vente avait écroulé tous les petits bids, les uns en dessous des autres, et je suppose que le spécialiste avait fait du bon travail, pour ne pas laisser le prix dégringoler trop vite.

Mon regard examina le visage de chaque trader autour de la table. J'étais persuadée que l'un d'entre eux avait offert ces dix mille actions à la vente pour que je les achète, afin d'avoir l'uptick nécessaire pour vendre short. En effet, avec les actions en bourse, on ne pouvait pas vendre à la baisse (short a stock) sans que l'exécution soit faite à un prix plus haut (uptick) que le précédent. C'était une loi pour éviter que les actions descendent trop rapidement.

Ainsi, il ne s'agissait pas d'un acheteur, mais d'un vendeur pour un million d'actions… J'en étais certaine. Seule une novice aurait pu être assez stupide pour acheter l'offre comme je l'avais fait. Je perdais près de dix mille dollars, que ce trader gagnait probablement à mes dépends et tout cela, en moins de dix minutes.

J'avais du mal à avaler ma salive, mes mains tremblaient un peu et, même si apparemment je gardais mon calme, je me sentais terriblement blessée.

Naturellement, je ne voulais pas faire un scandale... Mais, c'était du vol.

Avec grand effort, je me levais en me forçant à me tenir droite pour maintenir une apparence naturelle mais en quittant mon siège, mes jambes étaient molles et j'étais assez secouée. Meurtrie et dégoûtée, j'allais me passer de l'eau sur le visage pour me remettre les idées en place et me détendre en respirant profondément.

Bien sûr, c'était le moment de montrer que je savais encaisser les claques et me relever. J'avais choisi ce combat et je devais en accepter les attaques et les coups bas, tout autant que les victoires. A moi de prouver que je n'étais pas une proie facile et qu'ils ne m'avaient pas vaincue !

En retournant à ma place, j'avais quand même l'intention de lancer à haute voix, pour que toute la table entende:

« Merci, pour la leçon ! »

Toutefois, je décidais de garder ces mots pour moi-même et je me rasseyais sans rien dire sachant que cela n'aurait servi à rien.

Quelques minutes plus tard, le prix était deux points plus bas. Au moins, j'avais eu la présence d'esprit de m'en sortir vite, car ce traquenard aurait pu me coûter beaucoup plus.

L'action IBM avait perdu quatre points dans le courant de la journée, avant de fermer avec trois points de moins.

BONNES RÉSOLUTIONS

Gardez toujours à l'esprit que votre propre résolution de réussir
est plus importante que toute autre.

—*Abraham Lincoln*

La journée ne faisait que démarrer. Il était à peine dix heures du matin et j'avais encore plusieurs heures devant moi pour négocier comme je l'avais appris, sans obnubiler mes pensées avec la leçon qui venait de m'être donnée.

Comme un boxer, j'avais reçu un premier coup douloureux, mais j'avais de la force en réserve, je n'étais pas désorientée et surtout, je n'avais pas perdu confiance.

D'un soupir, j'effaçais de mon esprit toute trace de cette expérience et, courageusement, je me remis au travail en consultant ma recherche et les graphiques que j'avais préparé la veille. Ainsi, je commençais à acheter les actions qui avaient l'air d'être les plus solides et je vendais les plus faibles à la baisse, ces dernières étant plus nombreuses car juste à ce moment-là, le marché avait entrepris de se retourner, pour perdre l'avance des premières minutes.

Je notais aussi les titres qui, malgré la montée de leur secteur d'activité du début de la matinée, avaient ouvert à la baisse et je vendais certains d'entre eux qui correspondaient à mon plan. Sachant que les autres auraient une faiblesse encore plus accentuée si le marché descendait davantage, je gardais ma petite liste de côté, avec l'intention de les choisir pour vendre « short » dès que j'aurais le temps de les étudier de plus près.

Assurément, IBM en faisait partie.

Toutes mes poses étaient limitées à 2000 titres et je restais avec des graphiques de cinq minutes d'intervalle. Mes études de préparation m'indiquaient à quel prix entrer et sortir, avec le moins de risque possible et pour un profit, petit certes, mais profit quand même.

Mon intention était de bénéficier sur le nombre total, et non pas sur chacune de mes trades en particulier. J'avais appris que la clé du succès était de gagner un peu, de façon répétée et régulière. Donc, je m'y appliquais.

De toutes mes analyse techniques, je choisissais d'abord de regarder avec quelle vélocité un prix évoluait, spécialement si le mouvement était accompagné d'un volume de transactions très élevé, par rapport au volume habituel. Bien que c'était une des indications les plus simples et facile à remarquer, c'était celle qui me semblait prédire le mouvement à venir avec le plus d'efficacité.

Après une forte avance, il suffisait d'attendre un recul dans le sens contraire qui retraçait une partie de la progression avec un volume diminué, pour arriver à toucher la moyenne mobile de 20 périodes.

Ensuite, le signal déclencheur était une bougie dans le sens de la reprise de tendance établie, à un même prix où plusieurs de mes outils se rejoignaient en agrément. Là, était placé mon prix d'entrée et je positionnais mon stop dès le rapport d'exécution, juste en dessous du début du mouvement haussier ou baissier, sur le cahier d'ordre. Si le prix du stop était touché, ma perte était minime et c'était la preuve que le recul n'était pas terminé ou que la tendance avait changé de cap. Mais cela m'évitait une perte plus large.

Par exemple, puisque les indices s'étaient retournés vers la baisse, si un titre perdait cinquante centimes rapidement (haute vélocité) avec un volume énorme (2 ou 3 fois la normale), je plaçais un ordre dès que le recul donnait le signal de s'affaiblir après être remonté avec un volume réduit.

Le signal de la fin de cette augmentation, représentant la moitié ou les deux tiers de la baisse initiale, était indiqué par une petite bougie négative. Mon stop était placé à l'endroit où le prix tournait positif, en dépassant cette même bougie plus haut.

Je préférais acheter les titres qui étaient à la hausse et vendre à la baisse ceux qui perdaient en valeur. D'ailleurs à tout moment, j'avais une sorte d'équilibre entre ventes et achats, mes positions short étant quand même en plus grand nombre, puisque le marché était à présent baissier.

D'une part, mes positions shorts étaient des titres qui agissaient vraiment mal et, d'autre part, mes quelques titres long étaient ceux qui semblaient attirer tout l'intérêt des acheteurs ce jour là, afin de bénéficier de la force de leur comportement.

Ce style me convenait. Au moins, je ne dépendais que de moi-même.

Sans interruption, j'avais négocié une grande quantité de titres, dont certains d'entre eux, plusieurs fois. Après avoir pris mon profit, j'attendais un retracement d'une partie du mouvement pour entrer à nouveau. Mon activité était si intense que je ne pensais plus à ma mésaventure.

J'en avais même oublié de déjeuner.

Sur le mur, étaient accrochées huit pendules rondes, toutes les mêmes, avec l'heure de la ville dont le nom figurait en dessous. Celle affichant l'heure de New York était juste en face de moi et, à 15 heures 55 minutes, je donnais les ordres pour fermer toutes mes poses.

A la fin de la journée, j'avais rattrapé 60% de mes pertes. Mon P&L (Profits & Losses ou Pertes) était toujours négatif, en revanche j'étais persuadée qu'en étant vraiment vigilante, je pourrais passer au positif en quelques jours, tout au plus. En fin de compte, je réalisais que j'avais appris une chose très importante:

Ne jamais agir sur un tuyau, jamais !

Après la clôture, je n'étais pas déçue de mon attitude et je l'écrivais dans mon journal.

Je sentais que j'avais ce qu'il fallait pour réussir, à condition de ne plus faire de bêtise. Curieusement, j'avais su me reprendre en main et j'avais fait preuve d'une force mentale qui m'étonnait moi-même. Cependant, mon compte était quand même perdant et il montrait près de quatre mille dollars de moins pour la journée.

Avec l'intention d'apprendre à faire davantage ce qui était bien et par conséquent, arriver à faire moins d'erreurs, j'étais déterminée de noter chaque jour, le plus de détails possibles de façon à bien m'imprégner de chaque circonstance vécue dans mon travail.

Je décidais aussi de mémoriser tous les dictons du métier puisque la petite phrase de Mr. Townsend « If your reason is out, get out ! (Si votre raison n'est plus là, sortez !) » m'avait sauvée, en me revenant à l'esprit.

Et puis, une autre expression m'avait aidée toute la journée:

« The trend is your friend » (La tendance est votre amie). En suivant la tendance, j'avais gagné. Je devais continuer sur ce chemin, sans oublier de reporter les détails de mes transactions. Le but était de mettre en évidence ce qui était profitable et également, de mentionner ce qui ne l'était pas, pour éviter de le refaire à l'avenir.

Ce soir là, je visitais les hommes de la bourse dans leur café préféré, un détour qui me semblait nécessaire car cette habitude allait me permettre de faire partie de leur clan. A l'un d'entre eux, je demandais quelle était la pire mésaventure qui puisse arriver, après être entré dans une position. Il me répondit en souriant:

« Je peux vous raconter un scénario qui est arrivé des centaines de fois. C'est toujours pareil, dès qu'on est trop têtu ! »

Immédiatement, je pensais qu'être têtue était justement un de mes défauts.

Il me raconta une histoire épouvantable.

Scénario Dramatique

C'était un jour comme les autres.

Seulement, pour une raison quelconque, le trader n'avait pas préparé son plan d'action antérieurement. Qu'il ait agit sur un tuyau ou une recherche apparemment solide, il avait établi une large transaction sans avoir un stop, ni mentalement ni sur le book. Bien évidemment, sans une limite de perte maximale étudiée à l'avance, il savait que les dangers étaient multipliés. Toutefois, il se sentait très sûr de lui et il n'avait aucun doute. Ses informations étaient solides, tout au moins il le pensait.

Au début, sa position se portait bien et il gagnait rapidement. Le comportement de la valeur renforçait sa conviction et il s'en voulait un peu de ne pas avoir investi davantage, alors qu'il se réjouissait de ses profits.

Cependant, après quelques heures ou quelques jours, ses bénéfices avaient disparus et sa position commençait à perdre. N'ayant pas étudié à l'avance les niveaux stratégiques de prix, il n'était pas préparé à affronter l'imprévu. Alors que l'instrument n'agissait pas comme envisagé, il ne pouvait que prier pour que cette baisse de prix ne soit qu'un contretemps…

Qu'importe, puisqu'il était certain d'avoir raison !

Quand ses pertes s'agrandissaient et que le caractère de la cote s'avérait inquiétant, il se décidait malgré cela que ce mouvement inattendu n'était que temporaire. Le prix avait toutes les chances de revenir. Naturellement, il devait revenir et prouver que son raisonnement (ou son information) était juste.

De toutes façons, il était bien décidé à s'accrocher à sa pose et il avait déterminé qu'il ne la couperait pas.

Mentalement, il avait supposé un niveau de stop si ridiculement inférieur qu'il serait tout à fait impossible de le toucher. Et puis, dès que le prix s'en était approché, il avait conclu qu'il fallait laisser plus d'aisance à la position pour « respirer », en repoussant toute idée de s'en débarrasser.

Le prix continuait de tomber et était à présent bien en dessous de son stop imaginaire.

Désespérément, il appelait un peu partout pour découvrir quel était le problème, sans recevoir aucune réponse concrète ou rassurante. Personne ne pouvait l'informer de quoi que ce soit de positif.

Il s'obstinait quand même...

Mais les minutes passaient et rien ne s'arrangeait. L'espoir se transformait en frustration et, plus les choses s'aggravaient, plus la peur commençait à s'installer.

Quand une sorte de consolidation paraissait visible sur le graphique, il reprenait confiance. Mais soudain, la valeur s'écroulait de plus belle.

Les yeux rivés sur le prix qui plongeait de plus en plus pour atteindre un niveau extrêmement bas, le trader sentait ses forces s'affaiblir, en tandem avec la valeur.

Il était incapable de penser logiquement.

Pour reprendre ses esprits et se détendre, il sortait fumer une cigarette ou boire un café. Bien sûr, s'il quittait son écran quelques instants, les choses allaient s'arranger... Mais, de retour à son siège, un choc l'attendait !

Alors qu'il avait imaginé que le prix était arrivé à un support évident sur le graphique et qu'il ne pouvait plus descendre davantage, l'action était en chute libre.

Emparé de colère et furieux, il réagissait de la pire façon possible.

Convaincu que la valeur ne pouvait plus aller plus bas, il doublait sa mise de fonds pour en réduire la moyenne, en exposant son capital dangereusement. Pourtant, contrairement à sa conviction et sans aucune pitié, celle-ci s'enfonçait inexorablement et dégringolait vers l'abîme.

Avec l'effet de levier qu'il utilisait, son compte était à présent diminué de moitié. Il était persuadé qu'il n'avait plus d'autre choix que d'essayer de rattraper l'argent. Vendre à présent allait sceller les dégâts, il était préférable de s'accrocher, pensait-il.

Il était incapable d'imaginer qu'il était encore temps de s'en sortir, pour éviter les conséquences qu'il allait sûrement regretter toute sa vie. Pour ne pas abandonner en acceptant ses pertes, il pariait sa carrière sans se rendre compte de l'enjeu.

Quand le titre se stabilisait enfin, il décidait d'agrandir sa pose de nouveau, certain plus que jamais que la remontée imminente du prix allait lui permettre de rattraper ses pertes, puisque son coût était réduit, au prix d'un apport de capital énorme. Il se trouvait pris dans un engrenage... Impossible d'admettre la défaite.

Incrédule, il n'avait jamais vécu une telle expérience depuis le début de sa profession. Jusqu'à présent, il avait toujours eu de la chance et il était certain qu'il en rirait sûrement plus tard, si seulement il pouvait survivre ce mauvais moment.

Enfin, le prix faisait mine de remonter, quoiqu'un peu trop lentement à son gré. Bon, c'était déjà ça... Et puis brusquement, l'action rechutait de plus belle.

Figé, comme un cerf ébloui par des phares, la panique l'avait envahit et il se sentait paralysé. Son estomac barbouillé, il avait terriblement envie de vomir et il se sentait malade.

Son visage était mortellement livide quand il sentit qu'on lui tapait sur l'épaule. La voix de son supérieur grondait de colère:

« Vous avez un « margin call », si vous ne fermez pas cette transaction, on s'en chargera pour vous ! »

En tremblant, le malheureux décrochait le téléphone pour chuchoter son ordre d'une voix cassée:

« Sell at the market ! Just hit the bid. » (Vendez au cours du marché sans travailler l'ordre! Juste au prix du bid).

Fin de l'histoire.

La carrière de cet obstiné était terminée. Voilà la meilleure façon de perdre une fortune et d'enterrer son titre de trader.

Au fur et à mesure du récit, j'imaginais vivre la scène et je me voyais moi-même parmi les nombreux traders qui avaient été forcés de quitter le métier, après avoir vécu une aventure similaire.

Faute d'avoir un stop, mental ou sur le book, et de le respecter était dangereux et pouvait décidément engendrer des pertes aussi énormes qu'inattendues. Une tragédie causée plus que tout par l'attitude tenace d'un trader obstiné.

Hier seulement, ce récit m'aurait semblé exagéré. Mais après ce scénario et ma galère du matin même, je comprenais bien plus facilement comment une telle catastrophe pouvait arriver sans crier gare…

Sa description des faits me révélait ce qui aurait pu être la fin de ma propre carrière de trader... Une carrière qui n'aurait duré qu'un seul jour si je n'avais pas été l'élève attentive de Mr. Townsend et si par mégarde ou par manque de présence d'esprit, je n'étais pas sortie de cette position au plus vite.

Non seulement j'aurais souffert une sérieuse perte de capital mais une ruine psychologique aussi.

J'avais vraiment évité un drame !

Avec détermination, je me promis intérieurement d'œuvrer sur moi-même pour ne plus être têtue. Manifestement, c'était un défaut extrêmement préjudiciable dans mon nouveau métier.

Une chose était sûre, cette histoire aurait pu m'arriver avec ma première position de dix mille actions. Mais heureusement, je pensais avec soulagement que la discipline était obligatoire sur mon trading desk. C'était une des premières choses que j'avais apprise.

Mes six mois aux côtés de Mr. Townsend m'avaient probablement sauvée de m'accrocher à ces actions d'IBM et à l'espoir d'en voir le prix remonter dans la journée.

Après avoir remercié le courtier, je rentrais chez moi, en me promettant de ne jamais oublier cette histoire.

SELF-CONTROL

*La maîtrise de soi est l'élément principal dans le respect de soi
et le respect de soi est l'élément principal du courage.*

—Thucydide

La majorité des erreurs étaient causées par une perte de contrôle, un problème affectant tout particulièrement les « rookies » (débutants). Quand un trader était « remercié » et qu'il perdait son emploi, l'occurrence était liée, d'une façon ou d'une autre à un manque de maîtrise de soi. La capitulation du cerveau aux émotions entraînait des réactions prises alors que le malheureux n'était plus en mesure de répondre aux évènements de façon réfléchie.

Puisqu'il était établi que la capacité du cerveau régressait sous l'effet du stress ou de la peur, il allait être essentiel d'adopter un système de préparation qui éviterait d'en arriver là. Ceci assurait la longévité dans une profession qui, avec le temps et l'expérience, était un des métiers les plus profitables du monde.

Arriver à se contrôler nécessitait une connaissance de soi-même. Pour cela, il fallait se remettre en question, déterminer les priorités de sa vie, définir quelles étaient les choses les plus importantes et bien connaître les particularités qui affectaient l'esprit le plus profondément.

Il était nécessaire de tenir compte des traits de caractère propres au trader et, s'il y en avait un dont il était fier, il devait l'utiliser pour formuler ses vœux les plus chers de façon à être motivé davantage encore.

Bien décidée à mettre tous les atouts de mon côté, je demandais à ma famille et à mes amis comment ils interprétaient mon caractère et comment ils percevaient mes priorités. Ensuite, je notais leurs réponses de façon à déchiffrer ce qui me définissait.

Les mêmes caractéristiques étaient souvent mentionnées. Apparemment j'étais généreuse, juste, pragmatique, travailleuse, résolue et têtue. Grâce à cette information, je pouvais ainsi associer mes valeurs humaines à mon métier et terminer la phrase d'encouragement de mon journal avec la définition de mon but. Cette expression devait être écrite à la fin de la journée et lue le lendemain.

Par exemple, si je choisissais la valeur d'être généreuse, la conclusion de mes activités allait inclure cet objectif :

« En étant disciplinée et en suivant mon plan, mon métier sera récompensé par des profits qui me permettront d'être généreuse avec ma famille. »

Aussi, pour acquérir un bon self-control, je devais respecter de façon rigoureuse les actions indispensables à la réussite et pour cela, j'établissais des petits pense-bêtes :

✓ Tenir un journal. Réserver un moment de ma soirée pour y noter les détails de la journée de trading, tout en restant objective dans l'analyse de mes activités positives et des manœuvres qui devaient être améliorées. Là-dessus, me faire la promesse de mieux faire.

✓ N'avoir aucun ordre ou position en place juste avant l'annonce de chiffres importants, les réactions de prix faisant souvent un aller-retour en entraînant des pertes des deux côtés. Attendre une demi-heure pour que l'effet de surprise soit passé.

✓ En début de carrière, ne pas prendre de position quand les marchés sont extrêmement volatiles et turbulents. Cela évite bien des problèmes.

✓ Considérer les manques à gagner, non pas comme des échecs, mais comme un respect du plan établi.

✓ Essayer de sortir de la moitié de la position dès le seuil de rentabilité et prendre des profits très tôt. « Nobody gets poor by taking profits, as early as they may be. » (Personne ne devient pauvre en prenant des profits, aussi tôt qu'ils soient.)

✓ Ne jamais agir sur un conseil aveuglément. Sans avoir étudié les faits, il y a autant de chance de perdre que de gagner. Il est préférable de décider soi-même des raisons d'entrer sinon, toute information reçue ne peut pas être interprétée correctement et le résultat devient hasardeux.

✓ Aller pas à pas pour avancer dans sa carrière, sans essayer de sauter les étapes indispensables à l'acquisition de l'expérience.

✓ Dès qu'une pose est une cause d'anxiété, il faut en sortir immédiatement.

✓ Cultiver son mental. Il faut surtout éviter de se sentir invincible parce que quelques transactions ont été bonnes ou de tomber dans un état dépressif à cause de quelques poses perdantes. Cette attitude est malsaine. Tout trader doit considérer son métier comme une entreprise et non pas une question de chance. Il doit rester positif et faire son travail en acceptant les pertes et les profits comme faisant partie intégrante de la profession.

✓ Respecter l'argent. Le trader honore son travail autant que lui-même, en suivant son plan et en restant discipliné. Le résultat est un succès mérité qui montre que l'argent est respecté comme un outil important.

Mon self-control allait m'empêcher de faire des erreurs et me permettre d'être performante, une nécessité d'autant plus importante que mes dépenses s'élargissaient rapidement.

J'avais inscrit les enfants à des activités sportives et quoique mon budget soit déjà serré, il me semblait indispensable de leur donner la possibilité de se développer athlétiquement, tout en étant engagés dans une activité qui leur plaise.

Thierry avait choisi le tennis et Maxime avait tout juste l'âge pour commencer le karaté.

Bien que ces coûts supplémentaires s'ajoutaient aux frais de scolarité et représentaient une pression accrue, je n'avais pas hésité. Je devais être tout particulièrement disciplinée pour faire mon travail et commencer à ramener des profits. Puisque les gains étaient payés juste au début du mois suivant, l'argent que j'allais gagner dans les toutes prochaines semaines allait me permettre de faire face à ces nouvelles obligations.

MON JOURNAL

Les créanciers ont meilleure mémoire que les débiteurs.

—*Benjamin Franklin*

Le soir de ma première journée de trader, j'écrivais les détails de mes positions, auxquels j'ajoutais la manière dont ma performance aurait pu être meilleure et l'éventualité où tout aurait pu être pire. En rétrospective, si je n'avais pas suivi le tuyau du broker j'aurais gagné $6000 mais si j'avais acheté davantage d'actions à chaque perte d'un point, (une méthode appelée « averaging down ») pour que mon coût moyen soit moins élevé, mes pertes auraient été multipliées.

Agrandir la pose perdante pour obtenir une moyenne d'achat plus basse était interdit sur le desk, sinon cette erreur m'aurait accaparé et empêché de faire toute autre transaction... Sans oublier qu'elle m'aurait probablement coûté cinquante mille dollars.

Ces annotations allaient me permettre de garder la trace de toutes mes décisions par rapport aux évènements. Si je gagnais, je voulais en savoir le pourquoi et le comment. De même, si je perdais, j'avais besoin d'analyser toutes les circonstances qui faisaient que ma préparation ou bien mon exécution n'avait pas abouti comme prévu.

Mon journal de bord comprenait trois parties, par pose prise et par jour. La première était réservée aux leçons et aux encouragements de la veille, la seconde observait le prix d'entrée des trades effectuées, leur stop et l'objectif initial de sortie de position avec le montant obtenu et la troisième était un commentaire général sur mes activités, avec une mention de ce que j'avais fait de bien.

Cette dernière était recopiée sur la page qui allait commencer la journée suivante. Par conséquent chaque matin, je démarrais l'exécution de mon plan de trading avec des phrases de soutien.

Ensuite, je collais ma liste de bonnes intentions sur une feuille de papier rigide, qui allait servir de garde page à mon journal, afin de la consulter journellement.

En première ligne, j'inscrivais en grosses lettres ce que je m'étais promis le matin même:

« Ne jamais écouter un tuyau… Jamais ! »

D'ailleurs, elle y figurait en rouge comme si mon sang avait servi d'encre.

En utilisant mes faiblesses de la veille pour acquérir la force et l'expérience nécessaires au lendemain, mon journal prenait en considération ce que j'avais fait de bien, remarquait la raison de l'écart ou de la maladresse faite par rapport à l'exécution de mon plan et mettait l'accent sur la bonne façon de procéder, tout en gardant un côté positif avec une remarque réconfortante.

Le métier de trader étant un processus d'apprentissage continu, si j'étais attentive à ce qui avait été mal exécuté et à ce qui pouvait être amélioré, j'allais pouvoir progresser vers de meilleures performances.

Ce cahier allait être mon bouclier contre l'ennemi qui s'avérait dormir dans chaque trader. Il allait empêcher la négative influence exprimée par des émotions, tout en m'aidant à être mieux préparée, et donc, plus disciplinée. Il servait aussi à définir quelles étaient les heures où j'étais la plus performante, à apprécier la méthode derrière mes transactions et l'efficacité de mes stratégies, sans négliger d'évaluer la valeur de mes analyses.

L'avantage tout particulier d'inscrire toutes les situations, bonnes et mauvaises, était de pouvoir les consulter régulièrement et d'en revivre les circonstances, pour en ancrer toutes les leçons apprises dans ma mémoire.

Sans cela, j'aurais pu oublier volontairement ou pas, certains détails qui auraient été trop déprimants…

Et je n'avais pas l'intention de les voir se renouveler !

Pour ce faire, dès mes premiers balbutiements de trader, une pose n'était pas terminée, même si elle avait été coupée, sans qu'elle soit inscrite dans mon journal avec les détails à retenir.

Si je n'avais pas suivi les procédures de mon plan de trading correctement ou encore, si mon interprétation des indicateurs de mon analyse technique était mauvaise, j'allais évidemment perdre de l'argent mais ce qui allait me coûter encore plus cher était de ne pas essayer d'apprendre à partir des erreurs passées, afin d'éviter de les refaire à l'avenir.

Ce carnet était un peu mon compagnon de route et ma boussole aussi. Après avoir exprimé mes conclusions, cette revue me permettait de préparer d'autant mieux mes prochaines transactions.

Le métier de trader consistait en une balance entre connaissances et psychologie. Par conséquent, en étant intimement connectée avec mon analyse, j'allais gagner en temps de réflexion et petit à petit éliminer les émotions qui auraient pu m'empêcher d'être au top de mes capacités.

Je réalisais aussi que prendre des positions plus petites me convenait mieux et que j'étais bien plus à l'aise avec deux ou trois mille actions qu'avec dix mille, une quantité élevée nécessitant à la fois plus de liquidité (un plus grand nombre d'ordres achat/vente permettant d'avoir une exécution immédiate) et de volume (davantage de grosses transactions).

Sur le garde page de mon journal, en dessous de ma liste de promesses, je notais mon objectif quotidien en l'écrivant, encerclé de rouge:

« Gagner $2000 par jour et réduire les risques au maximum par une préparation et une discipline parfaites. »

La leçon de ma première journée de trading prouvait que les trades avec des quantités largement réduites avaient généré des profits, alors que celle de dix mille titres négociés sans un plan avait résulté en une perte importante.

Modus Operandi

Décidez ce que vous voulez et décidez de ce que vous êtes prêt à échanger pour cela. Établissez vos priorités et mettez vous au travail.

—H. L. Hunt

La nuit de mes premières trades, je ne trouvais pas le sommeil.

Au lieu de rester au lit, je ressentais le besoin d'écrire toutes les qualifications d'un trader pour obtenir succès et performance. Cette liste allait venir s'ajouter à ma toute première leçon de ne jamais négocier sur un tuyau.

Ainsi, je pouvais m'imprégner de tout ce que j'avais appris et aussi de ce que je me promettais de faire:

- ✓ Acquérir toutes les connaissances nécessaires et prendre des cours supplémentaires pour achever l'éducation requise de façon à exceller au trading.

- ✓ Ne pas penser tout savoir sans étudier et ne pas croire en un système magique (ou une martingale) pour faire fortune. C'est éviter un réveil brutal à la réalité.

- ✓ Ne pas essayer de prendre des raccourcis et faire mes devoirs de préparation.

- ✓ Savoir que l'instinct des débutants est rarement la bonne réaction.

- ✓ Connaître mes outils et savoir les utiliser avec expertise.

✓ Etre disciplinée, mettre tout mon cœur au travail et avoir une forte ambition de réussir.

✓ Avoir une stratégie.

✓ Utiliser un plan de trading.

✓ Acquérir une excellente gestion du risque (money management).

✓ Avoir une compréhension et une interprétation parfaite de l'analyse technique. Cette étude représente un atout supplémentaire et un avantage sur la compétition. En l'utilisant dans un environnement casse-cou, elle est vitale pour décider rapidement et comprendre les réactions de prix en quelques secondes.

✓ Se comporter avec le courage, la détermination et la volonté de réussir.

✓ Avoir une attitude positive, être cool et en possession de tous mes moyens.

✓ Conquérir mon impatience, savoir attendre les opportunités et aussi, savoir les reconnaître.

✓ Ne pas me précipiter sur une pose sans réfléchir et au contraire, suivre un plan établi.

✓ Accepter que rien n'est garanti à 100%.

✓ Faire preuve d'une attitude responsable et positive, que je gagne ou que je perde.

✓ Négocier d'après ma personnalité et non pas celle des autres mais apprendre de l'exemple des grands maîtres.

✓ Rester positive et respecter la direction de la tendance, tout en sachant reconnaître un retournement. « La tendance est votre amie. »

✓ Considérer le trading comme une entreprise à diriger.

✓ Cibler mon but pour l'atteindre et être profitable.

✓ Travailler dur et chaque jour élaborer mon plan d'action avec soin et précision, afin d'agir avec assurance et sans hésiter.

✓ Etre honnête avec moi-même et avec les autres.

✓ Etre décidée, motivée et m'accrocher. Accepter que le succès n'arrive pas du jour au lendemain, m'engager et y mettre toute mon énergie afin de devancer une compétition féroce.

✓ Adopter la négociation comme une profession et non pas un jeu de casino.

✓ Aimer mon métier. Performer une passion ne donne jamais l'impression de travailler et devient excitant tout autant qu'enrichissant dans tous les sens du terme. Du nouveau s'y trouve constamment, les choix profitables abondent. La clé est tout simplement de savoir les trier.

✓ Comprendre la psychologie des masses et savoir qu'une étude de son évolution est aussi importante que la recherche fondamentale et l'économie.

✓ Respecter les règles du métier, tout en augmentant mes connaissances jour après jour.

✓ Etudier les erreurs des autres pour bénéficier de leurs expériences et m'assurer de ne pas les faire à mon tour.

✓ Développer ma patience. Accepter qu'une position n'est pas toujours profitable immédiatement, mais devenir très impatiente si celle-ci tournait en perte.

✓ Ne pas avoir peur de perdre mais agir immédiatement pour limiter les dégâts. Ne pas rester dans une pose qui agit mal.

✓ Etre consciente de mes risques à tout moment.

✓ Ne pas prendre trop de positions. Se concentrer sur quelques unes seulement, sans exposer mon capital dangereusement.

✓ Ne pas être têtue. Accepter d'avoir tort rapidement et savoir que tout trader peut aussi bien avoir tort que raison. La clé étant dans la gestion du risque, comme Sir John Maynard Keynes l'a remarqué : « Avoir tort parfois n'est pas nuisible, spécialement si on s'en aperçoit promptement. »

✓ Conquérir mes émotions et comprendre ma propre psychologie.

✓ Avoir un quotient rendement-risque étudié.

✓ Savoir m'adapter aux changements. Réduire les risques et avoir des stops.

✓ N'agrandir que mes positions gagnantes, en restant sur mes gardes et en considérant la possibilité qu'un marché puisse se retourner rapidement et sans prévenir.

✓ Me conduire avec discipline, garder ma clarté d'esprit et ne pas perdre de vue ma cible de succès.

✓ Rester objective, sans idée préconçue ou préjudice et ne pas hésiter à changer ma pose si le marché l'indique.

✓ Garder mon sang-froid. Savoir que toute émotion (espoir, honte, cupidité) s'avère le précurseur de pertes.

✓ Savoir m'adapter aux changements. Une autre phrase de John Maynard Keynes capte parfaitement ce détail : « Quand les faits changent, je change d'avis. Que faites-vous, Monsieur ? »

✓ Identifier rapidement les pièges courants et les adresser avec des solutions réelles.

✓ Ne pas espérer et m'en tenir au plan étudié.

✓ Acquérir la pratique pour exécuter un trading plus

efficace. Apprendre la leçon de chaque jour et gagner de l'expérience. Cela sera non seulement grassement rémunéré mais récompensé par un respect mérité de tous.

✓ Dans le doute, couper ma pose et surtout, ne pas la considérer cela comme une perte mais comme une opportunité d'en faire une autre, avec un meilleur potentiel de profit.

✓ Ne pas m'endormir sur mes lauriers et réévaluer mes positions régulièrement.

✓ Tenir un journal de mes activités.

✓ Ne blâmer rien, ni personne pour mes erreurs ou pour les conditions adverses du marché. Quoi qu'il arrive, je dois être responsable de mes actions.

✓ Prendre des profits régulièrement, même petits.

✓ Savoir qu'une position perdante est un message du marché, m'alertant d'en sortir. « Une mauvaise position c'est comme un poisson, plus on la garde et plus elle pue. » Les bons traders n'ajoutent pas à une mauvaise position, ils s'en débarrassent. Par une position gagnante, le marché confirme au trader qu'il a raison, tout simplement.

✓ Après chaque transaction, noter la leçon à en tirer.

✓ Ne jamais me vanter de mes profits.

✓ Perdre mon opinion, plutôt que mon argent.

✓ Ne pas hésiter à apprendre. Chaque jour engendre une nouvelle instruction.

Une liste bien longue, qu'il fallait que j'apprenne par cœur pour pouvoir l'appliquer sans réfléchir, afin de prendre des bonnes habitudes qui deviendraient instinctives. En étant constamment à l'affût d'enrichir mes connaissances, je savais qu'il était tout aussi important de dompter mes réactions émotionnelles et d'améliorer mon attitude que d'apprendre parfaitement chaque leçon.

Forte de mes promesses, j'allais au bureau le jour suivant et je suivais mon plan à la lettre. Ainsi, ma journée fut positive et mon compte le redevint aussi, ne serait-ce que par quelques dollars. La joie de ne plus avoir de déficit en vingt quatre heures renforça davantage encore mon engagement d'avoir un comportement discipliné.

J'étais sur la bonne voie.

Après 16 heures 30, la salle de trading était désertée et j'avais une bonne heure devant moi, avant d'aller chercher les enfants à l'école. J'en profitais pour aller Chez Harry's.

Là, je rencontrais quelques personnes du « back office » qui normalement travaillaient plus tard, mais prenaient un quart d'heure de pause pour boire un café. Je demandais alors aux habitués de me présenter, afin de poser des questions sur le déroulement de ce qui se passait dans les coulisses. Je voulais me familiariser au chemin des transactions une fois exécutées, pour qu'elles soient honorées par leur paiement et en même temps, délivrées sans encombre.

Bien sûr, je côtoyais aussi d'autres traders et je favorisais ceux qui montraient beaucoup d'expérience. Par chance, à la fin d'une journée de trading, chacun était enclin à raconter ses anecdotes. Ecouter leurs très nombreuses histoires était toujours extrêmement instructif.

Parfois, une petite phrase anodine me donnait un indice sur ce que je devais rechercher ou étudier pour acquérir des connaissances supplémentaires.

Je comprenais qu'il était tout aussi important de savoir « tirer sur la gâchette » au bon moment pour entrer dans une pose que de tirer encore plus vite et sans hésiter pour en sortir. L'indécision et l'espoir, dans l'attente que le prix revienne à un niveau acceptable, était un risque préjudiciable pour le capital aussi bien que pour la survie au sein de cette profession. Garder un titre n'agissant pas comme anticipé causait le stress, occupait l'esprit et empêchait d'entrer dans d'autres transactions qui elles, auraient le mérite d'être profitables.

Cette affirmation faisait l'unanimité.

LES TROIS PILIERS

En voir beaucoup, en souffrir beaucoup et en apprendre
beaucoup sont les trois piliers de l'apprentissage.

—*Benjamin Disraeli*

Contrairement à toute autre entreprise, le trading s'avérait être un monde particulier où l'instinct des débutants était nocif à leur survie. Leur prédisposition à se battre pour défendre leur position était un comportement néfaste.

Tout au contraire, il était préférable de se laisser porter par le flux du marché, en acceptant que ce dernier fasse la loi.

La gestion de l'activité était différente aussi puisque le trading se distinguait par le manque de temps disponible pour prendre des décisions, alors que les imprévus étaient nombreux. Cette singularité occasionnait parfois une réaction de peur qui pouvait engendrer une paralysie de réflexion. Cependant, le point commun du travail de négociation avec les affaires en général était que le succès se définissait par la réalisation des objectifs préétablis et c'était pour cette raison qu'une bonne préparation était vitale.

La santé physique comptait beaucoup aussi. Ne pas avoir dormi la veille était un danger pour la journée de bourse et dans ce cas, il était conseillé de rester chez soi pour récupérer. Etre en colère, préoccupé, distrait ou pire, ne pas être « dans son assiette » à cause d'une « gueule de bois » rendait chaque transaction une nouvelle chance de « perdre sa chemise. »

Naturellement, Mr. Townsend était intransigeant sur cela et dès qu'il voyait un visage un peu gris, il le pointait du doigt en disant:

« Go home ! » (Rentrez chez vous !)

Se sentir en forme et d'attaque était notamment essentiel, moralement et physiquement.

Un des spécialistes de la bourse m'avait dit que depuis qu'il avait commencé à travailler sur le New York Stock Exchange, il avait l'habitude de penser à une phrase qui le motivait et qui lui rappelait un jour vécu avec de très grands profits, pour se mettre dans la bonne attitude mentale dès le matin.

Je pensais qu'il me serait utile d'avoir un slogan intime pour m'inspirer tout en me donnant l'humeur gagnante du trading. Cependant, je n'en avais pas encore trouvé un.

Plus tard, un autre de mes amis m'avait également confié qu'il chantonnait la musique du générique du film « Rocky » alors qu'il entrait sur le floor comme un boxer gagnant, en sautillant avec les poings au ciel. Ça n'avait l'air de rien mais ce leitmotiv devait lui réussir car il avait la réputation d'être un excellent trader de pétrole sur le NYMEX.

Pour faire ce métier, il fallait impérativement posséder un esprit rapide, un bon niveau d'analyse technique, une aisance à trouver les probabilités (pour les accumuler dans la stratégie) et une régularité à préparer son plan d'action de manière méticuleuse. En plus, pour acquérir la psychologie d'un gagnant, il s'avérait indispensable de savoir maîtriser ses émotions et ses réflexes, en gardant son sang-froid.

Ainsi, l'accumulation de nombreuses probabilités (Préparation et Stratégie), le développement d'un meilleur rendement-risque (Gestion des Risques) et la force mentale pour d'exécuter son plan avec précision et sans émotion (Force Psychologique et Discipline) se trouvaient être les trois piliers supportant une activité aussi dangereuse que profitable.

J'étais persuadée que ce métier ne tenait pas debout sans ces supports qui, tous ensemble, devaient devenir innés. Mais, de toute évidence, la condition principale de la réussite était de s'appliquer, tout particulièrement sur les règles de gestion de l'argent qui déterminaient la taille de la position et l'étude des risques encourus.

Je devais aussi me concentrer pour acquérir une force mentale à toute épreuve, qui vienne s'ajouter à ma recherche et à la préparation de mon travail, pour parfaire l'exécution de mon trading. Seul ce comportement allait être récompensé.

Cette puissance complémentaire allait remplacer les lacunes de mon manque d'expérience par une bonne attitude, pour m'aider à concrétiser des gains plus fréquents tout en minimisant les problèmes.

La clé ouvrant la porte sur un brillant avenir était de devenir une personne accomplie ayant le bon sens d'assembler tous les privilèges d'un apprentissage approfondi et d'un bon développement de croissance. C'était fait grâce à l'analyse, l'identification, la quantification, la mise en œuvre, les stratégies et le suivi de celles-ci. Avoir une bonne compréhension de soi-même, utiliser un plan bien défini pour accomplir sa tâche et adopter une discipline de vie très saine, étaient les conditions indispensables pour que les espoirs de réussite puissent aboutir.

Négocier pouvait être simple mais croire que c'était facile s'avérait être un erreur grossière. Rien n'était garanti et ce travail d'expansion personnelle demandait une bonne santé physique et morale pour éviter les pièges innombrables qui parsemaient la profession, tout comme un champs de mines.

Les performances dépendaient de la solidité des trois piliers et pour en avoir une vision plus vivide, je les dessinais en nommant chacun d'eux, alors que je donnais un poids particulier à l'aspect psychologique. Et puis, je coiffais mes colonnes avec une jolie corne d'abondance... J'étais assez fière de mon croquis et pour qu'il m'inspire, je le collais sur la couverture de mon journal:

Le premier pilier s'appelait: Préparation et Stratégie.

Le second: Gestion des Risques.

Et le troisième: Force Psychologique et Discipline.

Il existait sûrement des traders qui n'attachaient pas autant d'importance à toutes ces listes et à toutes ces règles tout en bénéficiant d'une bonne performance et d'un succès incontestable. Chacun à sa guise !

Seulement, je devais franchement admettre qu'au fond de moi-même, j'avais le tempérament un peu trop artiste et que j'avais besoin de ces aides. Depuis l'enfance, mon esprit était si créatif qu'en me laissant aller je n'aurais probablement pas été disciplinée du tout. Pour comble, mon défaut d'être un peu trop têtue était un désavantage sérieux… Une faiblesse qu'il me fallait perdre au plus vite.

J'imaginais devenir un très bon trader et je me faisais déjà la promesse de ne jamais m'endormir sur mes lauriers. Quand j'aurais du succès, il ne faudrait pas commencer à faire des erreurs graves, une fois installée dans la routine de mes activités. Mes bonnes habitudes devaient être bien ancrées pour qu'il ne me vienne jamais à l'esprit de m'aventurer sur un chemin dangereux.

A maintes reprises, les professionnels rappelaient que le plus grand ennemi d'un trader de métier se trouvait dissimulé au fond de son âme mais tant qu'il restait écrasé sous le poids des trois piliers, la victoire était possible.

MISSION « S.M.A.R.T. »

Pour réussir dans votre mission, vous devez avoir
une dévotion unique à votre objectif.

—*Abdul Kalam*

Le fait de voler de mes propres ailes n'avait pas atténué le moins du monde mon besoin de toujours m'instruire et de connaître les secrets du métier jusqu'aux moindres détails. A vrai dire, mon désir n'en était que plus grand.

Mes nombreuses conversations avec des personnes travaillant à la bourse faisaient partie de mon éducation et tous les traders chevronnés offraient les mêmes conseils. S'accrocher à une bonne gestion du capital, être discipliné et avoir un plan préparé avec soin étaient les atouts nécessaires, pour s'assurer contre une quantité de problèmes.

Je l'avais bien compris.

Sur le trading desk, les traders étaient assis les uns à côté des autres et pourtant, bien qu'entourés de plusieurs personnes, ils étaient vraiment seuls face à leurs décisions. C'est pourquoi je devais être très vigilante sur la façon dont j'allais prendre les-miennes.

Quand je lisais une recommandation, je n'agissais que si ma recherche était en accord avec celle-ci. Si je n'en comprenais pas intimement les avantages ou si j'étais incapable d'éplucher les mots d'un analyste, il n'étais pas question d'en suivre les conseils. J'aurais eu l'impression de conduire une Lamborghini à 200 km/h, les yeux bandés. Cela n'avait rien d'excitant pour moi et je n'avais pas l'intention de courir à la catastrophe.

S'il ne m'était pas demandé d'être un économiste, un chercheur ou un politicien, il me fallait quand même avoir des connaissances suffisantes dans tous les domaines pour pouvoir lire entre les lignes de chaque information.

C'était la clé permettant d'acquérir le petit extra qui, ajouté aux trois piliers, allait m'aider à devenir un trader accompli.

Pour chaque transaction, j'avais un répertoire à suivre qui énumérait les étapes inévitables. Préparation, analyse, stratégie, stops, étude du « risk/reward » (décision du risque acceptable et objectif potentiel de profit écrits), plan de sortie de pose et, éventuellement, décision des « trailing stops » (des stops qui avançaient avec le prix, pour permettre de garder davantage de gains). Chaque élément était coché dans ma liste, avant de passer un ordre.

En dehors de cette discipline, le fait de rester objectif était très important aussi. Au fil des jours, même si je possédais une assez bonne faculté d'organisation, j'étais inondée d'informations plus ou moins pertinentes que je lisais toutes, de peur de rater un détail qui mènerait à quelque chose de majeur. Il me fallait apprendre à filtrer l'utile du superflu pour gagner du temps.

Là-dessus, je voulais avoir la vision de mon but et pour cela, je décidais d'un objectif à atteindre, journalier, hebdomadaire, mensuel et annuel. D'après mon capital initial et mon plan d'action, je fixais des résultats plausibles et achevables et je prévoyais de réviser ces chiffres éventuellement, à plusieurs semaines d'intervalle.

Malgré ma première transaction pour un achat de dix mille actions, j'avais pris l'habitude de préférer des petites transactions. Ainsi, je me faisais « les dents » avant d'acquérir l'expérience du trading pour que mes erreurs de débutant ne me laissent pas traumatisée.

Il me fallait établir un procédé qui produirait des profits réguliers et où, bien évidemment, les poses profitables seraient largement plus nombreuses que les perdantes.

Ainsi, je décidais de n'entrer dans une position que si son potentiel de profit était d'un point, alors que mon stop était placé pour une perte maximum de moins de la moitié, de façon à bénéficier de toutes les chances de gagner même si, dans l'ensemble, je n'arrivais à faire des profits que sur cinquante pourcent de mes spéculations. Le portefeuille pouvait être positif quand même, grâce à cette méthode de gestion du risque, qui réduisait les dégâts et laissait les profits s'accumuler.

Le détail crucial était d'accepter que les pertes fassent partie du métier. Il fallait les tolérer et surtout, avoir la discipline de couper la pose sans hésiter, avant de voir les choses s'aggraver. Un stop étudié à l'avance ne s'annulait pas même pour quelques minutes, avec l'espoir de lui donner un peu plus de marge, on me l'avait répété mille fois.

D'avance, je fixais mon objectif de performance pour atteindre un niveau de profits qui soit faisable. Il me fallait des chiffres qui m'encourageaient, tout en restant possibles. Je voulais des cibles intelligentes et réfléchies, pour que mon but soit:

S = **Spécifique:** Avec l'aide de ma préparation, une bonne discipline et le respect de mes règles, je voulais gagner « X dollars » dans mon mois, en prenant des petites poses bien étudiées au préalable, pour gagner de l'argent de façon régulière et pour établir ma présence sur le desk.

M= **Mesurable:** Enregistrer une moyenne de profits se montant à dix mille dollars par semaine et $2000 par jour, un montant avec lequel je me sentais confortable.

A =**Achevable:** En tenant compte de mes dernières transactions, mon but était possible à condition de ne pas faire de graves erreurs et d'avoir un quotient rendement-risque équilibré. Sans essayer de forcer ma performance, le potentiel d'achèvement était présent.

R =**Relevant:** Ces données me paraissaient plausibles dans leur réalisation, mais pas trop faciles non plus. Ce résultat n'était possible qu'en étant très vigilante et déterminée.

T =**Tangible:** Mon ambition devait être concrétisée et accomplie dans un temps bien déterminé. En respectant ma mission, je me faisais la promesse d'arriver à réaliser ces objectifs pendant au moins quatre mois sur six, ce qui allait me permettre de terminer l'année avec des profits remarquables.

Une fois ma mission SMART établie, je pouvais l'évaluer et éventuellement la réviser, pour m'assurer qu'elle soit dans la mesure du possible et non pas un rêve qui ne serait jamais matérialisé.

Pour cela, le quotient de profits par rapport aux risques devait être solide et mon plan de travail vu, revu et vérifié.

Si je n'obtenais pas le succès désiré dans un proche avenir, la faille serait causée par une mauvaise exécution de ma mission, auquel cas le travail de préparation serait à améliorer jusqu'à ce que les gains anticipés aboutissent.

Ma mission n'était pas impossible et j'avais bien l'intention de le prouver en faisant des transactions régulières, d'une taille adéquate à mon niveau de confort émotionnel, en respectant ma préparation et en restant disciplinée sur ma stratégie et sur mes décisions.

Ceci constituait une recette qui devait impérativement être respectée.

Les meilleurs traders s'accordaient unanimement pour dire qu'être têtu ou obstiné, en s'accrochant à sa conviction, garantissait l'échec et que les possibilités de réussite disparaissaient à tout jamais.

Le marché était comme le vent violent de la fable de La Fontaine qui avait déraciné le chêne alors que le roseau se contentait de baisser la tête. Se plier au marché évitait d'être détruit.

Pour réaliser ma mission SMART, je devais travailler sur moi-même, dompter mes réactions émotionnelles et améliorer mon attitude. Puisque je visais une carrière, ma longévité dans le métier était plus importante que mon ego.

Petit à petit, j'allais acquérir le savoir-faire. Mon self-control et ma confiance allaient s'établir pour me permettre de m'imposer et de bénéficier du respect de mes collègues.

Mais pour cela, je devais toujours me courber à la volonté du marché.

WORLD TRADE CENTER

Le changement est la loi de la vie. Et ceux qui ne regardent
que le passé ou le présent sont certains de manquer l'avenir.

— John F. Kennedy

Au début de l'année 1993, je faisais partie intégrante de l'équipe de loups enragés qui composait la table de trading mais j'étais toujours la seule femme du hedge fund.

Je bénéficiais totalement du statut de trader, j'étais appréciée et respectée et cela, non seulement par Mr. Townsend, mais aussi par les membres de la salle de marché, par les courtiers et par les gens du métier qui me connaissaient. La seule différence était que je n'avais jamais levé la voix ou prononcé un seul mot vulgaire, tout comme le grand patron d'ailleurs, alors que les autres opérateurs hurlaient toujours des grossièretés dont ils avaient plein la bouche.

Les entendre toute la journée m'ennuyait un peu. Pourtant, j'essayais de les ignorer en me concentrant sur mon travail.

Un jour de la fin Février, alors que j'allais prendre le téléphone pour commander mon déjeuner, j'entendis un bruit sourd et assez puissant comme un roulement de tonnerre. Un court moment après le grondement, une ligne attira mon attention sur la partie supérieure de mon écran réservé aux nouvelles qui défilaient pour m'informer de ce qui se passait dans le monde. Je pus lire :

« Explosion au World Trade Center. »

Ce jour-là, un camion rempli d'explosifs avait sauté dans le garage d'une des tours. Je crois qu'à partir de ce moment-là, je cherchais des excuses pour quitter le bas de la ville.

Au tout début de mon métier de courtier, j'avais passé trois semaines sur l'un des derniers étages de la tour sud pour y faire mon initiation (training) et pour apprendre à prospecter les clients. Bizarrement à cette époque, j'avais ressenti un frisson désagréable chaque fois que j'étais entrée dans l'ascenseur. Etait-ce par pressentiment de ce qui allait se produire quelques années plus tard ?

Possible...

J'habitais à Manhattan, sur Central Park South et je devais voyager jusqu'à Wall Street pour me rendre à mon bureau. Cela représentait une bonne heure et demie par jour et la navette était assez pénible, même si je profitais souvent pour rentrer le soir de la Rolls avec chauffeur d'un de mes collègues qui habitait tout près de chez moi.

A vrai dire, je n'avais jamais apprécié de travailler si loin. Si j'en avais eu le choix, j'aurais préféré le centre où de plus en plus d'entreprises financières avaient leur bureau. D'ailleurs, presque tous les dirigeants de celles-ci habitaient plutôt Uptown (au-dessus de la 57ème rue ou autour de Central Park où se trouvait mon immeuble). L'idéal aurait été que la salle de trading déménage, mais il n'en n'était pas question puisque mon patron habitait à Long Island et que l'emplacement du bureau était le plus près de l'entrée de la ville, en partant de chez lui. Dommage !

Côté trading, je réalisais que mes transactions n'avaient pas particulièrement besoin d'être faites par un intermédiaire humain sur la bourse. Je ne pensais pas bénéficier d'une meilleure exécution ou d'une aide remarquable en utilisant des courtiers en ligne directe. Avec la nouvelle technologie, il était possible d'entrer des ordres électroniquement, ceux-ci étant acheminés d'autant plus vite.

Bien sûr, obtenir un « look » était plus descriptif que de suivre les upticks et les downticks. Mais avec un bon plan de préparation, ce n'était pas crucial. En fait, j'étais prête à m'en passer si tous les garçons autour de moi pouvaient enfin arrêter d'hurler pour en demander un ou encore pour insulter celui qui le leur avait donné...

Après tout ce temps, je n'avais jamais dit un gros mot moi-même, seulement je me demandais si je n'allais pas bientôt commencer à parler de cette façon à force de les entendre... une idée que je refusais catégoriquement d'accepter. Ces détails en eux-mêmes n'étaient pas grand-chose mais ensemble, ils m'avaient donné l'idée de regarder ailleurs pour chercher un meilleur arrangement en général et en particulier, un bureau près de chez moi.

J'avais gardé l'habitude de rencontrer régulièrement des gens du métier à leur brasserie préférée et, alors que je commandais toujours mon eau pétillante habituelle, l'un d'eux m'informa qu'un ancien spécialiste de l'American Stock Exchange avait créé un fonds qu'il gérait avec ses meilleurs traders. Le détail intéressant était que, récemment, il avait déménagé son bureau non loin de chez moi, sur Park Avenue.

Pour l'adresse, c'était parfait.

Il me fallait juste savoir quelles étaient les conditions proposées et quel serait ma part du gâteau. Il était hors de question que j'accepte moins de cinquante pourcent de compensation sur mon rendement. Et puis, quoique sans grand espoir, j'aurais aussi voulu que les autres traders ne jurent pas à tout va, comme ceux de mon bureau se plaisaient à le faire, mais c'était sûrement impossible. La tension du marché avait un effet d'excitation sur les hommes et, particulièrement, sur les bêtes sauvages avec qui je travaillais.

Les injures m'ennuyaient chaque jour un peu plus et je ne pouvais pas comprendre comment ils pouvaient réfléchir, alors qu'ils vomissaient ces grossièretés. De plus, je me demandais s'ils étaient compris par les courtiers qui les écoutaient alors qu'entre chacun de leurs mots s'intercalait une vulgarité. Je doutais que cette habitude puisse donner plus de poids à leur paroles.

En ce temps là, chaque opérateur n'avait qu'un seul écran qui montrait toute une liste de symboles avec leur cote et des différents liens pour obtenir plus d'indications, de nouvelles ou de graphiques. Cependant, j'avais entendu dire que bientôt, il serait possible d'avoir plusieurs écrans connectés les uns aux autres, pour voir des tas d'informations et de graphiques corrélés, tout en permettant de très nombreuses applications.

Le trading allait se faire sur des technologies de plus en plus sophistiquées et des prototypes de systèmes et de programmes extrêmement rapides étaient développés pour que les machines en arrivent à remplacer une grande partie des humains.

Déjà, des ordinateurs avaient commencé à être paramétrés pour le métier et ils avaient prouvé être d'excellents traders. Avec le temps, plus de 50% de toutes les transactions du NYSE allaient se faire automatiquement par des robots.

Les systèmes n'avaient pas de réflexion, pas d'hésitation, pas d'émotion et ils n'avaient pas besoin d'être en forme. Si les conditions étaient là, les positions étaient prises. Quand le marché changeait de direction, ils n'avaient pas d'opinion, ils étaient conçus pour changer de cap ou pour couper les poses, tout simplement. Ils n'étaient jamais en colère après le marché s'ils prenaient une perte et ils ne se sentaient pas non plus invincibles après avoir généré des bénéfices…

Cela me semblait extraordinaire et j'avais hâte de voir de quoi ils avaient l'air. Forte de ces informations, je m'étais fait la promesse d'acheter mon propre ordinateur et d'apprendre à le configurer, dès que possible.

Trading Electronique

Pour s'améliorer, il faut changer;
être parfait est de changer souvent.

—Winston Churchill

Quand j'appelais le numéro de la société de trading dont on m'avait parlé, un rendez-vous me fut facilement accordé. Pourtant, je préférais attendre que les bureaux soient complètement aménagés pour m'assurer qu'il me serait possible d'y exercer mon métier efficacement. J'en repoussais donc la date, afin de me rendre à la nouvelle adresse, dès que la table de trading serait opérationnelle.

C'était à la fin du mois d'Avril et le temps était splendide. Le soleil brillait sur Manhattan et se reflétait sur les immeubles aux façades recouvertes de vitrages en les habillant de couleurs scintillantes. Pour me présenter à l'entretien avec les responsables de ce fonds, je décidais de marcher. Sans avoir besoin d'un manteau, j'étais vêtue d'un tailleur sombre, d'une chemise blanche et d'une cravate d'homme, comme j'en avais l'habitude. Je me sentais assez sûre de moi et je n'avais aucune expectation.

A vrai dire, j'y allais plutôt par curiosité.

A l'encontre des femmes qui se rendaient à leur travail en baskets et qui ne les changeaient qu'en arrivant au bureau, je n'avais aucun problème à me déplacer en talons hauts. Pour moi, ils étaient plus confortables que des chaussures plates et après une ballade des plus agréables, j'arrivais à l'adresse qui m'avait été indiquée, détendue et souriante.

Je fus reçue par Mr. Rowing, l'ancien spécialiste et directeur de la firme qui me présenta son associé et me guida pour visiter l'étage où plusieurs salles de trading étaient installées. Sur les rangées de tables, deux écrans d'ordinateur se trouvaient installés pour chaque place et les sièges étaient des fauteuils luxueux et d'apparence moderne.

Cependant, seuls quelques uns étaient occupés par des traders et entre chacun d'eux, se trouvaient plusieurs places vides. Contrairement à Wall Street, il n'y avait aucun tableau téléphonique de lignes directes vers les courtiers.

Soudainement, je fus choquée de réaliser le silence qui régnait et je regardais ma montre. Le marché était ouvert et on aurait pu entendre une mouche voler…

C'était incroyable !

Quelle différence flagrante avec mon trading desk où à cette heure-là, c'était le branle-bas de combat alors que les traders hurlaient au téléphone.

J'étais vraiment surprise par le calme environnant et Mr. Rowing m'expliqua que toutes les transactions étaient faites électroniquement, sans l'intervention de quiconque. Les ordres étaient entrés sur la seconde machine, celle-ci étant directement reliée au système de la bourse. D'ailleurs, sans l'intervention d'un intermédiaire, les exécutions étaient instantanées et les commissions coûtaient beaucoup moins cher, ce qui était un détail appréciable.

Concernant la compensation, il proposait de me payer soixante dix pourcent des bénéfices que j'allais produire, à partir d'un portefeuille de cinq cent mille dollars, sous condition d'une garantie de trente mille dollars qu'il me fallait verser au départ. Si ce montant venait à disparaître par des pertes, je devrais rajouter une même somme de caution, pour pouvoir continuer à négocier.

Cette proposition me semblait tout à fait correcte et sur une poignée de main, j'acceptais sur le champ.

Là-dessus, j'allais vers le bas de la ville où se trouvait mon bureau.

Très exceptionnellement, j'arrivais à Wall Street en fin de matinée, alors que l'horaire que j'avais adopté depuis plus de deux ans était de me rendre dans la salle de marché aux aurores.

De suite, je demandais à Mr. Townsend de m'accorder quelques minutes, quand il aurait un moment. Sans même attendre, il se leva et m'invita à le suivre dans la petite salle de conférence, pour que notre conversation soit privée.

Puisque mon portefeuille n'avait aucune position à la fin de chaque journée et que le mois était pratiquement bouclé, il m'était facile de partir. De plus, je ne gardais rien de personnel au bureau, il suffisait de donner ma démission et, comme d'habitude, le service comptable verserait mes profits du mois sur mon compte bancaire, dès la première semaine de Mai.

Mr. Townsend s'assit et j'en fis autant. Avec gratitude, je le remerciais de m'avoir donné la chance d'apprendre le métier, et d'avoir cru en moi, malgré la réticence des autres traders. Aussi, je lui avouais que ma discipline avait été rigide, tout particulièrement pour ne pas le décevoir. Il me fallait partir pour être près de chez moi et consacrer plus de temps à mes enfants, au lieu de faire un trajet si long chaque jour, mais son influence et sa présence sur la table allaient sincèrement me manquer et je l'assurais de ma profonde reconnaissance.

Il ne dit rien et se leva en hochant la tête pour me montrer qu'il comprenait très bien. Avec un sourire, je voulais l'embrasser sur la joue mais alors que je me rapprochais tout près de lui, j'étais loin de m'attendre à ce qu'il m'enlace paternellement, comme si j'avais été sa fille qui venait de lui annoncer qu'elle préférait quitter la maison familiale pour être indépendante.

Cet élan de tendresse n'avait duré qu'une seconde, mais son étreinte m'avait prise au dépourvu et avait embué mes yeux.

Surprise et touchée, je m'empressais de baisser la tête. Je ne voulais pas qu'il s'aperçoive que mon admiration avait peu à peu évolué en affection respectueuse. J'étais surtout étonnée de découvrir que cet homme de glace pouvait faire preuve d'émotion, malgré ses distances et son apparence stoïque.

Ainsi, je quittais Wall Street et j'allais poursuivre ma carrière de trader, au cœur de Manhattan.

ORDINATEUR

Si vous donnez des outils aux gens et qu'ils utilisent leurs aptitudes naturelles
et leur curiosité, ils vont développer des choses d'une manière
qui vous surprendra bien au-delà de toute expectation.

—**Bill Gates**

Mon nouveau trading desk était un havre de paix qui permettait une meilleure concentration. J'étais sûre que mon travail allait en bénéficier et que ma performance n'en serait que meilleure.

Dès les premiers jours, j'appréciais de marcher pour me rendre au bureau et je me félicitais d'avoir pris la décision de changer de fonds. C'était un petit exercice physique qui me convenait parfaitement et, puisque c'était le printemps, ma promenade était des plus plaisantes.

Je découvrais que certains traders automatisaient leurs propres stratégies de façon à pouvoir analyser un plus grand nombre d'actions et ainsi, augmenter leur performance. Si je voulais en faire autant, il me fallait une machine bien plus puissante que celle que j'avais acheté pour les enfants.

Thierry étant plus grand et passionné de technologie, c'était surtout lui qui accaparait l'ordinateur lorsqu'il ne s'exerçait pas aux prises de vues de son nouvel appareil photo, avec lequel son talent était visible.

Maxime, quant à lui, était excellent aux croquis de bandes dessinées et avait un talent particulier au karaté. Son Maître l'avait sélectionné pour représenter son école, avec une démonstration au Madison Square Garden où les enfants combattaient pour le titre de ceinture noire, dans un tournoiement télévisé.

J'étais très fière des mes petits hommes !

Au bureau, je demandais au technicien qui avait fait l'installation de la salle de trading, de me procurer d'urgence un ordinateur construit sur mesure. Il l'assembla avec des pièces la rendant la plus performante qui puisse exister à cette époque et, grâce à sa technologie très avancée et à la grande rapidité de son processeur de pointe, il me donna l'assurance qu'elle pouvait être programmée avec mes propres conditions de négociation.

Une petite armoire fut livrée chez moi. Pour la « modique » somme de huit mille dollars, elle mesurait un mètre de haut, soixante centimètres de profondeur et vingt de large. C'était un monstre que j'avais hâte de dompter ou, tout au moins, d'essayer. Mais il me fallait d'abord acheter un logiciel de trading.

J'avais choisi le logiciel d'analyse de données favori des traders techniques, qui allait me permettre d'effectuer la programmation de mes formules. Cela complétait mon investissement d'un total de dix mille dollars.

Mais il me fallait également obtenir « l'alimentation » qui allait fournir les chiffres nécessaires pour mes calculs et aussi payer les charges mensuelles des différentes bourses, sur lesquelles je désirais analyser les valeurs, le tout pour environ $500 par mois. Ceci allait me permettre de faire des analyses approfondies pendant le week-end et améliorer mon travail au bureau.

L'avantage de ce procédé était de pouvoir tester toutes les formules, de façon à obtenir un résultat de rendement évalué en pourcentage. Ainsi, toutes les configurations pouvaient être revues et travaillées jusqu'à l'obtention d'une proportion de résultats positifs qui soit la plus élevée possible.

Grâce à cet outil, je pouvais inclure mes recherches techniques et aussi, inventer des stratégies qui allaient me donner des signaux, d'après les conditions stipulées dans celles-ci. De plus, la plate-forme pouvait exécuter des ordres automatiquement d'après les formules techniques programmées, ce qui avait l'avantage de retirer tous les risques émotionnels.

Les possibilités de cette technologie étaient fascinantes. Toutefois, je n'avais pas l'intention de laisser une machine prendre des décisions pour moi et je devais m'assurer de son parfait fonctionnement, avant de lui faire confiance.

Pour programmer les hypothèses, il fallait utiliser un « easy language » (langage facile) qui, contrairement à son nom, était tellement compliqué que la plate-forme était accompagnée d'une série d'au moins dix livres, permettant d'apprendre à faire l'écriture des conditions souhaitées. Ces manuels, les uns plus gros que les autres, en expliquaient le fonctionnement et étaient nécessaires pour « parler » à l'application. C'est pourquoi je me lançais dans cette étude afin de devenir experte dans la configuration de mon nouveau système.

Certaines formules de continuation de tendance étaient assez faciles, mais je pouvais aussi les détecter à l'œil nu, par conséquent l'ordinateur ne m'aidait pas particulièrement. En plus de celles-ci, j'imaginais toutes sortes de stratégies et je cherchais tout spécialement à trouver un signal de retournement, une condition bien plus compliquée à écrire de façon efficace.

Pour vérifier la qualité et l'expression de mes clauses, je pouvais les tester sur l'historique jusqu'à vingt ans en arrière (back-testing) de façon à obtenir le système le plus performant possible.

Ainsi, quand les conditions stipulées étaient détectées, je pouvais connaître le pourcentage de succès de mes signaux d'achat ou de vente et en perfectionner les données, jusqu'à un résultat de 75 à 85%. Cette occupation me passionnait et je passais chaque instant de mon temps libre à travailler sur ce projet, sachant qu'il avait le potentiel d'augmenter mes profits.

Au début, j'étais loin d'imaginer que j'allais passer autant de temps sur cet ordinateur, à établir et à tester les conditions permettant des signaux valables. Sans me douter que le processus allait être si long, semaines après semaines, j'anticipais la proximité du résultat espéré et je pensais qu'il ne me faudrait que quelques jours de plus, avant d'arriver à mon but.

Trois ans plus tard (oui, trois ans !), j'étais finalement satisfaite de la force et de la productivité de ma méthode et j'étais fière de mon système.

Puisque j'avais évalué chaque indicateur et chaque outil, en les raffinant par des chiffres de réglages révisés qui les rendaient encore plus convaincants, toutes mes préparations de trades étaient ainsi plus performantes. J'allais enfin pouvoir passer les week-ends à Southampton (Long Island) et profiter de ma Porsche décapotable où il y avait juste la place pour mes garçons, au lieu de la laisser dormir au garage. J'en avais enfin terminé avec les fins de semaines passées devant mon ordinateur, absorbée par les mises au point qu'il me fallait fignoler indéfiniment jusqu'à ce qu'elles performent parfaitement.

J'avais réussi et ce n'était pas trop tôt !

PARTENARIAT

L'ingrédient le plus important dans la formule du succès
est de savoir comment s'entendre avec les gens.

—*Theodore Roosevelt*

Mon bureau n'était pas très loin de NYU et, puisque mes journées se terminaient vers 16 heures, juste après la fermeture de la bourse, j'avais le temps d'arriver à l'Université où, après avoir étudié de façon approfondie les mathématiques de l'analyse financière, je m'étais inscrite une fois de plus, pour parfaire mon éducation avec une formation à la Corporate Finance.

Je comptais sur cet enseignement pour polir ma compréhension des réactions du marché, où les fusions de sociétés étaient devenues nombreuses et ainsi, analyser plus intelligemment les titres sur lesquels j'investissais.

D'ailleurs, lorsque je rencontrais des chefs d'entreprises, je ne manquais pas de m'intéresser à leurs projets et j'engageais une conversation sur la croissance de leur secteur, pour mettre en pratique ce que j'avais appris et pour connaître leur point de vue et leur perspective.

Depuis mon départ de la banque d'investissement Paine Webber, j'avais toujours gardé le contact avec mes anciens clients de l'époque et j'encourageais chacun d'entre eux à m'appeler s'ils avaient une question quelconque sur un titre, que ce soit pour eux-mêmes ou pour leurs amis. Mes conseils étaient désintéressés et mes recommandations tout à fait gratuites puisque je n'étais plus courtier.

L'avantage de ma position de trader et l'éventail de mes connaissances étaient appréciées. Quel qu'en soit le sujet, j'avais un accès direct et immédiat aux informations nécessaires pour leur venir en aide. De plus en plus, ils sollicitaient mon opinion, avant même d'accepter un investissement recommandé par leur courtier.

Les enfants grandissaient et avaient leur propres occupations, ce qui me permettait de faire plus de sport, d'avoir une vie sociale et à l'occasion, de rencontrer ces investisseurs avec qui mes relations amicales continuaient. Au cours de ces entretiens, je les écoutais parler de leurs affaires et je commentais sur le marché en général.

C'est alors qu'une de ces personnes me demanda si j'avais l'intention de monter mon propre fonds et ma réponse fut simplement que c'était possible et que le cas échéant, je l'en préviendrais. Cette dame avait hérité d'une grosse fortune et je savais que son apport financier serait large.

Pourquoi pas ? Je lui avais promis d'y penser.

Cependant, je gagnais bien ma vie avec le trading et j'appréciais la routine de mon activité. Je n'avais que la responsabilité de gagner de l'argent, sans me soucier des relations publiques et sans avoir à rendre des comptes, une liberté que j'appréciais. Mais à vrai dire, je ne voyais pas trop d'inconvénients à changer mes habitudes et le défi me tentait. Seulement, tant que je n'avais pas reçu mon diplôme, je ne pouvais pas m'engager dans la gérance d'un groupe d'investissement.

Et puis, une fois mes études à NYU terminées, je décidais de démarrer mon propre partenariat, finalement intéressée par l'idée de gérer l'argent des autres. Ainsi, grâce à l'enthousiasme de plusieurs partenaires potentiels et à l'encouragement de mes collègues, plus de deux ans après mes débuts dans la salle de Mr. Rowing, je lui demandais s'il était possible de gérer ma propre association, en plus du trading pour sa firme.

Sans hésiter, il m'en accorda la permission.

Dès que les contrats furent prêts, j'invitais les gens que j'avais assisté par mes conseils durant les années précédentes, à investir dans mon fonds au sein duquel j'avais personnellement une large contribution.

Alors que j'allais continuer le day-trading pour Mr. Rowing, ce nouveau portefeuille allait être opéré différemment et être géré principalement par des swing trades avec des positions gardées quelques jours ou quelques semaines.

ANCIENNETÉ

Le destin n'est rien d'autre que la somme des actes
commis dans un état antérieur de l'existence.

—*Ralph Waldo Emerson*

Puisque j'avais été l'un des premiers traders à entrer dans les locaux de Park Avenue, après plusieurs années de présence les doyens n'étaient plus que Mr. Rowing, son associé et moi-même. Les quelques hommes présents avant mon arrivée étaient partis et de nouveaux s'étaient installés en très grand nombre, pour occuper tous les sièges des différentes salles.

Du fait de mon ancienneté, chaque aspirant m'était envoyé pour que je lui donne ma petite liste de « règles de trading. »

Je l'avais écrite pour moi-même à mes débuts, mais j'étais heureuse de l'imprimer et de l'offrir, en souhaitant bonne chance aux débutants et en les assurant que je serais prête à les aider s'ils avaient besoin d'un conseil.

Ma liste reprenait quelques instructions que des traders de longue date m'avaient données et ce que j'avais appris par l'expérience, auxquelles s'ajoutaient certaines indications sur ma façon de procéder:

- ✓ S'assurer que tous les systèmes d'information soient entretenus et mis à niveau. Redémarrer l'ordinateur avant de commencer la journée de trading.

- ✓ Ne jamais écouter de tuyaux ! Les risques sont inconnus et ne peuvent pas être gérés intelligemment.

✓ Faire sa recherche la veille ou tôt le matin, avant l'ouverture du marché, pour être préparé.

✓ Consulter le calendrier économique pour éviter d'être pris au piège par un mouvement brusque de réaction du marché.

✓ Commencer chaque journée avec un esprit positif: « Votre attitude détermine votre altitude. »

✓ Développer une méthode pour garder un bon moral (Pep Talk et Relaxation).

✓ Penser comme un guerrier... Aucune prière, aucun espoir, seule la stratégie compte !

✓ Il ne faut pas négocier quand on est fatigué ou contrarié. En anglais l'acronyme H.A.L.T (halte !) vient de Hungry, Angry, Lonely or Tired (Avoir faim, être en colère, isolé ou fatigué). Ce sont des états qui affectent le trading négativement.

✓ Ne pas agir sur des recommandations ou des conseils de professionnels, à moins d'en avoir vérifié les informations dans le cadre de l'expérience personnelle, de l'analyse technique et du plan de trading.

✓ Ne pas risquer plus que 2% du capital sur chaque trade.

✓ Associer l'analyse technique aux raisons fondamentales.

✓ Dans un marché haussier, on ne peut être que Bullish (Acheteur).

✓ Une action en tendance haussière ne peut être vendue short que sur un recul après un gap à la baisse (sauf exception).

✓ Si des nouvelles sont publiées dans un magazine sur un investissement, ne pas y toucher. Il est trop tard, les faits sont connus et le mouvement est déjà fait.

✓ Un marché qui ne monte pas sur de bonnes nouvelles est sûrement fatigué et il s'apprête probablement à baisser en valeur.

✓ En général, éviter d'aller à l'encontre de la tendance mais, dans les cas exceptionnels d'anticipation d'un retournement, la prudence est de rigueur pour aller à conte-tendance.

✓ Pouvoir s'adapter est vital. Envisager de concevoir et d'appliquer un nouveau plan de trading si l'état actuel des marchés est devenu inconfortable.

✓ Comparer le comportement des autres actions d'un même secteur. La force relative d'un titre est très importante. Toujours négocier le leader d'un groupe.

✓ Ne pas essayer de faire un gros coup. Il est préférable de gagner petit à petit et plus sûrement. Prendre moins de risques peut aider à gagner davantage, puisqu'un profit de 1% par semaine rapporte plus de 60% par an !

✓ Prendre des petites positions permet des décisions nettes et rentables.

✓ Si une action ouvre à la hausse avec un écart qui n'est pas rempli une demi-heure après l'ouverture, la force est réelle, l'achat est conseillé.

✓ Essayer d'aller dans le sens de l'ouverture, avec un stop placé juste en dessous de la clôture de la veille.

✓ Ecart haussier, mettre un ordre d'achat à la moitié du gap et en sortir si le prix tourne au négatif.

✓ Il est normal qu'un marché corrige fortement son avance, après la première étape d'un mouvement... C'est une opportunité d'entrer.

✓ Ne pas modifier les filtres de sélection, sauf s'ils ont été testés (back-test) et que cette nouvelle formule a une rentabilité au-dessus de 75% de moyenne de gain, par rapport au risque. L'idéal serait 85%.

✓ Suivre la liste de vérification du système de trading ou de stratégie, pour chaque entrée de transaction. Si l'une des conditions est manquante, annuler cette possibilité.

✓ Les stops doivent être placés au-dessus de la résistance pour un ordre de vente et en dessous du support pour un achat.

✓ Ne pas répondre au téléphone et rester concentré pendant l'exécution d'un ordre.

✓ Contrôler qu'une confirmation correcte soit reçue pour chaque ordre.

✓ Si le marché ouvre très fortement à la baisse, fermer la position short à l'ouverture et décider plus tard de vendre à nouveau à un prix supérieur, après le retracement ou recul de réaction (swing trades).

✓ Si un écart de prix à l'encontre de la position n'est pas fermé à midi, sortez-en, même si le stop n'a pas encore été touché ! D'abord cela libère l'esprit de ne pas regarder une perte et d'autre part, cela permet de réévaluer la valeur plus tard. Un gap sans importance est normalement fermé dans les deux premières heures.

✓ Marché en baisse, noter les stocks positifs, ils performeront mieux si le marché se retourne à la hausse. La force d'un titre par rapport au marché ou à son secteur d'activité est très indicative.

✓ Pas de « Oui, mais… » ou de « Si seulement… » ou encore de « Peut-être… » Pas d'opinion… Pas d'excuse… Discipline !

✓ N'avoir aucune émotion ! La peur, la panique, la cupidité ou l'euphorie vont conduire à faire des erreurs.

✓ Prendre des bénéfices rapides n'est pas une erreur.

✓ Ne jamais élargir une pose perdante.

✓ Prendre un petite perte libère l'esprit et permet de s'intéresser à d'autres positions qui auront plus de mérite, sans oublier que cela évite une grande perte.

✓ Ne jamais être sans un stop correctement positionné.

✓ Ne pas transformer un profit en perte - garder le stop en place et essayer d'arriver au seuil de rentabilité dès que possible, en sortant de la moitié de la position afin de laisser l'autre moitié profiter sans aucun risque.

✓ Éviter de prendre des petits profits et des pertes importantes. Accepter rapidement de s'être trompé.

✓ Laisser les profits courir et ne bouger le stop que si un nouveau niveau stratégique le protège.

✓ Une annonce de stock split est positive, celle d'un reverse stock split est négative (day-trading).

✓ Les mots les plus dangereux du trading sont: « C'est allé trop loin ! » En réalité, ça peut aller infiniment plus loin.

✓ Au cas d'une modification des procédures usuelles, l'écrire dans son journal et mettre les raisons en évidence. Les règles de la stratégie sont à suivre et ne devraient pas être ignorées.

✓ Stop Trading pour quelque temps si: - le compte d'exploitation est tombé en dessous de 35% par rapport au début de l'année - cinq poses consécutives ont été perdantes - on se sent négatif ou incertain - on s'ennuie - on est fatigué, malade, bouleversé, pressé par le temps ou autrement distrait - on part en vacances dans quelques heures (déjà ailleurs) - ou encore, quand on essaie de compenser pour les pertes précédentes.

✓ Ne pas revenir sur une pose une fois sorti, par dépit de voir le prix aller plus loin et sans plan.

✓ En cas de doute... Sortir de la pose !

✓ Si une nouvelle est attendue avec de grandes chances de résultats positifs, sortir quand même de la moitié de la position (bonne ou mauvaise, il y aura moins d'exposition ou de risques).

✓ Ne pas rester dans une position juste avant l'annonce de chiffres importants.

✓ Vérifier si les raisons sont encore valables et si la pose performe toujours, au moins une fois chaque heure (day-trading).

✓ En fin de semaine, examiner chaque transaction fermée et l'analyser en reprenant toutes les entrées du journal.

✓ Suivre les règles jusqu'au jour où vous êtes assez qualifié pour savoir quand les enfreindre.

INTRODUCTION D'UN LBO

La clé de la croissance est l'introduction de dimensions supérieures
de réalisation dans notre prise de conscience.

—*Lao Tzeu*

Quelques années auparavant, du temps où j'étais courtier chez Hamilton-Grant, j'avais demandé à mon manager quelles étaient les possibilités de travailler dans les fusions de sociétés (mergers and acquisitions) puisqu'il y avait un département M&A dans la firme.

Il faut dire qu'avant de découvrir le potentiel de la société de biotechnologie, j'avais eu beaucoup de mal à vendre les actions de ma firme et j'espérais pouvoir obtenir une autre position dans l'entreprise. Il m'avait répondu que c'était impossible et que je devais me concentrer sur l'ouverture de nouveaux comptes, en vendant les fameux « penny-stocks. »

Peu après, lors de mon entretien avec le journaliste du magazine que je rencontrais sur la recommandation de mon patron, la plupart des questions posées étaient sur mon métier mais l'une d'entre elles s'en était s'éloignée:

« Quels sont vos rêves ? »

A cela, j'avais répondu sans hésiter et sans même réfléchir: « Work in mergers and acquisitions, find Prince Charming and merge with him... » (travailler dans les fusions de sociétés, trouver mon Prince Charmant et fusionner avec lui).

Pour ce qui est du Prince.... Nous nous sommes rencontrés beaucoup plus tard et je n'ai jamais été aussi heureuse que depuis mon mariage avec David, un homme prévenant, extrêmement érudit et que j'admire. Mais j'en parlerais plus tard.

Quant à mon idée de fusions de sociétés, c'était un espoir que mon métier de trader, puis de gérante de portefeuilles m'avait fait oublier. J'avais accepté depuis longtemps qu'un job dans les M&A était une chimère irréalisable.

Pourtant, la petite phrase écrite au-dessus du tableau noir de ma classe me revenait de temps en temps, comme un écho:

« Quand on veut, on peut ! »

Durant mes études de Corporate Finance et des mathématiques de l'analyse financière, j'avais été fascinée par le LBO (Leveraged Buy Out – Acquisition avec effet de levier). D'ailleurs, de grosses fortunes étaient nées par l'utilisation de cette méthode et j'avais rencontré plusieurs personnes qui en avaient largement profité.

Par définition, ce principe consistait à investir une fraction du rachat d'une entreprise, un apport rarement plus de 10%, et d'en financer la grande majorité en ayant recours à l'endettement bancaire ou obligataire, ce qui permettait d'augmenter la rentabilité des capitaux propres. La dette d'acquisition, qu'elle soit bancaire ou non, était remboursée par une ponction plus importante sur le chiffre d'affaires de la société achetée.

Dans le partenariat dont je gérais les investissements, un large apport de fonds avait été celui de Mr. Jackson. C'était un homme sérieux et autoritaire, extrêmement intelligent, dont les yeux bleus envoyaient des éclairs de bon sens qui perçaient au travers de ses grosses lunettes.

Il avait fondé et était le propriétaire d'une société qui, à partir de la fibre de verre, utilisait des machines pour la tisser afin d'en faire le matériau qui serait la base de la fabrication des tableaux électroniques, des cartes de circuit d'ordinateurs, des gilets pare-balles des policiers, des casques de soldats et même de l'intérieur des avions. Je crois aussi que la coque de la carrosserie de certaines voitures était faite à partir de ce tissage qui était bien sûr calibré avec des épaisseurs différentes pour chacune des multiples utilisations.

L'entreprise était considérée comme faisant partie de l'industrie textile et donc, dans le même secteur que celles qui manufacturaient les vêtements ou les moquettes. Par conséquent, elle était évaluée au coefficient de rendement de cette industrie et bien loin des projections des sociétés de technologies qui montaient en flèche sur le marché.

Toutes les IPOs ayant un rapport de près ou de loin avec les ordinateurs ou l'internet, flambaient à la hausse de façon incroyable. Leurs actions ouvraient sur le marché en doublant parfois de valeur, dès le premier jour d'introduction en bourse.

Au printemps de 1995, au cours d'un déjeuner avec Mr. Jackson, je lui présentais l'idée de faire un LBO avec sa société mais il indiqua que son secteur d'activité n'était pas en demande et que personne ne s'intéressait à son industrie, quoique la croissance de son affaire soit excellente.

Malgré sa réaction un peu négative, j'insistais qu'une acquisition serait hautement profitable si sa société était présentée, non pas comme faisant partie du secteur textile, mais plutôt comme étant le support de la fabrication d'ordinateurs et de téléphones portables.

De plus, la fibre de verre étant utilisée dans l'équipement de sécurité des soldats, la guerre en Bosnie pouvait susciter un intérêt aussi.

Regrettablement, je n'avais pas réussi à le convaincre le moins du monde, malgré mes arguments et mon enthousiasme… Sa réponse s'était limitée à accepter que j'essaie de trouver un fonds intéressé, mais il ne s'attendait à aucun succès.

Toutefois, j'avais eu la présence d'esprit de lui demander si j'aurais droit à une commission, au cas où mon idée parviendrait à aboutir et qu'une transaction profitable soit conclue.

Il n'hésita pas à me serrer la main en répondant:

« Absolument ! »

J'étais ravie et, comme toujours, ma petite voix intérieure me rappelait que vouloir, c'est pouvoir. Pour moi, le risque était nul et le potentiel de profit, appréciable.

Avec un projet de plus, en dehors de mon trading et des nouveaux cours du soir auxquels je venais de m'inscrire pour étudier l'économie à la New School de New York, je n'avais pas le temps de m'ennuyer.

Obtenir des entretiens afin de présenter mon projet était assez difficile puisque je n'étais pas l'employée d'une banque d'investissement et que je n'avais aucune connexion avec un département de Corporate finance. La plupart des fonds d'investissement avaient refusé de me rencontrer et, sur les quelques rendez-vous décrochés, j'enregistrais de multiples défaites. Mais j'étais déterminée et tenace.

Mes quelques tentatives d'introduire le projet différemment s'étaient révélées sans succès et ces alternatives n'avaient débouché sur rien. Par contre, je n'avais pas eu un seul instant l'idée ou l'envie d'abandonner.

Et puis, comme toujours, il suffisait de frapper à la bonne porte. Un an plus tard, un LBO était concrétisé.

Le « deal » (accord) fut signé pour une acquisition s'élevant à plus de 192 millions de dollars. Je n'avais aucun contrat me garantissant ma commission et pourtant, je reçus le plus gros chèque de ma vie, avec une lettre de félicitation pour avoir introduit l'entreprise aux dirigeants du fonds de capital risque.

D'ailleurs, l'idée était si bonne que trente-six mois plus tard, en 1998, la société était vendue pour 485 millions, à la grande joie de la famille de Mr. Jackson et de tous les directeurs de sa société qui avaient eux-mêmes fait des emprunts pour pouvoir participer à la mise initiale et qui, par conséquent, furent très largement récompensés.

Mon rêve de travailler sur les fusions de sociétés avait été réalisé, sans jamais avoir travaillé pour une firme spécialisée.

De toute évidence, j'avais eu beaucoup de chance et, une fois de plus, l'inspiration de la phrase au-dessus du tableau noir de ma classe avait couronné mes espoirs de succès.

Pour célébrer cette victoire, je réunissais toute ma famille à Paris et je les invitais dans un cabaret-spectacle. A chacun, je remis un large chèque en cadeau et la soirée fut excellente. J'étais vraiment heureuse de pouvoir partager ma bonne fortune avec mes proches.

Toutes ces années, j'avais toujours été très discrète sur les soucis du début de ma vie à New York et sur mes difficultés à pourvoir aux besoins des enfants. Personne n'avait rien su de mes problèmes et, par fierté, je ne m'étais jamais apitoyée sur mon sort à mes parents, ni confiée à mes frères ou ma sœur. D'ailleurs, ils me jugeaient plutôt lointaine, bien au delà de l'océan Atlantique qui nous séparait.

Puisque j'avais été mariée très jeune et quitté la France depuis plus de dix ans, j'espérais que ce geste me rapprocherait d'eux et qu'il serait une façon d'exprimer que je les aimais tendrement.

Il me fallait retourner aux Etats-Unis et je ne n'avais pas le temps de faire du shopping pour chacun d'entre eux mais j'imaginais qu'ils préféraient avoir le plaisir de choisir ce qu'ils aimeraient s'acheter. J'en étais contente et j'espérais seulement que mon intention soit comprise comme une marque d'affection et non pas une occasion de me vanter de mon succès.

De retour à New York, j'achetais au comptant un appartement magnifique au vingt-deuxième étage de la Hampshire House, un immeuble au toit vert et pointu, si joli qu'il figurait sur toutes les cartes postales de Central Park. Toutefois, la disposition des pièces de ma nouvelle demeure n'étant pas parfaite à mon goût, je décidais de changer certaines cloisons de place. Ainsi, la cuisine fut agrandie de façon à ce qu'elle soit comme celle d'une maison, ultra moderne et blanche avec un granit bleu-gris qui ressemblait à des pépites d'argent et puis, je transformais ma salle de bain pour en doubler l'espace, en y ajoutant un jacuzzi, comme un coquillage de marbre rose.

Pour que la rénovation soit complète, j'avais aussi fait changé toutes les fenêtres, ce qui m'avait forcé à aller habiter dans le Club-hôtel du coin de la cinquième avenue et de la 60ème, pendant deux longs mois alors que les enfants étaient en colonie de vacances. Ma seule déception était de ne pas pouvoir utiliser la grande cheminée du living room qui ne pouvait servir que de décoration, d'après les lois immobilières du quartier.

Les travaux avaient été très importants, mais le résultat fut tellement spectaculaire que je me félicitais d'avoir été patiente…

C'était une qualité que j'avais apprise par le trading.

CRÉATION D'UN HEDGE FUND

*La création d'un millier de forêts est
à partir d'un seul gland.*

—*Ralph Waldo Emerson*

Quand j'eus finalement terminé mes cours d'économie à la New School de New York, je me sentais prête à passer aux choses sérieuses et je liquidais l'association d'investissement que je gérais avec succès, pour la remplacer par un hedge fund. J'avais attendu d'avoir un peu plus de temps pour pouvoir m'y dévouer à cent pourcent et ainsi, grimper un nouvel échelon de ma carrière.

Quoique ce soit un défi de taille, je me sentais prête et j'avais confiance d'être à la hauteur de cette progression.

Pour m'installer, je considérais l'acquisition de locaux et l'engagement de personnel mais j'eus l'idée d'aller rendre visite à ma clearing house (chambre de compensation), pour demander quelles seraient les conditions pour y établir mon bureau. Là, j'appris qu'ils m'accueilleraient gratuitement. Bien évidemment, ils connaissaient le montant exact des commissions que je leur payais par le système d'ordres et j'étais un très bon client.

Je les remerciais mais, avant de donner mon accord, je décidais d'en parler aux dirigeants de ma firme. Puisque j'avais conduit la gérance de mon fonds en partenariat depuis plusieurs années, j'espérais qu'ils acceptent de me laisser continuer à négocier dans leurs locaux. Le problème était que je n'avais plus l'intention de travailler pour leur compte en day-trading et je me doutais qu'ils y verraient sûrement un inconvénient.

Mon argument était que toutes les commissions générées par mes transactions effectuées électroniquement étaient partagées entre la société de Mr. Rowing et la chambre de compensation.

Mon départ aurait terminé ces rentrées d'argent importantes et j'espérais les convaincre d'accepter d'héberger mon fonds pour garder leur part des commissions que je payais en utilisant leurs machines d'ordres, un chiffre représentant un montant très élevé qu'ils ne recevraient plus si je m'installais ailleurs.

J'avais un bon raisonnement et ils acceptèrent, quoiqu'un peu déçus que je puisse plus trader pour eux.

La firme devait déménager pour des bureaux beaucoup plus grands. Le nombre de traders approchait rapidement plusieurs centaines et de nombreuses succursales avaient été récemment ouvertes, disséminées dans plusieurs villes des Etats-Unis.

Le bastion de l'entreprise étant New York, la nouvelle adresse de son quartier général fut choisie au cœur du canyon des géants de verre et de béton qu'était l'Avenue of the Americas. L'entrée était au coin de la cinquantième rue et les salles de trading occupaient plusieurs étages surplombant Rockefeller Center. J'en appréciais l'emplacement situé à dix minutes de chez moi à pieds.

Mr. Rowing occupa le grand bureau de l'aile gauche et m'invita à prendre celui de l'aile droite puisque son associé avait préféré rester au milieu de tous les autres traders qu'il supervisait, là où de longues rangées d'ordinateurs étaient alignées.

Les deux larges fenêtres de mon bureau s'ouvraient sur une vue magnifique de la Plaza qui l'hiver, devenait une patinoire et l'été, se transformait en un joli jardin fleuri. Toutefois, avec mes cinq écrans, il était rare que je regarde dehors et d'ailleurs, les stores étaient toujours à moitié baissés pour que le soleil n'éclaire pas trop mes moniteurs, ce qui les auraient rendus bien moins lisibles.

Une télévision branchée sur les nouvelles financières se trouvait suspendue près du plafond, quoique je me contente de l'écouter, mon regard accaparé par mes écrans où flashaient des cotes, défilaient des lignes d'information écrites et où des graphiques bougeaient rapidement.

Ainsi installée, je pouvais commencer la procédure de création de mon fonds de gestion alternative et je demandais aux avocats d'établir le charter et les contrats. J'avais mis le montant minimum pour y investir à sept cent cinquante mille dollars, ce qui me semblait une somme très raisonnable et j'invitais, en priorité, tous les partenaires de mon ancienne association.

Mon propre apport initial était élevé, c'était un peu le même principe qu'auparavant à la seule différence que, cette fois, j'étais autorisée à négocier les Futures et les Options. Néanmoins, toutes mes transactions allaient rester pendant un temps sur des titres échangés de préférence sur le New York Stock Exchange.

C'est ainsi que le Viking Hedge Fund était né.

Grâce à mon arrangement avec les dirigeants de la firme, je pouvais utiliser les rapports comptables reçus du back office et je n'avais donc pratiquement pas de frais de gestion fixes. C'est pourquoi je décidais de ne pas faire payer de charge annuelle de management, ma compensation étant limitée aux vingt pourcent usuels sur les profits.

Comme toujours, je gardais un œil sur les nouvelles qui défilaient en haut d'un de mes écrans et je négociais ce que j'avais préparé dans mon plan de trading. Ainsi toute la première année, je continuais avec les actions.

Je m'étais parfaitement habituée à entrer mes ordres électroniquement et de plus, j'avais la possibilité d'utiliser une plate-forme « Instinet » me permettant de consulter les offres de taille de certaines banques et de pouvoir négocier directement avec celles-ci.

Mon nouveau bureau était très agréable et je m'y plaisais.

Je n'avais plus de lignes directes avec les brokers du floor de la bourse depuis belle lurette mais certains d'entre eux étaient devenus mes amis et j'avais plaisir à les rencontrer de temps en temps. Au fil des mois, ils m'avaient donné plus d'une fois des tuyaux et, à l'étonnement des autres traders qui ignoraient la leçon de ma première trade, je n'en suivais aucun.

J'étais habituée aux avertissements de mon système qui indiquaient des possibilités d'achat et de ventes et qui étaient tout à fait valables pour m'aider à obtenir une performance décente. Ces signaux pouvaient aussi m'alerter du danger, pour éviter les trades qui avaient moins de potentiel.

Pour travailler avec efficacité, j'avais besoin d'un certain nombre d'écrans qui me permettaient de voir le comportement de différents instruments en même temps, puisqu'il y avait souvent une corrélation entre eux. Aussi, l'observation d'un titre sur plusieurs délais de temps me permettait de vérifier mes suppositions, par une vue d'ensemble de son activité.

Et puis, grâce à mes études d'économie et d'analyse financière, je pouvais ajouter une recherche complémentaire à mon processus de décision, pour éventuellement chercher à investir dans certains secteurs et d'en confirmer les possibilités avec mes connaissances de l'analyse technique qui ajoutait le timing afin de choisir le moment opportun. Ainsi, j'étais en mesure d'accumuler un grand nombre de probabilités de réussite dans mes choix de transaction.

En ce temps là, une excellente plate-forme commençait à être particulièrement en vogue. C'était le terminal créé par Michaël Bloomberg[2] qui coûtait environ mille cinq cent dollars par mois et qui avait l'avantage particulièrement appréciable d'avoir été conçu par un trader, pour les traders, en offrant tous les détails qu'un opérateur puisse désirer pour négocier.

Bloomberg avait été un des grands traders de la firme Salomon Brothers et, après son licenciement, il avait utilisé les dix millions de dollars de son indemnité pour créer le service de données le plus performant qui soit, avec un accès exceptionnel aux nouvelles, des analyses fondamentales élaborées et des informations remarquables.

Seulement, pour mon trading technique, je devais garder mon système puisque mes graphiques étaient bien plus efficaces grâce aux formules que j'avais inventées alors que celles-ci ne pouvaient pas être programmées sur un autre dispositif.

---

2 Michaël Bloomberg amassa une grosse fortune et, plus tard, fut élu maire de New York à plusieurs reprises.

Quand même, j'envisageais d'ajouter un écran supplémentaire pour une Bloomberg, la machine ayant pris le nom de son créateur.

A la fin de mes premiers douze mois d'activité, mon fonds se portait bien. Je ne faisais pas de résultat époustouflants, mais je tenais la route en étant extrêmement prudente et en prenant le moins de risques possible, malgré un environnement fortement haussier.

Ma réserve était due à l'euphorie entourant les actions du secteur technologique et, en particulier, les sociétés d'internet qui montaient un peu trop vite à mon gré. Au fil des semaines, je commençais à avoir le sentiment que le marché surchauffait de façon périlleuse et l'enthousiasme des acheteurs me rendait de plus en plus inconfortable.

Mon instinct sentait le danger.

ACHAT DE L'OR

*Le succès d'un investissement est obtenu en
anticipant les anticipations des autres.*

—*John Maynard Keynes*

C'était le début de l'été 1999 et tout le monde parlait de Y2K.

Le nouvel an n'était que quelques mois plus tard et des rumeurs courraient qu'à minuit, le 31 décembre, les ordinateurs ne pourraient plus fonctionner correctement, puisqu'ils n'étaient pas construits avec la capacité de s'adapter au millénium, amenant la date à 2000 et changeant son premier chiffre. Le monde étant devenu dépendant des machines, de grands problèmes étaient anticipés.

Bien que l'amplitude des complications prévues puisse sembler exagérée, ce genre de raisonnement suscitait des réactions. Les avis étaient partagés et les opinions étaient argumentées. Un des indicateurs de la santé du marché semblait pourtant avoir du mal à monter, alors que les SP500 avançaient régulièrement. La ligne d'avance par rapport au déclin des titres formant cet indice (A/D line) ne confirmait pas la montée et sa « breath » (respiration) laissait à désirer. Ce n'était pas encore dramatique, mais c'était à considérer comme un drapeau rouge d'alerte.

En général, mes informations étaient obtenues sur l'un de mes cinq écrans, réservé en partie aux nouvelles qui défilaient toute la journée, quoiqu'il m'arrivait quand même de lever la tête pour regarder la télévision un instant, si l'un de mes amis était interviewé.

Depuis de nombreuses années, j'avais pris l'habitude de me

contenter de lire les débuts de phrase et de comprendre le sens des lignes de news pratiquement à demi-mot alors qu'évidemment, mon attention était concentrée sur les graphiques que je suivais de très près et sur les cotes qui me donnaient le pouls du marché.

Un jour de Juillet vers le début de l'après-midi, une sentence m'avait assez intriguée pour bouger ma souris et cliquer dessus, afin d'en ouvrir la fenêtre du lien pour en lire le contenu.

« Bankruptcies possible among gold producers... » (Faillites possibles parmi les producteurs d'or...)

Je ne négociais pas l'or et je n'avais encore jamais touché aux marché des Futures, seuls leurs prix figuraient sur ma plate-forme.

Quoi qu'il en soit, la raison de ces faillites m'intéressait. Après un top (jusqu'à cette date) en Janvier 1980, au plus haut de l'histoire à un prix de $870, le métal jaune était resté dans un marché dramatiquement baissier et avait perdu 70% de sa valeur au cours des dix neuf dernières années. A présent, l'or était coté à 257 dollars l'once.

Ce qui piquait tout particulièrement ma curiosité était pourquoi la supposition de ces faillites était avancée. Alors que le coût pour extraire le métal précieux du sol était en moyenne évalué à $250 l'once, s'il ne s'échangeait qu'à quelques dollars de plus, il ne serait plus rentable d'aller le miner et cela pour la plupart des producteurs. Par conséquent, moins d'or serait sorti du sol...

D'où le potentiel d'une hausse de prix.

Au fond de moi-même, je savais que c'était le genre de détail qui pouvait rapporter gros. Une information banale et apparemment sans importance mais ayant le potentiel de changer la direction d'un marché baissier absolument terrifiant.

De plus, avec le doute et les questions soulevées au sujet de Y2K, cette idée me semblait particulièrement intéressante.

Malgré cela, je m'avouais n'avoir aucune expérience, loin de là, sur le trading des métaux précieux ou toute autre matière première. Parmi mes nombreuses autres licences de négociation, le diplôme pour les commodities « Séries 3 » ne me sécurisait pas assez pour en entreprendre d'emblée l'achat des Futures.

Après m'être assurée que toutes mes positions étaient protégées par des stops placés à des niveaux stratégiques améliorés, j'avais l'esprit libre pour faire le point des risques et du potentiel de profit d'une position sur l'or. Il n'était pas question d'acheter les Futures de façon directe sans en avoir l'expérience et je considérais les risques d'entrée par ce biais bien trop élevés, alors que leur volume était sporadique. Moins concevable encore et plus dangereux était d'acheter les actions des entreprises qui minaient l'or, puisque certaines d'entre elles risquaient la banqueroute.

Je passais l'après-midi à étudier la meilleure façon de participer à un éventuel retournement haussier. Le graphique semblait vouloir aller dans les abîmes et il était impossible de prédire où et quand le prix allait s'arrêter de descendre.

En fait, la cause de l'implacable marché baissier était assez banale.

Si l'or dégringolait sans répit depuis plusieurs années, c'était tout simplement la faute des banques centrales qui, avec leurs montagnes d'or en dépôt, n'étaient pas du tout désireuses de garder des valeurs ne rapportant pas d'intérêt. Par conséquent, elles étaient pressées de s'en débarrasser comme d'un poids mort. Donc l'or, pour ainsi dire, n'avait pas d'intérêt pour ces banques qui vendaient le métal constamment, dans le but de remplacer leurs réserves par l'acquisition d'instruments rentables.

Jusqu'à ce jour, mes formules n'étaient appliquées qu'aux actions et sans plus tarder, j'entrepris d'ajouter les matières premières à mon système de trading pour analyser le cours du métal précieux.

Un de mes nouveaux signaux avait pris un temps extrêmement long avant d'être considéré efficace mais, finalement, avait obtenu un pourcentage de succès de plus de 85%, quoiqu'il apparaissait rarement. Contrairement à ceux que j'utilisais régulièrement, il était désigné pour indiquer tout particulièrement les possibilités d'un retournement de tendance. Dans la formule, j'y avais inclus tellement de conditions que je pensais qu'il ne m'indiquerait jamais rien.

Et pourtant... Bonjour !

Le graphique hebdomadaire de l'or montrait une alerte d'achat qui s'était formée sur la semaine précédente. Il fallait bien sûr que la barre ou la bougie soit fermée pour que le signal soit visible, c'est pourquoi c'était après la fermeture du Vendredi ou le week-end, que je scannais mes graphiques pour noter les comportements par semaine.

Logiquement, sur un intervalle plus long les avertissements avaient davantage de poids. Seulement je n'avais pas vu celui-là, puisque jusqu'à présent je n'avais suivi que les actions en bourse ! Je me demandais même si je l'aurais apprécié sans avoir lu la rubrique qui m'avait mise sur la voie. C'était donc le moment d'agir quoique, certainement, j'allais naviguer dans des eaux plutôt hostiles.

Pour négocier les matières premières, il n'y avait pas de trading électronique. Je devais créer un compte spécial pour l'exécution et pour la livraison des contrats en échange du règlement d'argent. Bien que mon portefeuille soit autorisé au trading des Futures, il n'avait contenu que des actions et je devais y associer un compte spécial pour y ajouter cette position inhabituelle. De suite, j'appelais le service des exécutions de la chambre de compensation et j'ajoutais un compte pour les Futures, sur lequel allaient figurer mes ordres passés directement à un courtier situé près du « pit » (fosse) où s'échangeait l'or sur le COMEX.

Les trades allaient être délivrées contre paiement, tout comme au temps où je travaillais chez Mr. Townsend. Ce détail retarda l'établissement de ma position de vingt quatre heures, mais tout s'était passé sans encombre. J'avais l'intention d'acheter plusieurs centaines d'options sur des contrats de Futures et il me fallait des Calls de longue durée, puisqu'il était impossible de déterminer combien de temps allait passer avant un ralentissement notable de la production, résultant en une montée du prix.

Cette position semblait assez risquée mais intuitivement, je pensais qu'elle serait OK. Quelques fois auparavant dans ma vie, j'avais senti une sensation bizarre dans mon estomac qui me disait qu'il fallait absolument que j'agisse et ce jour-là, je la ressentais. Sans aucune assurance que mes raisons soient infaillibles, j'y croyais vraiment.

Seulement, je voulais savoir exactement combien je pouvais perdre et je n'avais pas l'intention de m'enfoncer d'un centime de plus. C'est pourquoi j'achetais des Calls pour couvrir la valeur de cet investissement. Ainsi, j'acceptais d'en perdre la somme intégrale si l'or n'était pas au dessus de $280, avant la date d'expiration de mes options. Le montant total de mon pari était près d'un quart de million de dollars et j'adoptais une approche « tout ou rien » pour gagner gros ou tout perdre sur cette idée.

Cette position représentait une tonne d'or.

Et puis naturellement, comme il était fréquent avec l'achat d'options, la valeur de mes Calls se mit à diminuer aussitôt qu'ils figuraient dans mon portefeuille. En fait, dès le premier jour, ils commençaient à perdre assez rapidement. Déterminée, malgré cette détérioration flagrante, j'avais l'intention de tenir bon, quitte à en laisser l'évaluation arriver à zéro. J'étais résolue à attendre jusqu'au jour de l'expiration du contrat. La durée étant longue, cela me laissait de nombreux mois.

En Août, mon investissement était estimé perdre cent mille dollars et en Septembre il présentait une chute de cent cinquante mille. Il me fallait des nerfs d'acier pour contempler l'argent s'évaporer aussi vite, mais à vrai dire, je les avais.

Au bureau, certains traders savaient que j'avais misé sur cette option et parfois, ils me regardaient perplexes avec l'air de se demander si je n'avais pas perdu la tête. Cependant, personne n'osait faire de commentaires. Quant à moi, j'ignorais volontairement le danger de ma spéculation et j'étais décidée à faire confiance à mon esprit logique, en acceptant que le coût de ma supposition se monte à un quart de million.

Un lundi matin du début de l'automne, j'eus un choc en arrivant au bureau. Je n'en croyais pas mes yeux !

L'or avait monté de vingt pour cent avec un écart énorme par rapport au prix de fermeture. C'était arrivé à la suite de l'annonce du Washington Agreement, signé entre plusieurs banques centrales pour s'engager à ne pas vendre plus de 400 tonnes d'or par an et de s'y tenir pendant les cinq prochaines années.

Dans les Futures, une hausse de 2% permettait de doubler sa mise de marge. Avec une hausse de prix de 20%, la valeur de mes Calls sur les Futures de l'or (pari d'achat) était multipliée exponentiellement !

Mon bénéfice était incroyable.

Pensive et silencieuse, j'essayais de décider si de devais sortir de cette position immédiatement ou bien attendre quelques jours, pour voir ce qui allait se passer. De toutes façons, il me fallait l'aide de mon courtier sur le COMEX pour travailler ma position, quoique l'effet de surprise montrait un bid si énorme que j'aurais pu vendre toute ma quantité en un seul ordre. Je devais faire assez vite pour profiter de cette réaction qui me donnait l'avantage sur tous ceux qui devaient se couvrir d'urgence de leurs ventes à découvert, puisqu'ils perdaient beaucoup d'argent et que les « Margin Clerks » allaient leur forcer la main.

Ils étaient acheteurs et par chance j'avais une belle quantité à leur offrir. Depuis mes début, je savais qu'un gap était souvent rempli… Il me fallait donc vendre bientôt.

Je gardais toujours les doubles portes de mon bureau ouvertes en grand, alors que je tournais le dos à l'entrée. Cela permettait aux nouveaux traders de s'approcher pour venir me demander un conseil, sans avoir besoin de frapper à ma porte. Si je sentais une présence alors que j'étais trop occupée, je levais tout simplement la main, ce qui signifiait de revenir plus tard.

Alors que je réfléchissais perdue dans mes pensées, un des traders d'un des autres étages du bureau, un homme grand et jovial, très ami avec l'associé de Mr. Rowing, vint me rendre visite.

Je me détournais de mes écrans pour le saluer avec un sourire quand soudainement, il se mit à genoux devant moi et, avec ferveur, déclara:

« Voulez-vous m'épouser ? »

Décontenancée, je restais figée une seconde avant d'éclater de rire. Apparemment, je n'étais pas la seule à avoir vu l'annonce sur l'or !

La larme à l'œil d'amusement alors que j'essayais de m'arrêter, je le remerciais chaleureusement. Je savais qu'il était marié et père de cinq enfants mais j'appréciais la plaisanterie et j'étais non seulement divertie mais touchée.

Son geste était délicieusement drôle et je l'appréciais comme un beau compliment, tout en m'égayant de son humour inattendu. Quand il sorti, il me fallu un bon moment avant de pouvoir m'arrêter de rire de bon cœur.

Ce fut cet événement (l'or, pas la demande en mariage) qui propulsa ma carrière à un niveau supérieur et qui m'incita à négocier les Futures avec plus de régularité.

Lors de la présentation des résultats trimestriels de mon portefeuille, mes investisseurs étaient enchantés et plusieurs d'entre eux ajoutèrent des montants importants pour agrandir leur participation. Ma réputation était alors établie et, grâce à ma remarquable performance générale, de nouvelles personnes me contactaient, sans avoir eu besoin de les solliciter, pour me confier une partie de leur actif financier.

Mon fonds s'élargissait de façon importante et, davantage encore, je devais tenir compte de la situation macro-économique et diversifier mon portefeuille.

Boston Globe

Quand la légende devient réalité, imprimez la légende.

—*The Man Who Shot Liberty Valence*

A cette époque, tout le monde parlait des « dot.com » et de l'ascension fabuleuse des actions de technologie, en s'émerveillant sur leur potentiel. Quand certains critiquaient les cotes injustement élevées de sociétés qui ne rapportaient rien, la phrase à la mode était:

« Cette fois c'est différent !.. »

L'an 2000 arrivait à grand pas et la bulle internet grossissait à vue d'œil.

Plus les risques que le Nasdaq s'écroule devenaient grands et plus les personnes étaient attirées par les énormes profits dont ils entendaient les autres se vanter. Les gens avaient peur de rater le coche et ils voulaient gagner à ce jeu, eux aussi. Même le cireur de chaussures du passage souterrain de Rockefeller Center parlait du dernier tuyau pour acheter une action qui allait sûrement doubler de valeur en un rien de temps.

Au bureau, de nouveaux traders arrivaient de plus en plus nombreux pour s'essayer au day-trading avec l'intention de profiter du marché qui montait sans cesse. Seulement, ils perdaient souvent leurs trente mille dollars. S'ils ne pouvaient pas rajouter le montant de garantie, ils devaient s'en aller pour laisser la place aux nouveaux aspirants en apprenant de façon brutale que le trading à court terme était très difficile.

Un matin de Novembre, Mr. Rowing me demanda si j'accepterais de répondre aux questions d'un reporter, désireux d'écrire un article sur les femmes day-traders. Même si j'étais alors indépendante, il pensait qu'en acceptant de rencontrer quelqu'un de la presse sur le sujet, ce serait une bonne publicité pour sa firme.

Je lui répondis jovialement:

« Avec plaisir… »

Le jour convenu, une jeune femme du Boston Globe se présenta à la réception et, sans attendre, je l'invitais dans la salle de conférence. Après m'avoir interviewée pendant quelques minutes, elle me demanda si elle pouvait rester à mes côtés jusqu'à la fermeture du marché pour voir comment je négociais. J'avais répondu en souriant:

« Bien sûr ! »

Elle me suivi vers mon bureau et une fois confortablement installée à mes côtés, je lui expliquais ce que je regardais sur le marché et je lui montrais ma machine d'ordre sur laquelle je créais un compte séparé du reste de mon portefeuille, pour qu'elle puisse juger de mes gains et de mes pertes, au fur et à mesure de mes ordres.

Là-dessus, je me mis au travail.

Durant l'après-midi, mon trading était rapide et sur des actions différentes, avec des positions gardées seulement quelques minutes. Et puis, toutes mes transactions étaient fermées juste avant la cloche de fermeture du New York Stock Exchange, un signal que la télévision reportait en direct.

Sans un mot, la journaliste avait pris des notes pour son reportage au fur et à mesure de mon activité et elle avait pu vérifier que le résultat était bien un profit de près de neuf mille dollars, net de toutes commissions.

Visiblement impressionnée, elle me félicita et plusieurs jours plus tard, quelques copies du Boston Globe me furent livrées. Un article du Samedi 13 Novembre 1999, intitulé « Women day-trading dawns on Wall Street » (Le day-trading des femmes se lève sur Wall Street) était en première page avec ma photo, prise alors que je négociais activement.

Le cliché montrait bien le signe « Discipline » accroché sur l'un de mes cinq écrans. Quand je remarquais que ce détail était visible, j'imaginais avec amusement la réaction de Mr. Townsend, l'homme qui m'avait enseigné le métier, et celle des loups affamés qui l'entouraient. Les années avaient passé et depuis tout ce temps, je n'avais pas eu de contact avec eux, mais je gardais toujours mon apprentissage en mémoire et ma gratitude était profonde.

Si j'étais devenue un excellent trader, c'était grâce à lui et je lui en serais reconnaissante toute ma vie.

Arrogance et Obstination

Rien n'est plus obstiné qu'un consensus en vogue.

— *Margaret Thatcher*

Le nouveau millénium approchait et je me méfiais de plus en plus du comportement des marchés. Le Nasdaq me semblait tout particulièrement dangereux et ballonné par l'enthousiasme aveugle qui propulsait des sociétés de technologie ne valant rien, comme si elles étaient le nouveau Microsoft ou le nouvel Intel. J'étais persuadée que cette surévaluation allait se terminer en drame mais je semblais être la seule à m'en inquiéter.

Par pure spéculation, le prix des « dot.com » (point.com) grimpait chaque jour de plus belle et des centaines de titres s'enflammaient à la hausse, alors que leur survie n'avait aucun fondement.

Certaines sociétés d'internet qui ne rapportaient encore aucun bénéfice étaient évaluées au nombre de personnes qui se contentaient d'en regarder le site web, sans jamais rien acheter.

Toute nouvelle idée de création d'activité au travers du web était anticipée se développer en une entreprise profitable et même si les chances de réussite étaient imaginaires et extrapolées dans un avenir lointain, cette possibilité multipliait le prix de leur introduction en bourse par une demande considérable. Les gens investissaient dans le vent, à la recherche du « startup » qui allait gagner, comme s'il s'agissait d'une tombola dans laquelle ils allaient tirer le bon numéro.

Apparemment, personne n'imaginait que cette déraison ne pouvait pas durer et percevoir la possibilité que la musique pourrait, éventuellement, s'arrêter de jouer.

En dehors de mon trading à court terme, j'entrais dans des positions de longues durées qui étaient un peu la base de mon portefeuille et pour lesquelles mes décisions étaient plutôt prises d'après l'analyse fondamentale. Seulement, j'étais moins performante avec cette dernière. En fait, mes résultats laissaient à désirer en comparaison de ceux générés grâce à l'analyse technique où mes transactions étaient de courtes durées, tout en me permettant de réutiliser les fonds pour enregistrer beaucoup plus de bénéfices. La valeur de mon portefeuille étant largement plus élevée, il me fallait investir sur des positions très liquides lorsque je négociais à court terme.

Depuis mon apprentissage, j'avais souvent entendu dire qu'un trader devait rester humble. S'il devenait arrogant, le marché trouverait toujours un moyen de le faire descendre de son piédestal, en lui donnant une leçon qu'il ne serait pas près d'oublier... Mais ma carrière et ma réputation montaient en flèche et j'avais l'impression de ne jamais faire faux.

Vers la fin 1999, l'ascension vertigineuse du Nasdaq me donnait des nausées et je spéculais que si ce marché venait à chuter, il entraînerait certainement les autres indices à le suivre. Par conséquent, j'étais à l'affût de tout signe qui l'annoncerait, bien que toutes mes trades ou presque, s'effectuaient sur des titres échangés sur la bourse de New York, où les valeurs ne surchauffaient pas autant... A l'exception d'une certaine action qui m'ennuyait tout particulièrement.

Dès que cette société publiait son rapport trimestriel, j'étais furieuse. Je n'en croyais pas un mot et je considérais les chiffres comme des mensonges, conçus comme une insulte personnelle.

Enron était l'entreprise la plus prisée du marché et la tendance du graphique était des plus positivement haussière. Cependant, j'avais une aversion presque physique pour cette société.

Alors que le graphique donnait des indications d'achats, je voulais vendre. Mais évidemment, chaque fois que j'étais entrée dans un pari baissier, j'avais subit une perte que j'avais considéré comme un affront. Cette humiliation avait empoisonné mes pensées et envenimé mon dégoût. J'étais hors de moi.

A plusieurs reprises, le prix m'avait semblé faire un plafond, mais ma vision était obstruée par mon désir et je ne pouvais pas avoir une interprétation juste du comportement réel. Naturellement, dès que j'entrais dans une position short, le titre reculait un peu comme pour me taquiner, juste avant d'avancer de plus belle pour venir toucher mon stop et me faire perdre de l'argent, une fois de plus.

A bout de patience. Je sentais si fort que cette action était une fraude que je voulais miser très gros sur la baisse inévitable de ce titre (mais seulement évidente pour moi). J'oubliais que le plus grand danger était de négocier en étant perturbé.

C'était aller à l'encontre de mes stratégies, à l'encontre de ce que j'avais appris depuis le début, à l'encontre du bon sens et de toute raison.

Loin d'ignorer que les émotions étaient néfastes dans le trading, je les accumulais, dont la colère et un ego froissé. Quoique j'avais pourtant appris à dompter mon entêtement, la pression était trop forte et j'oubliais toutes mes bonnes résolutions. Aussi, j'étais persuadée que l'an 2000 allait entraîner quelques perturbations et que le marché était devenu ridiculement cher. Je me sentais justifiée, les indices devaient descendre et ils ne pouvaient pas rester surévalués indéfiniment.

De surcroît, Enron ne valait rien, j'en étais certaine.

J'avais toujours été un peu téméraire mais réfléchie malgré tout. En fait, ma position gagnante sur l'or m'avait sûrement gâtée et, forte de mes résultats remarquables, j'avais l'impression qu'il m'était devenu facile de gagner de l'argent. Et puisque je n'avais pas l'habitude de me tromper, je devenais très audacieuse.

Malgré n'avoir trouvé aucune raison dictée par l'analyse technique de vendre Enron à la baisse, ma soif de vengeance était devenue un besoin.

Qu'importe si j'allais être en avance sur le graphique ! Je ne doutais pas un instant que le signal viendrait tôt ou tard... Je savais que je misais à contre courant et que c'était extrêmement dangereux. En effet, plus le prix allait monter et plus je pouvais perdre, mais j'étais décidée à prendre une position qui soit pour le long terme.

Avec l'achat des titres, le risque était que la valeur aille à zéro, puisque le montant total de l'acquisition était le maximum qu'on puisse perdre. Contrairement à cela, lorsqu'on vendait short, le prix pouvait doubler, tripler ou multiplier par mille et donc, les risques étaient illimités.

En Novembre, Enron commençait à perdre un peu en valeur et, encouragée, je vendais l'action à $40, pour la somme d'un million de dollars. Un ordre de vingt cinq mille titres ne représentait pas une quantité insolite pour mon fonds, mais c'était quand même tout en haut de la fourchette habituelle, la taille de mon capital nécessitant des positions de dix mille en moyenne. Jusqu'à présent, mes résultats de l'année étaient excellents et je pouvais me permettre de prendre plus de risques, tout au moins je le pensais.

J'avais l'arrogance de ne pas douter un instant à quel point cette erreur était flagrante et je négligeais la notion qu'un des grands pièges du trading était de penser que le prix était allé trop loin. Pourtant, c'était un de mes avertissements aux débutants. Un prix pouvait atteindre un niveau impensable avant de revenir vers un « équilibre. »

D'ailleurs, je citais souvent John Maynard Keynes qui avait dit:

« Markets may remain illogical far longer than you and me may remain solvent. » (Les marchés peuvent rester irrationnels, bien plus longtemps que vous et moi pouvons rester solvables.)

Décidément obstinée, j'avais établi ma position avec l'intention de la garder.

Vers la mi-décembre, ma perte sur Enron était insignifiante et je bénéficiais alors d'excellents profits annuels, grâce à ma performance sur l'or et à mon rendement supérieur sur les trimestres précédents. Sereine, j'invitais mes parents à me rejoindre en Floride pour y passer trois semaines en compagnie des enfants, dans une grande maison avec piscine située dans un des plus élégants country clubs de la région.

J'allais les chercher à l'aéroport de Miami en limousine et je les accueillais avec de nombreux cadeaux. Golf, tennis, shopping, chaque jour était un plaisir et pour Noël, j'organisais une croisière de quatre jours sur un grand bateau. Aussi, de retour sur la terre ferme, je réservais la nuit du réveillon de l'an 2000 dans un restaurant gastronomique, suivi d'une soirée dansante, pour célébrer le début du millénium en grande pompe.

Je n'avais omis aucun détail pour le plaisir de ma famille et ces vacances de retrouvailles au soleil furent tout simplement inoubliables.

De retour à New York, Enron était toujours et plus que jamais recommandé par tous les analystes. Le prix avait monté, mais j'avais perdu toute discipline et je refusais de sortir de ma position. Pire, j'étais incapable de me concentrer sur autre chose. Je ne faisais plus rien que d'en regarder la cote. Je n'avais pas de stop et tout ce que j'avais appris était effacé de ma mémoire. Mes facultés de discernement des faits réels étaient aveuglées par mon opiniâtreté et ma haine pour cette action.

Deux ou trois semaines plus tard, j'étais clouée au lit avec une terrible grippe qui m'éloigna de mes écrans pendant quelques jours, mais ce problème était insignifiant comparé à ce qui se passait sur ma position à la baisse. Enron avait quasiment doublé de valeur depuis mon entrée de pose, sur laquelle je n'avais toujours pas de stop.

Je perdais une fortune.

Ainsi, malgré mon intention initiale de garder la position sur le long terme, je fus obligée de prendre des pertes absolument énormes. C'était non seulement dramatique pour mon moral, mais pour mon capital aussi. Quant à Enron, sa valeur continuait à monter et, chaque jour, l'enthousiasme des acheteurs était décuplé.

Ce n'est que quelques mois plus tard, à la fin de l'été 2000, que la fraude qui m'avait semblé flagrante fut découverte et que les doutes commencèrent à s'installer dans l'esprit des investisseurs. Le prix d'Enron, dont le sommet n'avait été que dix point au-dessus du niveau auquel j'en étais sortie, commençait finalement à s'écrouler.

Ainsi, comme un ballon rouge mal fermé, l'air s'échappait et la valeur se mit à déprécier implacablement pour en arriver à zéro, un an plus tard.

Le darling de Wall Street ne l'était plus... Mais, quoi qu'il en soit, je n'en étais pas réconfortée pour autant.

J'avais eu raison, mais mon timing était complètement faux. Le plus grave était de m'être laissée emportée par l'exaspération, par la vengeance et par mon ego. Tout ce que je m'étais rabâché de ne pas faire pendant des années avait été jeté aux oubliettes et j'avais agi comme un débutant.

Evidemment, je méritais de payer le prix, afin d'apprendre la plus grande leçon de ma vie de trader.

Alors qu'une bonne discipline et une préparation minutieuse avant chaque trade avaient agrandi mon fonds et m'avait fait bénéficier de l'estime de tous, un moment de stupidité, un manque de réflexion, un surcroît d'arrogance et un sentiment d'invincibilité, m'avaient fait perdre des semaines de travail et une somme d'argent qui allait nécessiter du temps avant de pouvoir être récupérée.

Mais pire que tout, quand ma recherche et mon analyse technique me donnaient enfin le feu vert pour miser à la baisse, quand le moment était venu, je ne voulais plus y toucher, dégoûtée du titre une fois pour toutes. J'avais même retiré le symbole de mes écrans, pour ne plus le voir.

Ainsi, non seulement j'avais perdu un million de dollars, mais je ne gagnais pas non plus quand le moment était indiqué, alors que mon système flashait la descente. J'aurais pu rattraper toutes mes pertes et gagner plus encore. Seulement, j'étais échaudée et incapable de négocier cette valeur. Par conséquent, je ne profitais pas de sa chute phénoménale.

Pour réussir, il fallait suivre ce que le marché dictait et obéir à sa loi, tout simplement. Sinon, l'échec était assuré. Le trading était gagnant quand on allait dans la direction de l'opinion des masses. D'ailleurs, la phrase préférée des traders était bien:

« La tendance est votre amie. »

En fin de compte, j'étais aussi incrédule qu'honteuse d'avoir pu sombrer dans des émotions destructives.

Cela ne devait plus m'arriver !

La morale de cette terrible expérience m'a appris à ne pas insister à aller dans un sens, si le prix va en sens inverse et d'avoir un stop pour sortir d'une mauvaise trade.

Puisque seul le prix avait raison, son information allait dicter le bon comportement du trader et indiquer la bonne direction à prendre. Gare à celui qui osait aller à son encontre !

La circulation de l'argent était le meilleur allié...

NASDAQ-QQQ

Il n'y a pas mieux que l'adversité. Chaque défaite, chaque chagrin et chaque perte contient sa propre semence, sa propre leçon, sur la façon d'améliorer votre performance la prochaine fois.

—*Malcolm X*

En ce début du nouveau millénium, ma performance était pitoyable et mon premier trimestre avait vraiment mal commencé.

Enron, dont la cote avait accaparé toute mon attention, m'avait fait perdre beaucoup trop de temps. Je devais retrouver ma discipline, retrousser mes manches et me mettre à l'ouvrage en prenant mon courage à deux mains. J'avais fait assez de bêtises comme ça et je devais me remettre à travailler sérieusement.

Ainsi, une fois débarrassée de cette position ridicule, je reprenais mes bonnes habitudes et je négociais de nouveau comme je savais le faire. Evidemment, je ne voulais pas essayer de rattraper mes pertes trop vite, sachant que c'était la meilleure manière de ne jamais y arriver. Lentement mais sûrement, était la seule et unique façon de procéder.

Individuellement, les actions composant le Nasdaq ne m'intéressaient pas. Même si de nombreuses d'entre elles avaient assez de volume, n'importe quelle nouvelle pouvait en faire sauter le prix plus haut ou plus bas. Pourtant, je faisais des transactions journalières sur les QQQ, l'indice composé des cent plus grandes entreprises du Nasdaq.

De nombreuses sociétés d'internet et de technologie y étaient incluses d'où son large volume et sa liquidité appréciables. C'était donc un instrument de choix.

Tous les marchés étaient devenus assez volatiles et les formules de mes stratégies permettaient de bons résultats. Ainsi, je reprenais rapidement confiance en moi grâce aux bénéfices obtenus petit à petit.

En Mars, l'annonce d'un stock split des QQQ de deux pour un en avait fait monté la valeur à $221.63, ce qui représentait $110.81 une fois divisé, alors que le double des titres était remis aux actionnaires. Mais dès que l'euphorie du stock split s'était évaporée, la valeur avait fait une chute de 40% pour arriver à un plancher de $72.25 au mois de Mai, en descendant par cinq vagues.

J'avais dit à qui voulait l'entendre que les sociétés d'internet et de technologie allaient perdre une grande partie de leur valeur et que l'indice devait descendre. Il était néanmoins vraiment dommage d'en avoir acquis la certitude beaucoup trop tôt et les collègues qui n'étaient pas de mon avis, avaient eu raison jusque là.

Mais, même après cette perte du Nasdaq, beaucoup de traders de la firme ne partageaient pas ma conviction et ils croyaient encore à l'effervescence et à l'euphorie d'un marché apparemment indestructible, persuadés que ce retournement inattendu n'était que provisoire.

Quant à moi, conformément à mon analyse, je vendais régulièrement les QQQ à la baisse en day-trading. Cela me permettait des entrées et des sorties rapides, tout en réutilisant les fonds pour enregistrer beaucoup plus de bénéfices qui s'ajoutaient les uns aux autres. En effet, à cause des mouvements brusques, je ne gardais pas mes positions le soir. Je me contentais d'établir mes ventes chaque jour uniquement lorsque le prix était négatif, avec un stop placé juste au niveau où la valeur serait passée positive. De cette façon, je n'étais short que dans un marché baissier.

La violence des baisses et des remontées était terrible et sûrement pas pour les cœurs sensibles. Le comportement du Nasdaq avait surpris plus d'un et malheureusement, certains des opérateurs avaient été pris au piège et avaient perdu de très grosses sommes sur les actions qui s'étaient effondrées de façon dramatique.

J'apprenais que l'un de ceux qui négociaient dans une des succursales, un jeune homme récemment père d'un petit garçon, s'était donné la mort en se jetant par la fenêtre de son appartement. Quoique je ne le connaisse pas, j'en étais terriblement triste.

Ce métier pouvait être mortel, littéralement !

Après deux mois d'écroulement spectaculaire, l'indice se mit à remonter. La descente totale étant de plus de 48 points, 61,8% représentait une remontée jusqu'à \$102. En utilisant un principe psychologique découvert par Ralph Nelson Elliott, une avancée devait se faire en cinq vagues et une régression, en trois.

Cependant, contrairement aux replis d'une tendance haussière qui ne faisaient que deux pas en arrière avec une pose entre chacun, ce mouvement avait davantage de vagues. Au lieu de baisser par un-deux-trois, la descente entre \$110 et \$72 en avait deux de plus et paraissait faire un cinq en signalant une impulse majeure sur la descente.

Je m'attendais à un changement de tendance sérieux et je voulais me préparer à en profiter. Ce mouvement baissier me permis de calculer mes niveaux d'entrée de pose, pour une stratégie à plus long terme. Je mesurais le retracement possible, en partant du sommet jusqu'au plancher de cette plongée du prix et j'y ajoutais mes retracements Fibonacci. Ainsi, je pouvais estimer où je devrais vendre à la baisse avec une plus grande certitude.

En Septembre 2000, à la fin d'une remontée en trois temps seulement et alors que son prix était arrivé à ce que j'appelais la BOX, je vendais short cet indice des plus grandes entreprises du Nasdaq.

Cette fois, ce n'était plus une day-trade.

Si l'indice devait continuer à la hausse, il allait passer au-dessus du dernier haut visible et faire un haut plus haut qui allait prouver que je m'étais trompée. Mon entrée était donc au niveau de la zone située entre 50% et 61,8% par rapport au grand mouvement baissier initial, à la fin d'une remontée en 1-2-3 depuis le plancher.

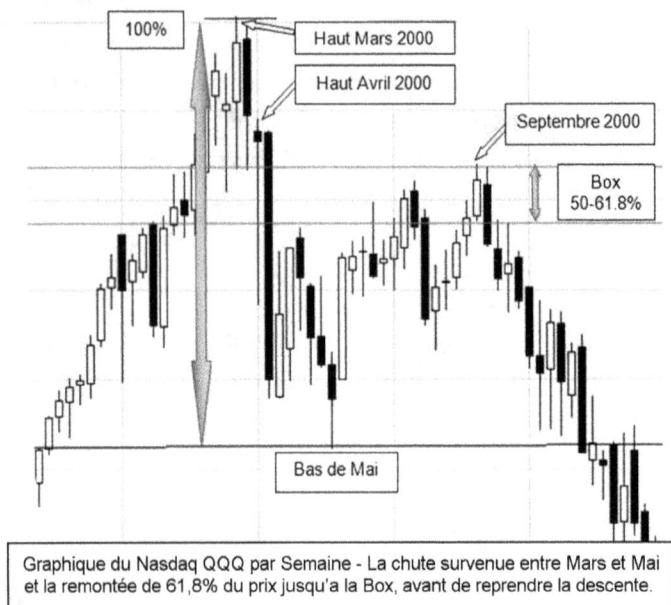

Graphique du Nasdaq QQQ par Semaine - La chute survenue entre Mars et Mai et la remontée de 61,8% du prix jusqu'a la Box, avant de reprendre la descente.

Figure 1 - Nasdaq QQQ

J'étais assez confidente de la reprise baissière et pour tenir compte de la volatilité effrayante de cet indice, je plaçais mon stop-loss avec une bonne aisance, juste au-dessus du haut du mois d'Avril. Le tout premier recul s'était produit par une remontée violente, mais avait été suivi par une descente plus dramatique encore et les QQQ montraient de manière flagrante une vélocité supérieure en se dirigeant vers le bas.

Et puis, dès que le plancher survenu au mois de Mai fut brisé, je changeais mon stop de place pour le mettre juste au-dessus du plafond de Septembre, afin que mon risque soit presque nul.

Avec cette pratique d'essayer de laisser mes trades continuer alors qu'elles étaient au seuil de la rentabilité ou presque, je gardais mes position plusieurs mois, en ne changeant mes stops qu'à condition d'avoir décelé un nouveau niveau stratégique.

Par conséquent, j'avais l'esprit libre pour négocier d'autres instruments.

Ainsi, lorsque je voulais entrer dans un marché très volatile, comme celui de l'indice du Nasdaq durant l'été du nouveau millénium, j'attendais toujours que le prix revienne au niveau d'une zone (la BOX) située entre 50 et 61,8% d'une chute brutale. Après avoir mesuré le mouvement, depuis son sommet jusqu'au bas de cette descente, j'entrais dans la position lorsque le retracement équivalait à près de 61,8%. Pour les explosions à la hausse, il suffisait de faire l'inverse et d'attendre une baisse de ce même pourcentage pour acheter.

Cette position à long terme, misant sur la baisse de l'indice QQQ fut excellente et ainsi, mon année 2000 s'était terminée largement positive, effaçant mes pertes sur Enron qui furent récupérées et remplacées par des profits solides.

Toutefois, ma leçon était apprise.

11 Septembre 2001

Les tours hautes tombent avec un fracas lourd
et la foudre frappe la plus haute montagne.

—**Horace**

Depuis la sortie de ma position misant sur l'or en automne 1999, je suivais le cours du métal précieux de très près. Après une avancée de plus de vingt pourcent en un seul jour, le prix était redescendu lentement sur les dix huit mois suivants. La vélocité de l'élan haussier avait été impressionnante et le retour, pour en éliminer l'avance entière, s'était fait avec un volume diminué sur une très longue période. Ce comportement me donnait une assez grande confiance dans la remontée de sa valeur.

Mon hypothèse respectait le principe qu'un gap (ou écart) de prix devait être rempli et que lorsque l'envolée d'un instrument pour s'élancer avec agilité était suivie d'une lente évolution de recul, le prix avait de grandes probabilités de reprendre dans le sens initial, dès qu'il avait bouché l'intervalle vide. Ainsi, j'investissais dans le métal précieux pour le long terme. Les Futures étant l'indication d'un prix anticipé dans le futur, le montant approximatif correspondant à $252 en 1999 était fixé à $265, en 2001.

A cette position, j'ajoutais Silver (le métal argenté) dont le graphique avait montré un développement presque similaire mais sans faire d'écart, depuis le milieu de l'année 1997, avant de retracer toute cette distance intégralement. Le portefeuille du Viking Hedge Fund étant plus large, je devais reporter aux autorités la taille de ces investissements. Ils étaient importants mais mon stop mental n'était pas loin de mon prix d'achat et j'étais disciplinée.

Mon stop sur l'or se trouvait juste en dessous du plancher, survenu avant le millénium et celui de l'argent au plus bas des 4 dernières années. Ma philosophie derrière l'acquisition des métaux précieux venait s'associer parfaitement avec mes paris baissiers sur les indices d'actions, tout en donnant un équilibre à mon portefeuille avec des positions long/short.

Le lundi 10 Septembre 2001, dès la fermeture de la bourse et comme c'était devenu mon habitude, je me rendais à mon club de sport pour ma classe de gymnastique, avant de dîner d'un repas léger. Les enfants étaient en France où ils faisaient leurs études universitaires et j'étais seule.

La télévision n'offrait rien de séduisant et je cherchais dans ma bibliothèque un livre intéressant, seulement je les avais tous lus, sauf un qui m'avait été offert dans un coffret près d'un an plus tôt. Le sujet me paraissant futile, je n'avais pas encore eu l'occasion de l'ouvrir.

C'était une jolie boîte contenant un livre, une grande feuille à déplier et un paquet de tarot. Le mode d'emploi expliquait comment disposer les cartes choisies au hasard pour qu'elles soient posées sur le support qui, une fois ouvert, montrait leur emplacement. Ensuite et d'après la position de chacune d'elles, les interprétations étaient dévoilées dans le manuel qui les accompagnait.

Je ne croyais pas trop à ce genre de prédictions mais puisque je n'avais rien d'autre à faire, je m'y appliquais. Au fur et à mesure des explications, j'imaginais l'histoire qu'il fallait en tirer... Par contre, je ne comprenais pas grand-chose aux commentaires d'explication et je ne voyais pas en quoi ils pouvaient me concerner. A vrai dire, s'il devait y avoir un présage, c'était assez confus.

La dernière image de la série devait annoncer le résultat final. Cependant, elle représentait une tour d'où des gens se jetaient en hurlant et j'en déduisais que je perdais mon temps avec des choses qui ne voulaient rien dire. Ainsi, sans m'en inquiéter davantage, je rangeais le coffret avant de me coucher.

Au milieu de la nuit, un souffrance terrible m'avait réveillée. Je sentais mes entrailles se déchirer et j'avais l'impression que j'allais mourir. Incapable d'émettre un son, ma gorge serrée et sèche, il m'était impossible de demander de l'aide au téléphone. Moyennant un surcroît d'effort, je me traînais littéralement vers ma salle de bain pour y chercher un cachet contre la douleur que mon dentiste m'avait prescrit quelques mois auparavant, après avoir retiré une dent de sagesse. Et puis, avec une extrême difficulté, j'avalais le médicament avant de me recoucher, pliée en deux par ce supplice.

Finalement assommée par le narcotique, je m'endormais et je ne me réveillais que tard le lendemain... Il était presque neuf heures du matin.

Comme d'habitude, mon premier geste était vers la télécommande, pour prendre connaissances des nouvelles sur CNN et voir les actualités du monde, avec les informations télévisées.

« BREAKING NEWS - World Trade Center Disaster. »

Une explosion s'était produite et un avion avait frappé la tour Nord.

Levée, lavée et habillée en vitesse, je me rendais à mon bureau où les téléphones étaient coupés, tout comme chez moi. Mais à peine arrivée, je dus quitter l'immeuble qui devait être évacué quelques minutes plus tard.

Des milliers de personnes se précipitaient vers Central Park et puisque mon appartement y faisait face, je devais me diriger dans cette même direction. Les gens courraient et avaient peur que d'autres immeubles s'écroulent. L'endroit le plus sûr semblait être là où il n'y avait aucune construction sur une grande étendue.

A Paris, mes enfants et mes parents devaient être inquiets, mais je n'avais aucun moyen de les rassurer. Mes tentatives d'appeler la France pour dire que l'abominable désastre n'avait pas mis ma vie en danger étaient en vain. Il était impossible d'avoir une communication et encore moins, une ligne internationale.

Pourtant, je n'avais jamais travaillé au World Trade Center. Depuis mon stage dans l'un des derniers étages d'une des tours jumelles, en tout début de carrière, je n'y retournais que rarement. Quand je travaillais chez Mr. Townsend je n'en avais pas été bien loin, mais mon trading se faisait depuis longtemps à partir d'un gratte-ciel du centre de Manhattan.

D'ailleurs en y repensant, l'explosion dans le garage d'une des tours en 1993 m'avait troublé. Avec le recul, c'était peut-être une prémonition qui m'avait fait désirer aller travailler ailleurs.

Le monde entier était terriblement choqué et triste.

Je connaissais malheureusement plusieurs personnes qui avaient péri ce jour-là et j'en étais extrêmement chagrinée. Brusquement, je comprenais que ma course vers un succès toujours plus grand m'éloignait de la réalité et que le bien-être des êtres humains avait une place plus importante que l'argent. A la suite de cet événement aussi dramatique qu'inattendu, je réalisais que j'avais un peu perdu le sens de ce qui se passait autour de moi. Jusque-là, je n'étais concernée que par ma famille et par les marchés qui pouvaient rapporter...

Mais après cette tragédie, je ressentais le besoin d'avoir les pieds sur terre et d'être associée avec la vraie existence, celle vécue par les gens en dehors des investissements. Je n'étais pas fière d'ignorer la souffrance d'autrui et spontanément, je décidais de faire du volontariat une fois par semaine au Roosevelt Hospital, situé sur la cinquante-neuvième rue.

La responsable du bénévolat me confia un poste pour aider les grands incapacités tous les Mercredi après-midi, de 16 heures à l'heure du dîner des patients. J'avais proposé de leur donner une classe pour qu'ils fassent des travaux manuels, afin qu'ils utilisent le mouvement de leurs doigts et de leurs mains en construisant des choses amusantes ou en dessinant des cartes pour envoyer à leur famille.

Grâce à ces occupations, ils allaient faire des exercices pour améliorer leur capacités motrices, tout en étant intéressés. Ainsi, toutes les années suivant ce jour sordide du 11 Septembre et tant que j'ai habité New York, je n'ai jamais manqué de donner mon temps, chaque semaine, aux handicapés et aux grands malades du troisième étage de l'hôpital.

Plus tard, alors que des personnes me demandaient comment j'avais vécu l'atrocité du 9/11, j'avais parlé de ma souffrance de la veille au soir et du jeu de cartes auquel je n'avais rien compris sur le moment, mais qui avait prédit la catastrophe du lendemain.

L'un de mes investisseurs fit la supposition que j'avais peut-être des dons de pressentiment et que la vision de la carte représentant une tour d'où les personnes se jetaient en hurlant m'avait tellement troublée qu'elle avait affecté mon subconscient, causant mon horrible déchirement intérieur.

S'il s'agissait d'une hypothèse possible, elle me semblait absolument incroyable !

OPTIONS

L'échec est toujours une option.

—Adam Savage

Depuis le début de ma carrière de trader et ensuite de gérant, j'avais évité de négocier les options et je m'étais abstenue d'investir en utilisant certaines capacités qu'offraient les dérivatives pour protéger un portefeuille d'actions ou encore pour en augmenter la rentabilité à un coût « raisonnable. »

Alors que certains de mes amis vivaient des options (ceux qui en profitaient le mieux en faisaient le marché) et que leurs conversations étaient remplies de « butterfly spreads » et d'« iron condors », je n'y trouvais vraiment aucun intérêt.

Mes collègues de bureau m'avaient parfois appelée « Miss all or nothing » (Mademoiselle tout ou rien) et effectivement, si je pensais qu'un instrument en valait la peine, j'allais l'acheter pleinement et directement, sans autre protection que mon stop, placé mentalement à un endroit stratégique du graphique.

Bien que des milliers de traders utilisaient les options et que la gestion alternative adoptait très couramment des stratégies basées sur celles-ci, je n'avais vraiment aucune affinité pour les méthodes dont elles faisaient partie.

Les dérivatives étaient souvent employées et avaient leur place dans les opérations des hedge funds, mais je préférais me concentrer sur ce que je connaissais bien et ce que je savais faire de mieux. Comme toute autre spécialité, il fallait devenir un expert pour le faire de façon profitable.

Ces instruments se classaient de trois façons différentes : « in the money » voulait dire que si l'option expirait aujourd'hui, elle allait rapporter de l'argent, « out of the money » signifiait que celle-ci ne gagnait rien encore et « at the money » voulait dire que le prix actuel de la valeur de référence était égal à la valeur du « strike price » ou prix élu du produit dérivé.

Il fallait avoir une connaissance parfaite des « Greeks » ou lettres grecques qui étaient les noms donnés à la manière d'évaluer les options.

Par exemple, Delta était le ratio comparant la variation du prix d'un actif au prix correspondant d'un dérivé, ce changement étant mesuré en Gamma; Vega représentait la sensibilité de l'option aux variations de la volatilité de l'actif sous-jacent et changeait lorsque de grands mouvements de prix avaient lieu, alors que sa valeur diminuait à l'approche de l'expiration; Theta établissait le taux de diminution de la valeur d'une option par rapport au passage du temps et Rho était le taux auquel le prix du dérivé évoluait par rapport à la modification du taux d'intérêt sans risque.

Dans un portefeuille conservatif, il était fréquent qu'on vende (write) un call pour chaque 100 titres qui y figuraient long (avaient été achetés). Cette stratégie permettait de recevoir la prime (premium) obtenue par cette vente, tout en continuant de bénéficier des droits de vote et également, de recevoir les dividendes réservés aux propriétaires de ces actions. Si la valeur ne montait pas trop vite, cela permettait d'agrandir les bénéfices avec les sommes reçues par ces ventes.

Cependant, le profit en était limité puisqu'en échange de la prime encaissée par la vente des Calls, le trader ne pouvait plus bénéficier pleinement de la montée en valeur de ces titres. Si l'action avait grimpé au-dessus du prix d'exercice du contrat (strike price), il était obligatoire de délivrer les actions au prix convenu et cela, même si la valeur avait explosé beaucoup plus haut.

Aussi, dans le cas où un investisseur devenait négatif sur le marché, il pouvait acheter des Puts, ce qui représentait une sorte de contrat d'assurance permettant de minimiser les pertes. Si le marché devenait sérieusement baissier, la valeur des options augmentait en tandem avec la baisse et des profits étaient enregistrés sur ces Puts, venant compenser les pertes des positions longues.

En dehors de ces utilisations basiques, il y avait toutes sortes de combinaisons utilisant les options mais j'avais toujours trouvé les commissions trop élevées par rapport au potentiel de profit.

En général, j'évitais les dérivatives par simple choix personnel. Pourquoi garder un investissement et acheter des assurances qui coûtent relativement cher, quand il suffisait simplement de sortir d'une pose si une perte de valeur était anticipée ?

Tout comme je jugeais encombrant d'avoir des outils trop nombreux sur mes graphiques, les stratégies des options faisaient des complications supplémentaires. Quoique probablement satisfaisantes pour la rapidité de l'esprit et la cogitation des pensées, elles m'éloignaient de ma philosophie K.I.S.S. (Keep It Simple Stupid).

Le but ultime étant de gagner de l'argent, pourquoi se torturer avec des approches plus difficiles qui allaient embuer le procédé ?

De temps en temps, j'avais pourtant considéré la possibilité de le faire et chaque fois, le coût total des options était trop élevé pour les considérer vraiment attractives et le rendement-risque de vendre des « Covered Calls » ne me semblait pas si positif, surtout du fait que ces positions supplémentaires allaient faire une diversion sur mon attention.

Quant aux différentes stratégies possibles avec des options elles étaient, à mon avis, pour ceux qui n'avaient pas d'opinion aussi solide que celle que j'avais avant de prendre une décision et, franchement, elles coûtaient beaucoup trop pour leur résultats, à moins d'avoir une chance rarissime qui permettait de tirer le numéro gagnant. Ces instruments semblaient réservés pour les traders n'ayant pas suffisamment de capital pour miser directement sur les investissements.

Puisque mon fonds était assez important pour le faire, je préférais grandement avoir d'un côté, une liste de transactions short avec des titres en tendance baissière établie et d'un autre côté, une liste long comprenant les actions qui montaient et qui étaient considérées les meilleures de Wall Street (pour un équilibre long / short).

Le poids des positions longues ou short dépendaient du comportement du marché en général et du secteur dont elles faisaient partie, bien évidemment.

Au fil des années, mon refus de négocier les dérivatives était souvent critiqué, d'autant plus que ma seule tentative d'achat d'option sur l'or avait été couronnée d'un succès extraordinaire. Toutefois, même si j'avais vraiment tapé dans le mille avec les Calls que j'avais acheté, j'avais eu une chance inouïe et j'en étais consciente. D'ailleurs, ma position avait d'abord perdu 60% de sa valeur en deux mois, avant de voir le prix s'envoler comme une fusée en un seul jour.

Quoi qu'il en soit, par principe je préférais éviter de négocier les options dans mon portefeuille.

Alors que l'année 2002 commençait, l'indexe des S&P500 était toujours dans une tendance générale négative. Malgré cela, au cours du troisième trimestre de 2001, le marché avait retracé une partie du dernier mouvement vers le bas et était arrivé à remonter de 61,8% jusqu'à la « BOX. »

C'est à ce niveau que j'investissais une grosse partie de mon portefeuille en le positionnant pour la reprise de la tendance baissière. Puisque j'anticipais un déclin général, j'ajoutais aux positions de titres vendus à la baisse, une position short sur les Futures des cinq cent plus grandes entreprises des Etats-Unis, afin de profiter de l'affaiblissement à venir. Mon stop sur les SP Futures était juste au-dessus du dernier haut, établi en Janvier.

D'un autre côté, en plus des métaux précieux, il me fallait quelques positions longues sur les actions pour équilibrer un tant soit peu mon portefeuille. Le secteur pharmaceutique avait moins tendance à perdre en valeur que celui des entreprises de technologies et, naturellement, je considérais les différentes sociétés à acheter.

Quoique d'autres titres étaient plus populaires, je m'intéressais à American Home Product.

Cette société avait signé un agrément pour l'achat de Warner Lambert en 1999 et, à la dernière minute, avait été supplantée par Pfizer qui avait gagné l'acquisition par une offre hostile. En dédommagement, AHP avait reçu la somme la plus élevée de l'histoire pour ce genre de « désistement », un montant s'élevant à un milliard et huit cent millions.

Alors que j'achetais les titres des plus grands conglomérats, je voulais mettre un accent particulier sur AHP qui me semblait de surcroît être le candidat idéal pour être absorbé, lui aussi, par Pfizer.[3]

Forte de mes options sur l'or plus de deux ans auparavant, et succombant aux critiques de ne pas négocier les options, j'achetais des Calls sur American Home Product pour un quart de million de dollars, tandis que je faisais l'acquisition directe des titres de Merck (MRK) et de Johnson & Johnson (JNJ).

Bien entendu, mes options perdaient immédiatement de leur valeur, alors que les positions que j'avais prises sur les autres larges sociétés du secteur restaient stables et montaient même de prix au cours des deux mois suivants.

Comme toute option à l'achat, c'était un peu comme pile ou face. De nouveau, j'avais fait un pari de casino, volontairement arrogant, que j'allais payer cher ! Ainsi mes Calls sur AHP expiraient sans valeur et je perdais les deux cent cinquante mille dollars investis. J'encaissais le coût (et le coup) de ma perte sur les options avec le sentiment de l'avoir bien mérité et je notais dans mon journal qu'avec cette expérience, la leçon des dérivatives était apprise une fois pour toutes.

Et puis, quand le marché montrait de nouveau signes d'affaiblissement, je sortais de mes autres actions, quoi que celles-ci aient été profitables. D'après la conjoncture et tant que la tendance générale serait baissière, je décidais que mes seuls achats seraient en day-trade.

---

3 Sept ans plus tard, en 2009, Pfizer faisait l'acquisition d'AHP qui avait repris son ancien nom de Wyeth.

Dorénavant, j'allais rester à l'écart de ce genre de jeu de hasard et laisser le trading des options aux experts ! Comme toujours, la meilleure façon d'apprendre à ne plus faire quelque chose était de perdre de l'argent.

NAVIGATION EN DOUCEUR

Si on ne sait pas vers quel port naviguer, aucun vent n'est favorable.

—*Lucius Annaeus Seneca*

Les années passaient et j'essayais d'avoir un rendement régulier, tout en étant à l'affût de la découverte d'une transaction longue durée qui soit aussi profitable que l'or.

Cette période entre 2001 et 2003 était difficile. La bourse était extrêmement volatile avec une vélocité beaucoup plus rapide dans les descentes de prix que dans les montées.

Par conséquent, je devais faire spécialement attention à ne pas être prise au piège avec des positions qui pouvaient se comporter de façon inattendue. Mon fonds devait produire des bénéfices, quels que soient les problèmes environnants.

Pour ce faire, j'établissais mon plan de trading chaque jour, quelle que soit la durée de temps pendant laquelle j'allais garder chaque investissement. Je réservais toujours une partie de l'argent en cash de façon à l'utiliser pour mes transactions en day-trading, tout particulièrement lorsque le marché était imprévisible. Cela m'évitait de prendre le risque d'un imprévu pendant la nuit et d'avoir la surprise le lendemain de voir ma position se retourner pour perdre, sans oublier que mes profits s'accumulaient rapidement et que je réutilisais constamment l'argent.

J'avais gardé en souvenir le conseil de Bernard Madoff qui était de réutiliser les fonds et je l'appliquais régulièrement.

Cependant, le plus gros pourcentage de mon actif représentait des positions maintenues sur plusieurs semaines avec une balance long/short. Au cours des périodes où la tendance était baissière, mes positions short étaient plus nombreuses et dans les intervalles où le marché reprenait vers le haut, le nombre de mes achats augmentait de façon à ce que l'équilibre de mon portefeuille penche vers l'anticipation de la hausse.

Finalement, vers le milieu de l'année 2003, l'enthousiasme semblait revenir sur les marchés.

D'après le graphique mensuel des SP500, la montée entre le bas causé par crash d'octobre 1987 et le top qui s'était produit en Janvier 2000 était remarquable. L'avancée du marché avait été bien régulière, en faisant les vagues habituelles. Mais depuis, les mouvements avaient été extrêmement violents à la hausse comme à la baisse, laissant l'indice rendre une partie des 1350 points d'avance, suffisamment pour descendre au niveau de la Box Fibonacci (entre 50 et 61,8%).

C'était donc un signal d'achat sur le plus long terme.

Pour toute position prise, il était évident de préférer aller dans le sens du marché pour obtenir de meilleures performances. Cette période entre 2003 et 2006 fut excellente pour mon fonds et de surcroît, assez facile à manager.

Mes positions sur l'or et l'argent se portaient très bien et, par curiosité, j'allais visiter une mine d'or à Johannesburg. Et puisque j'étais en Afrique du Sud, je prenais quelques vacances pour visiter Cap Town et le Western Cape, suivies d'un safari extraordinaire au cœur de la jungle. J'avais choisi le Singita Sasakwa Lodge, un endroit paradisiaque d'où je ramenais des photos incroyables, comme celle où cinq lions mangeaient une girafe, celle où un léopard me fixait d'une branche à moins de deux mètres de ma jeep et d'autres d'éléphants, de rhinocéros et d'hippopotames.

Peu après j'allais visiter l'Inde et le Népal et j'en ramenais aussi de merveilleuses images, quelques unes de l'Himalaya.

En 2004, je choisissais de visiter la Nouvelle Zélande et l'Australie, en passant par plusieurs îles de Polynésie, dont Bora-Bora qui semblait être le paradis sur terre et, un peu plus tard cette année là, j'allais faire un tour de plusieurs les pays d'Europe et je découvrais aussi la Russie. Je n'étais pas aussi bon photographe que mon fils Thierry, mais je faisais de mon mieux pour ramener des souvenirs pittoresques à ma famille.

L'année suivante fut remarquable et mon portefeuille gagnait si bien avec mes trades à long terme que je décidais de « dormir » sur mes lauriers et je fermais toutes mes positions début Décembre pour m'en aller faire un tour du monde. J'appréciais en particulier l'Asie, avec mes visites du Japon, Singapour et Hong Kong, ainsi que du Vietnam et du Cambodge. En Chine, j'ai été grandement impressionnée par Shanghai, dont certains quartiers semblaient plus moderne que New York, et Beijing avec le tombeau de Mao et la Cité interdite. Au lieu de faire des visites guidées, j'avais une voiture avec chauffeur, ce qui m'avait permis de visiter des endroits moins touristiques et je découvrais un coin retiré de la Grande Muraille, pour en apporter des images étonnantes.

Chacun de mes voyages passait toujours par Paris où les enfants faisaient leurs études supérieures. Ma vie semblait tellement plus facile lorsque j'étais disciplinée et que je négociais en suivant mes stratégies à la lettre. Les récompenses étaient tellement agréables que si j'étais tentée de prendre trop de risques, il suffisait de me rappeler du plaisir de voyager pour découvrir des endroits féeriques, de vivre dans un appartement magnifique et de conduire une voiture de sport, pour me rappeler à l'ordre.

A présent, il était hors de question de perdre ce que j'avais gagné ! Ma discipline était renforcée et ma gestion des risques avait priorité sur ce qu'une position pouvait rapporter.

La seule chose qui me manquait pour être parfaitement heureuse, était un mari.

MARCHÉ IMMOBILIER

Il y a deux types de personnes: ceux qui essaient de gagner et ceux qui essaient de gagner les arguments. Ils ne sont jamais les mêmes.

— *Nassim Nicholas Taleb*

Ma famille était le but de mes visites plus fréquentes à Paris et j'avais une immense joie de passer du temps avec mes garçons. Dans mon cœur, c'était toujours mes petits, dans mes pensées, ils étaient encore adolescents et en réalité, je m'étonnais toujours qu'ils soient vraiment des adultes. Mes enfants étaient des hommes.

A New York, je passais tous mes week-ends d'été à Southampton, Long Island, dans une villa près de la mer qui était située à deux bonnes heures de voiture depuis mon appartement, sans risquer un excès de vitesse. Durant l'hiver, j'allais en Floride où je retrouvais mes amis pour jouer au golf ou au tennis et pour ainsi, « recharger mes batteries » au soleil. En prenant un vol à La Guardia, le Vendredi vers 17 heures, j'étais en mesure d'arriver à temps pour dîner à Palm Beach et après une bonne détente loin des marchés, je retournais à New York le dimanche soir.

J'avais pour habitude de m'habiller élégamment et je donnais plutôt l'impression de travailler pour une maison de couture que d'être un trader. Quand les gens me rencontraient, ils étaient loin d'imaginer quelles étaient mes responsabilités et je me gardais bien d'en parler. Lorsque je n'étais pas devant mes écrans et particulièrement pendant les week-ends, je voulais être une femme comme les autres.

Au début de l'an 2006, j'étais à un vernissage dans une galerie de

South Beach quand un homme inconnu et probablement désireux de m'impressionner m'approcha pour engager une conversation. Il me dit qu'il « flippait » les appartements de la région, en se vantant de gagner une fortune grâce au marché immobilier qui montait sans cesse.

Mon sourire fit place à une expression sérieuse pour lui répondre que j'anticipais une baisse imminente des valeurs. Pour preuve, il suffisait de regarder le nombre de grues de construction occupant la ligne d'horizon de Downtown Miami. Et puis, j'ajoutais qu'il serait probablement plus prudent de vendre ses dernières propriétés rapidement afin de rester à l'écart, puisque quand l'euphorie est trop grande, la fin est généralement assez proche.

Après un éclat de rire, il critiqua ma suggestion et il rétorqua, d'un air moqueur, qu'il n'était pas inquiet et que je ferais mieux de m'intéresser à la mode et que je n'avais aucun flair pour son métier. Sans un mot de plus, je lui souris gracieusement et je me retournais vers mes amis.

Mon analyse montrait que les valeurs immobilières allaient sûrement descendre et d'ailleurs, je venais de vendre l'appartement que j'avais acheté pour mon fils Thierry, situé sur la 57ème rue de New York. Après ses études universitaires faites à Paris, il était revenu à Manhattan et, pour respecter son indépendance et sa liberté de jeune adulte, je lui avais acheté un appartement non loin du mien. Cependant un an après, il était retourné en France pour y travailler.

Bien sûr, j'aurais pu le garder à titre d'investissement mais ma recherche m'avais incitée à m'en débarrasser. Là-dessus, le marché immobilier fit un top quelques semaines plus tard et en Floride, la chute fut de 50%.

A cette même époque, je rencontrais mon Prince Charmant. Il était né à Manhattan et avait étudié à Peddie, Denison, Princeton et Harvard. Son activité principale était d'enseigner aux grands dirigeants d'entreprises comment s'exprimer en public mais durant les quelques dernières années, il avait investi en achetant des propriétés qu'il avait retapées et embellies pour les revendre.

Tout récemment, il venait de tout liquider pour s'installer à South

Beach, dans un immeuble où j'avais un appartement aussi.

J'étais impressionnée d'apprendre qu'il avait été alarmé par la trop grande facilité de vendre ses maisons et aussi, par l'enthousiasme des acheteurs. Il avait eu l'instinct ou la prémonition que le marché immobilier n'irait pas beaucoup plus loin et qu'il était préférable de ne garder que les résidences principales.

Il avait eu raison.

Nos idées étaient sur la même longueur d'ondes et j'étais impressionnée par sa philosophie, ses connaissances sur tous les sujets, sa bonté, son intelligence et son aisance d'élocution.

Dans les contes de fées, un beau et jeune Prince Charmant rencontre une encore plus jeune et jolie Princesse. Ils tombent amoureux, se marient et prospèrent jusqu'à la fin des temps. Mais dans la vie réelle, la maturité, les connaissances du monde et les intérêts communs sont une bien meilleure fondation pour un mariage heureux et solide.

David et moi avions beaucoup en commun. Bientôt, nous étions profondément épris l'un de l'autre et notre cérémonie de mariage fut célébrée de façon féerique en France, avec mes fils et toute notre famille.

GRAINS

Nous ne devons jamais jeter un boisseau de vérité,
s'il se trouve contenir quelques grains de la paille.

—*Dean Arthur Stanley*

Dans mon travail en général, quoiqu'étant un bon trader, mes déboires étaient souvent dus à une anticipation de changement de direction de prix, dérivée des études qui n'étaient pas confirmées par l'analyse technique. Mon interprétation générale était bonne pourtant, sans l'aide des outils qui allaient me signaler le bon timing, j'étais souvent trop en avance.

Après plusieurs investissements chèrement payés pour ne pas avoir attendu le moment opportun, je savais qu'il ne fallait pas investir de façon importante tant que mon système ne me donnait pas le feu vert.

Seulement, mon analyse des cycles montrait que les grains étaient sur le point d'exploser à la hausse et une fois de plus, j'étais tentée d'agir et ma patience était plutôt limitée.

Le problème était de savoir quel allait être le niveau parfait pour entrer sur le plus long terme et, dans l'intervalle, j'établissais quand même des day-trades pour tester le marché. Par conséquent, à plusieurs reprises je négociais les grains, de façon à sentir le comportement des Futures tout en m'imprégnant de leur évolution particulière.

Il me fallait attendre avant de m'engager sérieusement puisque je n'avais aucun signal d'entrer dans le marché dicté par l'analyse technique et que ma recherche fondamentale ne donnait aucun encouragement. Une large récolte dont la qualité supérieure était confirmée, allait faire baisser leur valeur inlassablement.

Cependant, plusieurs cycles se rejoignaient. J'étais à l'affût de toute information mais il me fallait être patiente. Chaque jour, je suivais la météo des pays producteurs et j'apprenais à lire les graphiques des différentes précipitations pour anticiper les pluies. J'avais l'impression que des températures prochainement destructives allaient faire monter les prix, mais rien n'arrivait et de plus en plus, mon esprit devenait obnubilé par les prédictions météorologiques.

Mon combat constant était d'avoir la patience d'attendre un signe, sans succomber à la crainte de rater la hausse, ce qui m'aurait influencée à entrer trop tôt. Ma conviction qu'une position dans l'agriculture serait profitable était difficile à apprivoiser.

Le fait que le dollar avait commencé à descendre augmentait ma certitude. Puisque les matières premières étaient cotées en dollars, une chute de prix de ce dernier devait, en principe, faire monter les cours des commodities. Les grains avaient déjà monté en valeur et, encouragée par cette évidence, j'accumulais des centaines de contrats de Futures.

En plaisantant avec mes collègues, j'imaginais quel serait le volume total de la quantité de boisseaux qu'ils pouvaient représenter, s'ils m'étaient livrés. D'après mes calculs, ils équivalaient à un bloc entier d'immeubles de la ville de New York.

Cependant, vers le milieu de l'année 2006 les grains perdaient de leur avance et ma certitude s'affaiblissait. Je commençais à enregistrer des pertes et à douter un peu de moi-même. Ce comportement ne correspondait pas à mes attentes alors que la valeur du dollar déclinait aussi. J'en avais perdu le sommeil.

Naturellement, cette incompatibilité installait le doute dans mes pensées et un vendredi, me sentant découragée, je décidais de sortir de mes positions pour prendre quelques jours de répit. Il me fallait tout au moins me reposer et me remettre les idées en place.

Et puis le lundi suivant, le prix des grains faisait un gap (écart) haussier.

Avec les matières premières, c'était un agissement plutôt fréquent, mais mon mauvais timing me donnait des nausées. De toute évidence, si j'avais attendu de le voir, je me serais sans doute évité bien des soucis. J'étais frustrée et repentante. Une chose était sûre, il fallait absolument que je retrouve ma discipline et que je respecte mon analyse technique. Je me demandais très amèrement pourquoi, alors que j'étais un trader de métier, je faisais encore des erreurs.

Mais sans tarder, j'établissais ma position de nouveau en rachetant tous mes contrats de Futures sur chacun des grains, avec un stop placé mentalement juste en dessous du dernier bas de leur prix. Et cette fois, je profitais de leur explosion à la hausse.

La montée fulgurante s'était élancée avec une vélocité presque verticale et plus tard, vers la fin de l'année 2006, je vendais mes contrats en enregistrant des profits énormes. Par la suite, début 2007 le maïs et le blé rendaient une bonne partie de leur avance, alors que le soja continuait sur sa lancée, et puis ils s'en allaient doubler ou tripler encore de valeur, mais sans moi. Alors qu'ils étaient revenus à un niveau de recul qui m'était familier, des avancées aussi dramatiques et irrationnelles ne m'intéressaient pas. Les risques étaient trop grands et je n'étais plus aussi casse-cou qu'avant pour participer à une ascension aussi désordonnée qu'intense.

Cependant, c'était spectaculaire !

J'avais certainement pris de l'âge mais je me sentais incapable de rester placide devant une telle volatilité et je partageais la perspective de Sir Isaac Newton, quand il s'était lamenté plus de trois siècles plus tôt :

« Je peux mesurer les mouvements des corps, mais je ne peux pas mesurer la folie humaine. »

En constatant la nouvelle avance remarquable sur laquelle je ne participais que de temps en temps en day-trade, je tirais mon chapeau à ceux qui étaient restés dans le jeu.

La leçon que j'avais apprise était que l'analyse des cycles nécessitait une confirmation de l'analyse technique !

TOP DU MARCHÉ

Je crois que le meilleur argent est fait aux virages du marché.

—*Paul Tudor Jones*

Avant qu'un marché fasse un plancher ou un top, il y avait toujours une sorte de préparation et plusieurs indications que les professionnels commençaient à ressentir.

Pourtant, il était facile d'être dupé ou confus par tous les commentaires positifs ou négatifs de la télévision et par les analystes qui se suivaient, en s'influençant les uns et les autres. Personne n'osait aller contre le consensus de la majorité qui affirmait que le marché était solide.

Seulement, tout comme j'avais pressenti une baisse imminente du Nasdaq à la fin de l'année 1999, alors que l'indice s'affolait vers la hausse, plus de sept ans plus tard cette sorte de malaise me revenait lorsque je regardais les marchés.

J'avais la ferme intuition qu'ils étaient prêts à redescendre.

Toutefois, forte de mes leçons précédentes, j'attendais un signe de mon système de trading et je n'avais pas l'intention de refaire l'erreur d'établir des positions uniquement pour des raisons fondamentales ou cycliques, sans la confirmation de mon analyse technique qui, jusque-là, ne montrait toujours rien.

Le Dimanche 14 Octobre 2007, je regardais le football sur mon écran de cinéma avec David et ses amis, mais le match n'ayant pas grand intérêt pour moi, je me dirigeais vers mon bureau.

Comme chaque fin de semaine, je me demandais quand le marché allait enfin me donner un signal de vente.

Je travaillais de plus en plus depuis Miami Beach où était installé un système de trading aussi sophistiqué que celui de New York.

Mon instinct me disait depuis déjà plusieurs semaines que les marchés étaient mûrs pour baisser de façon sérieuse mais j'étais résolue à être patiente, une des plus grandes qualités d'un trader. Je ne voulais rien entreprendre sans un agrément de mes formules.

Ainsi, je m'installais devant mes écrans et... Surprise !

Mon signal le plus performant annonçait un plafond, non seulement sur les SP500, mais aussi sur le Nasdaq et sur le Dow Jones. Au fond de moi-même, j'avais la certitude qu'il fallait que j'agisse et là, tous les ingrédients de ma méthode d'anticipation me disaient absolument de le faire.

C'était le moment !

En fait, cela me semblait si énorme que je me demandais comment j'allais avertir mes amis et ceux qui n'étaient pas investis dans mon fonds. Je pensais leur adresser un petit mot d'alerte, en revanche je ne voulais pas donner l'impression d'une sollicitation de faire des affaires avec moi et je préférais les avertir de façon impersonnelle.

De plus, je me sentais particulièrement généreuse ce jour-là et j'avais envie de partager ma conviction pour en faire profiter tout le monde.

Bien sûr, je pouvais me tromper. Je ne ressentais plus le besoin de travailler aussi dur qu'avant et j'espérais passer plus de temps en Floride. Je pensais sérieusement à prendre une retraite anticipée dans les prochaines années.

Déjà, depuis plus de deux ans, je n'acceptais plus aucun nouvel investisseur et pour que mon fonds soit gérable plus aisément, les profits étaient distribués en fin d'année au lieu d'être réinvestis.

Ce signal de vente était une opportunité de faire un beau geste et de rendre ma recherche publique mais j'attendais la mi-temps du match pour en parler avec mes invités.

L'un d'entre eux, avec son MBA en finance d'une grande école américaine, avait soutenu avec insistance que le P / E (quotient du prix par rapport au chiffre d'affaires) des SP500 était encore relativement bas, que le potentiel de montée en valeur était excellent et qu'il pensait vivement que j'avais tord.

En souriant, je le remerciais poliment pour son évaluation et je me tournais vers David qui regarda le brouillon de ce que j'allais écrire et m'encouragea sans hésitation à envoyer une alerte officielle sur le sommet du marché.

Ainsi, à toutes les adresses emails enregistrées sur mon ordinateur, j'envoyais mon message de recommandation pour sortir du marché immédiatement.

Le lendemain, je reçu quelques réponses amicales de traders que je connaissais et d'autres avec des insultes provenant de gens qui m'étaient totalement inconnus, probablement de personnes qui avaient dû réceptionner mon email au travers d'un intermédiaire...

Qu'importe !

C'était effectivement le point culminant, au jour près, pour la plupart des marchés du monde qui, de là, allaient commencer leur descente pour une chute générale d'environ 50%.

Par la suite, mes investisseurs et plusieurs de mes amis traders m'avaient félicité et je fus ravie de recevoir une multitude de mots de remerciements.

Quelque temps plus tard, un des directeurs de la Banque BNP Paribas à Paris, Mr. C. du B., m'adressa un email de réponse à mon alerte, avec simplement:

« Merci, des millions de fois ! »

Rien n'aurait pu me faire davantage plaisir. Mon alerte avait servi à aider les autres et c'était bien mon intention.

Letter to investors

From: Ninette Denise Uzan [mailto:nduzan@viking-fund.com]
Sent: Sunday, October 14, 2007 4:46 PM
To: ALL
Subject: ALERT-Stock market TOP
Importance: High

Throughout my career, I had the perilous responsibility of predicting the direction of different markets globally. This has been achieved primarily through macroeconomic and fundamental research, all the while considering investor sentiment.

But as Lord Maynard Keynes insightfully noted "Markets may remain illogical longer that we may remain solvent" – I include technical analysis to validate my work, a precious key in determining market timing.

These hard won insights into equities, currencies and commodities have been exclusively available to my private investors and attentive friends.

As of Friday October 12th, 2007, I am alerting everyone on my address list, of a MARKET TOP.

Since the probability is extremely high (>85%) that my technical system is right, while my macro and fundamental studies are flashing an overbought and irrational market, I feel compelled to tell you of an impending reversal in the stock market.

While most of my recognition came from buying gold back in 1999 or Corn and wheat in 2006, some of you may recall my dire warnings of the Nasdaq top shortly before March of 2000, and my bearish Real Estate forecast in the summer of 2005, and what followed.

My system had a sell on the Nasdaq on March 24th, 2000 and on the SP 500 cash on September 1st, 2000. As of Friday, both the SP 500 cash and the Dow Jones Industrial index are showing historically similar SELL signals.

What this means to you is, you should get out of the stock market entirely, NOW.

Unless you buy enough puts to cover the entire value of your portfolio – and that costs money – you will not be safe. Do not take into consideration the capital gains tax you might incur, and don't get fooled by the FED's latest intervention, just get out and preserve your capital.

My advice is free - consider it as a generous gift… (Though potentially priceless, this is worthless if not acted on). You might not remember me, or me you, but your email was in my address book, that makes you the beneficiary of my alert.

However, please do not call me for explanation, even though my retirement is scheduled soon, my time and attention is still fully committed to managing my fund and partnerships.

With the hope this will save you money and anguish,

Sincerely,
Ninette Denise Uzan

Durant le terrible marché baissier qui avait suivi, il m'arrivait occasionnellement d'échanger ma perspective sur les marchés avec certains traders. Mon point de vue différait parfois du leur mais le respect était mutuel et il était toujours intéressant d'écouter l'avis d'un autre professionnel.

Contrairement aux autres, Mr. Art n'émettait jamais une opinion. Il spécialisait dans la négociation des options et il m'appelait de temps en temps, pour connaître mon sentiment sur le comportement de certains titres.

Au cours du mois de Décembre, à la fin d'une année 2008 extrêmement baissière où les indices avaient perdu presque la moitié de leur valeur, les SP500 s'étaient retournés fortement à la hausse et il semblait que, finalement, le plancher du marché était en place.

Le premier week-end de Janvier 2009, Mr. Art me demanda ce que j'en pensais. Seulement, ma réponse n'était pas aussi positive qu'il l'avait espéré :

« Je peux me tromper, mais je crois que nous sommes dans la vague quatre et que la cinq est à venir. Normalement, elle devrait aller plus bas que le bas de Novembre 2008. Aussi, j'avoue que je me méfie un peu de l'enthousiasme général. Quoique l'éventualité d'une dernière chute ne soit pas vraiment évidente c'est, en tous cas, une forte possibilité. Personnellement, je préfère être prudente et je ne vais pas miser à l'achat pour le moment. »

Je parlais de la vague d'Elliott.

Ma conversation avec Mr. Art n'avait été qu'une supposition. Cependant, après un dernier haut survenu quelques jours plus tard, le marché reprenait sa descente et s'en allait casser le bas de Novembre 2008, comme je l'avais supposé.

De nouveau, mon analyse avait déchiffré l'arrivée de la cinquième vague de façon précise. J'avais utilisé la théorie d'Elliott avec succès à maintes reprises et notamment pour analyser et confirmer le retournement du Nasdaq en l'an 2000. Mais à vrai dire, il était facile de se tromper dans cette étude et les vagues paraissaient souvent subjectives en laissant considérer des interprétations différentes.

Même si mon analyse avait été juste, elle aurait tout autant pu être fausse. C'est pourquoi un stop était toujours placé.

Toutefois, une autre surprise m'attendait...

Après avoir eu un fort signal de vente, exactement au sommet du marché en Octobre 2007, cette fois mon système me donnait une alerte opposée, un signal d'achat très puissant sur le graphique hebdomadaire à la fermeture du Vendredi 6 Mars 2009 et il s'est avéré être son plancher, au jour près aussi...

Une fois de plus, la preuve était faite que les deux aptitudes indispensables d'un trader devaient être la patience et la discipline.

Pour faire preuve de ces qualités, une grande force mentale était impérative. Même avec des années d'expérience, il m'était arrivé de m'affaiblir, de renier les exigences qui menaient au succès, d'ignorer le règlement et d'agir de façon impulsive... Et chaque fois, mon écart de comportement et mon obstination m'avaient coûtés très cher.

Quoi qu'il en soit, j'avais quand même survécu grâce à deux atouts essentiels. Dès mes débuts, après avoir enregistré un échec, j'avais su me reprendre en main assez vite pour retrouver mes bonnes habitudes et aussi, mon besoin insatiable d'apprendre, d'améliorer mes connaissances et d'affûter mes outils de trading m'avait grandement avantagée.

Sans aucun doute, mes trois années passées à parfaire mon système d'analyse technique au début de ma carrière, avaient été très largement récompensées tout au long de celle-ci.

Grâce à mon amour pour mes enfants, j'avais entrepris une course effrénée et apparemment impossible à gagner mais j'avais réussi à prendre soin d'eux et à les élever pour qu'ils deviennent des hommes admirables, respectés et établis. Mes efforts avaient abouti à donner raison à cette phrase bien connue:

« Impossible n'est pas français ! »

NOTES

Pour négocier sur les marché, l'analyse technique s'avérait absolument indispensable.

Une simple preuve que l'analyse fondamentale, à elle seule, ne pouvait pas suffire (ce que j'avais amèrement appris avec les plus grosses pertes de ma vie) était démontrée par deux exemples similaires de décision sur les taux d'intérêt, dont les réactions avaient été diamétralement opposées:

En Décembre 2007, la Fed baissait le taux d'intérêt aux US et le Dow Jones *chutait* de 300 points.

En Janvier 2008, la Fed baissait le taux d'intérêt aux US et le Dow Jones *montait* de 200 points.

Juste quelques semaines d'écart et l'interprétation de faits similaires causait une réaction totalement différente.

C'est pourquoi une bonne compréhension de l'analyse technique était vitale, puisqu'elle représentait l'étude du prix et que le prix était la démonstration des émotions et de la psychologie de l'ensemble des participants du marché. L'examen du comportement graphique devait venir en complément de toute autre recherche, car les bilans de sociétés avaient souvent été trompeurs...

Les exemples étaient nombreux.

Enron, Tyco, Qualcomm, Freddie Mac, Fannie Mae, tous ces préférés de Wall Street avaient bien longtemps dupé les investisseurs. Et puis, au sommet de leur gloire, ils avaient soudainement perdu leur éclat et ils s'étaient effondrés.

D'ailleurs, j'avais écrit le paragraphe suivant, dans un rapport publié en Juin 2003, où je questionnais les agissements d'une agence gouvernementale:

> « *The firing of the three top executives of the Freddie Mac Corporation is very puzzling. Their extensive derivatives activities are no secret - $700 billion as of last week. The scary part is that no one bothers to question how a company, dare I say a government agency, is being exposed to derivatives in an amount almost double the United States deficit for 2003, an amount growing to get close to 10% of GDP ? Could there be a scandal brewing ? »*

(Le licenciement de trois hauts dirigeants de la Société Freddie Mac est très curieux. Leurs vastes activités de dérivés ne sont un secret pour personne - il ont été reportés s'élever à 700 milliards de dollars, la semaine dernière. Ce qui fait peur, c'est que personne ne prend la peine de se demander comment une société et, si j'ose dire, un organisme gouvernemental puisse être exposé aux dérivés s'élevant à presque le double du déficit des États-Unis pour 2003, un montant qui se rapproche de plus en plus à 10% du PIB ? Pourrait-il y avoir un scandale dans l'air ?)

La valeur de l'action Freddie Mac (FRE) était à près de $65 au moment où j'avais écrit mon article. Et puis, après un dernier top juste au-dessus de $74 à la fin 2004, le prix s'était écroulé pour ne valoir que quelques centimes en 2008.

Cependant, des signes avant-coureurs étaient apparus dans l'analyse technique et cela, plusieurs mois avant la chute de ces titres !

EPILOGUE

Si vous voulez une fin heureuse, cela dépend bien sûr,
de l'endroit où vous arrêtez votre histoire.

—*Orson Welles*

En automne 2009, mes enfants avaient terminé toutes leurs longues études et habitaient Paris.

Mon aîné, Thierry, était directeur dans une large société informatique et avait épousé Ethel, une jeune femme aussi charmante qu'intelligente. A ma plus grande joie, ils m'annoncèrent qu'ils allaient avoir un bébé.

Quant à mon fils cadet, Maxime avait suivi mon exemple en choisissant de travailler dans la finance où il avait obtenu un premier poste de sales-trader dans une grande banque d'investissement de Paris.

Les premiers temps, lorsqu'il était intrigué par le comportement du New York Stock Exchange, je lui expliquais par téléphone la logique à tirer de ces réactions contradictoires, sachant qu'à mes débuts, j'en avais été étonnée moi-même. Sa passion pour les marchés avait grandement facilité l'avancement de sa carrière et il était sur le point de devenir gérant de portefeuilles, à part entière.

Dans un proche avenir, il allait aussi fonder un foyer avec sa fiancée Virginie, une jolie brunette tout aussi adorable qu'Ethel et j'en étais enchantée.

J'étais fière de mes fils et, de plus en plus, je regrettais de vivre si loin.

Pourtant, je me réjouissais de savoir qu'ils avaient choisi pour compagnes des personnes de qualité avec lesquelles j'avais ressenti une affinité immédiate et que j'aimais tout autant que si elles avaient été mes propres filles.

Peu après la naissance de Madison, ma petite-fille, je fus atteinte d'une maladie très grave et je dus fermer mon fonds, au grand regret de mes investisseurs. Les docteurs m'interdisaient le stress et avaient prescrit un repos absolu. Dans l'ensemble, ils étaient assez pessimistes et ne me laissaient pas beaucoup d'espoir de guérison, malgré les meilleurs traitements suivant plusieurs interventions chirurgicales. Sans savoir combien de temps j'allais vivre, je décidais de retourner en France pour me rapprocher de ma famille.

Ainsi, je quittais les Etats Unis après vingt cinq ans, pour m'installer à Paris alors que mon mari, attentif à mon bien-être, allait courageusement s'adapter à un mode de vie différent et à une langue qu'il devait apprendre.

Et puis heureusement, grâce à sa présence attentive, à ses soins continus et au profond bonheur d'être entourée de mes enfants, mon rétablissement fut quasi miraculeux. Pourtant, mon repos était toujours obligatoire et puisqu'il m'était encore interdit de négocier sur les marchés, je décidais d'écrire un premier livre pour m'occuper un peu.

Mon idée était d'enseigner les bonnes manières à ma petite Madison, au travers d'un conte de fée. Je pensais qu'il serait plus amusant pour elle d'apprendre à se conduire comme une vraie princesse, en lui racontant une jolie histoire.

Et puis, après de longs mois, je retrouvais quelque peu une santé solide et David me fit la surprise d'installer une plate-forme de trading dans notre appartement. Il savait que mon plus grand plaisir était de suivre les marchés et que cette activité m'avait manqué.

J'étais ravie !

Avec le décalage horaire, je remarquais qu'il était très facile de faire des transactions sur les échanges américains et qu'apparemment, je n'avais pas perdu la main.

Les Futures et le Forex étant ouverts quasiment sans interruption, la différence de pays ne changeait pas grand-chose. Ainsi, je pouvais faire une transaction de temps en temps, sans aucune fatigue et sans stress, puisque mes positions étaient minuscules et seulement gardées quelques minutes.

L'avantage particulier de négocier depuis la France était quand les Futures d'indexes ou de matières premières avaient montré un beau mouvement la veille, le prix allait retracer une partie de cette avance pour se consolider pendant la nuit, alors que c'était le matin à Paris.

Cela permettait d'entrer à un meilleur prix, pour bénéficier de la continuation de la tendance établie, sans pour cela se priver de sommeil. Avec six heures d'écart, les marchés américains ouvraient alors que c'était le milieu de l'après-midi et par conséquent, suivre les cotations s'avérait être un passe-temps agréable.

Ma santé complètement retrouvée, j'étais invitée à faire une conférence sur les hedge funds dans une grande école de commerce de Paris.

Vêtue d'un tailleur sombre, d'une chemise masculine et d'une cravate, comme lorsque je travaillais à Wall Street, j'expliquais mon métier aux étudiants et je répondais à leurs très nombreuses questions. Ce jour là, je découvris l'intérêt des jeunes français pour la profession de trader. Cette nouvelle fut mon inspiration pour écrire de nouveau, dans le but d'enseigner cette étude.

J'avais l'intention d'y expliquer chacun des outils avec ses avantages et la façon de les interpréter. Mais après réflexion, je ne sélectionnais que les plus performants, afin de rester dans la simplicité et de ne pas compliquer les choses. Une des choses apprises par l'expérience était de préférer la qualité des instruments à leur quantité. Par contre, je tenais à donner un poids particulier à l'aspect intellectuel du trading.

En décrivant mon métier, il me semblait indispensable d'ajouter les règles psychologiques à suivre, puisque le travail mental s'avérait extrêmement précieux. De plus, mon exposé d'apprentissage ne pouvait être efficace qu'en dévoilant les traits essentiels à cultiver pour exercer cette profession. Tout au long de ma carrière et même lorsque j'avais pris d'énormes risques, mon souci avait toujours été de survivre.

Plus que tout, mes efforts avaient nécessité l'acquisition d'une force de caractère solide, associée à une discipline farouche pour effectuer mon travail de négociation, tout en respectant les règles d'une stratégie gagnante.

C'est pourquoi la mentalité requise pour réussir devait être soulignée, tout autant que l'importance de la gestion des risques.

Ainsi, comme sur la couverture de mon journal où j'avais dessiné la corne d'abondance soutenue par trois piliers, les critères composant ces derniers devaient y figurer de façon évidente.

La première colonne était construite avec une préparation minutieuse, l'utilisation d'outils solides et l'accumulation de toutes les conditions énumérées dans des stratégies prouvées gagnantes.

La seconde était d'assumer une bonne gestion des risques pour éviter les catastrophes qui occasionnaient des pertes importantes. Alors que ces problèmes pouvaient arriver en peu de temps, ils nécessitaient des semaines ou même des mois de travail discipliné pour récupérer de nouveau.

Et la troisième, sans doute la plus vitale, était faite de la force intellectuelle du trader, faisant preuve d'une discipline infaillible.

C'est ainsi que la taille de la position, le respect des stops et l'établissement de sorties étagées, permettant d'atteindre le seuil de rentabilité en sécurisant la transaction, devaient faire partie de la préparation et représentaient des atouts importants de la réussite, en multipliant les chances de gagner de l'argent. D'ailleurs, mon parcours en était la preuve. Chacune des énormes pertes que j'avais essuyées étaient dues au refus d'un de ces principes.

C'est alors que, tout comme j'avais enseigné l'étiquette à ma petite fille dans le conte des bonnes manières, je pensais qu'il serait préférable de dévoiler ma profession par une histoire.

Pour une description plus simple des outils que j'avais utilisés, je décidais de raconter ma carrière et ce que j'y avais appris. Mon parcours n'avait pas été ordinaire, mais j'avais réussi à prospérer et j'avais plus de vingt ans d'expérience. J'étais donc en mesure de fournir un témoignage destiné à tous ceux qui rêvent de devenir trader, en apportant la preuve que le succès est bien à la portée de tous.

Tout au long des années, mon insistance sur la discipline, les nombreuses phrases d'affirmation et les listes de règles à respecter étaient sans doute répétitives, mais elles m'avaient aidé à survivre. D'ailleurs, même en ayant fait des erreurs grossières, mon assiduité à m'attarder sur ces détails m'avait permis d'atteindre la réussite de mes ambitions.

Le message de cet ouvrage utilise la phrase qui était écrite au-dessus du tableau noir de ma classe, pour proclamer:

« Quand on veut, on peut... Devenir un trader ! »

Pour y arriver, chacun doit traverser son propre périple en étant armé d'une grande détermination et en cherchant continuellement à trouver des opportunités. Une fois que vous aurez entraîné vos yeux à distinguer les possibilités, à concentrer votre énergie à les saisir et à habituer votre tête à les gérer, il n'y aura plus aucune limite à la richesse des bénéfices que vous pourrez amasser.

J'ai essayé de vous décrire au mieux, en toute humilité et parfois avec un peu d'embarras, à quel point il est coûteux d'être têtu, indiscipliné, et sans préparation. Tout comme moi, vous allez devoir faire vos propres erreurs et vous allez très probablement essayer de réinventer les règles. Pourtant, je ne le conseille pas.

Au contraire, n'hésitez pas à utiliser les outils et les stratégies dont je me suis servie, ils vous aideront. Et puis, tenez un journal de vos activités où les pertes et les profits sont visibles, mais assurez-vous que votre préparation, votre gestion des risques et votre flexibilité soient encore plus évidentes.

Ce récit se termine avec l'espoir d'encourager ceux qui désirent embrasser ce métier, de rassurer ceux qui doutent qu'un succès soit possible et de rappeler à tous que la patience et la discipline sont les qualités indispensables pour tenir la route et la distance.

Quelques détails d'analyses vont suivre...

Ce n'est pas la fin, c'est le début de votre expérience ! Avec tous mes vœux de succès dans votre trading et aussi dans votre vie. A présent, c'est à vous de jouer !

Autres Outils et Analyses

Trading Technique

*La logique est la technique par laquelle
nous ajoutons la conviction à la vérité.*

—Jean de la Bruyère

Dans les livres d'analyse technique, il y a des centaines de bougies, d'indicateurs et de formations différentes avec d'autant plus de façons d'interpréter les informations à en tirer. Mais pour être profitable, ce n'est pas l'ajout d'une grande quantité d'outils qui importe, c'est s'ils sont choisis avec soin et s'il sont appliqués efficacement.

Les analyses et les outils qui suivent sont uniquement ceux qui ont prouvé être les plus simples et les plus efficaces et ils sont présentés dans le but de faciliter leur compréhension et leur utilisation, pour une meilleure performance. Le but étant de gagner de l'argent et non pas de compliquer les choses, c'est le principe K.I.S.S.

Avant même d'analyser les graphiques, les mouvements de certains indices sont à suivre de très près puisqu'ils indiquent la santé du marché et tiennent compte de son pouls et de sa « respiration. »

Juste en-dessous de la cote du Dow Jones et des SP 500, un trader de Wall Street considère le NYSE TICK index. Il mesure le nombre d'actions qui ont été exécutées sur un uptick (une transaction sur l'offre après une précédente, faite sur le bid) comparé au nombre de celles exécutées sur un downtick (une exécution sur le bid après une précédente, faite sur l'offre) et cela, sur la totalité des titres échangés sur la bourse de New York.

Si le chiffre approche +1000 ou même +1200, il signale que

le marché surchauffe et qu'un retracement de l'indice vers le bas est imminent, ne serait-ce que pour un moment en intra-day. Inversement, un chiffre de -1000 à -1200 témoigne d'un marché terriblement baissier qui peut remonter brusquement, pour un instant.

Lorsque le marché est en très forte tendance, le niveau des TICK peut arriver à 1500. Dans ce cas, ces extrêmes sont interprétés comme une indication de momentum, amenant une continuation certaine dans la direction de la tendance. Par contre, si le marché digère un mouvement puissant en reculant, les TICKs indiquent la fin de ce ralentissement. Cette information est utile si le trader veut placer un ordre d'achat dans un marché haussier, avec un niveau TICK à +1100, car il est avisé d'attendre le retour vers les +800 avant son entrée de pose.

Et puis, le TIKI est la différence des upticks et des downticks parmi les 30 actions du Dow Jones Industrial Average. Plus 24 ou moins 24 est un niveau remarquable.

Ensuite figure le TRIN aussi appelé « Arms Index » qui est un indice de négociation. Cet indicateur du marché est utilisé dans l'analyse technique. Sa formule étant calculée comme suit:

TRIN = (Nombre d'issues en hausse/Nombre d'issues en déclin) divisé par le (Total des volumes de hausse / Total des volumes en baisse).

Une valeur inférieure à 1.00 est considérée comme haussière et supérieure à 1.00, baissière. Dans les jours de violente panique comme le krach, le TRIN a touché 5.00, mais c'est extrême. Un déclin majeur l'élève facilement à 2.00 et si le marché est fortement à la hausse, il peut descendre à 0.20.

Cependant, c'est surtout sa direction et son évolution qui sont importantes et, si the TRIN va de 0.70 à 1.01, cela signale que le marché enregistre alors beaucoup de ventes et qu'il va descendre subitement.

Un autre indice à considérer est le VIX. L'indice de volatilité du Chicago Board Options Exchange est conçu pour suivre la volatilité du marché des SP Futures, tout comme une entité indépendante.

Calculé sur la base d'activité des Options sur cet indice, le VIX est utilisé comme un indicateur du sentiment des investisseurs en général, ce jour-là. Des valeurs élevées impliquent le pessimisme et des valeurs faibles signifient que l'optimisme est de rigueur. C'est une référence importante et les traders gardent un œil dessus car tout excès peut annoncer un changement prochain.

L'A/D (Advance/Decline) est également suivi avec attention. Ce dernier est représenté par une ligne qui marque la somme cumulée de la différence entre le nombre de titres en progression et celui en déclin d'un indice boursier. Son niveau se déplace vers le haut lorsque davantage d'actions d'un indice avancent par rapport au nombre de celles qui déclinent et il se déplace vers le bas quand plus de titres sont en baisse que ceux qui montent. Cet indicateur peut également être appliqué au volume haussier ou baissier des actions.

La-dessus, les graphiques sont analysés.

Chaque diagramme est calculé à partir de 4 données:

Open (O) – High (H) – Low (L) – Close (C), auxquelles s'ajoute le Volume (V), ce dernier figurant à la base du graphique, séparément et loin de la barre de prix montrant l'Ouverture, le Haut, le Bas et la Clôture.

L'ouverture (Open) représente la première transaction de la journée et son début est plutôt marqué par les particuliers. C'est souvent une réaction émotionnelle qui n'influence qu'une partie de la matinée.

La clôture (Close) montre la dernière transaction et est surtout incitée par les professionnels. Les institutions achètent et vendent plus tard le matin et dans l'après-midi, habituellement après avoir recherché les faits. Leurs ordres « market on close » sont typiquement assez indicatifs.

Quelques motifs de graphique n'ont pas besoin d'outils d'analyse et sont facilement visibles. Un « inside day » est quand la barre ou bougie d'un jour reste dans la gamme de prix de la veille. Le jour suivant va donner la direction d'entrée de transaction puisque si le prix va plus haut que l'inside day, il faut acheter et plus bas, c'est une indication de vente.

Bien évidemment, s'il y a eu une bataille sans vainqueur et que ni les acheteurs, ni les vendeurs n'ont pu obtenir le dernier mot, le comportement du jour suivant va montrer lequel des deux groupes a encore des munitions. Ainsi, cette activité de lutte est indiquée par une petite bougie d'indécision, située au milieu de l'échelle de valeur du jour d'avant.

Figure 2 - Jour intérieur-Inside Day

Donc le lendemain, la cassure de cette ambiguïté de prix, vers le haut ou vers le bas, va donner la direction d'entrée de position.

Aussi, il est nécessaire d'analyser les graphiques sur un plus long terme pour en vérifier la tendance, même si le trader ne fait que des day-trades. Par exemple, si le trading s'effectue à partir d'un graphique de 5 minutes d'intervalle, il est recommandé de regarder aussi la tendance sur un de 15 minutes et un autre d'une heure pour que l'agrément de leur direction soit visible. Toutes les assurances doivent être prises pour que la position montre le plus de potentiel de générer des profits

Une autre méthode facile pour trouver des idées de trade sans outils est de chercher des écarts de prix précédents, puisqu'ils ont une forte probabilité d'être remplis.

Figure 3 - Ecart ou Gap

La façon la plus simple de regarder l'historique du prix d'un instrument s'effectue par l'étude de son évolution et les graphiques de prix peuvent avoir des apparences très différentes.

Certains ne considèrent que la fermeture et l'indique par une ligne. Ils sont rarement utilisés et s'en trouvent réservés pour des marchés à très faible volume.

Aussi, quelques traders utilisent des « Bar Charts » qui offrent davantage d'indications. Sur une présentation de barres, appelée une OHLC (Ouverture - Haut - Bas - Clôture), chaque ligne verticale illustre un mouvement de prix sur la période. Le petit tiret de gauche représente le niveau de l'ouverture et le tiret de droite, la fermeture. Si le tiret de droite est plus haut que celui de gauche, le titre a fermé à la hausse par rapport à l'ouverture et s'il est plus bas, la fermeture est à la baisse. Ces barres sont parfois colorées en blanc ou en vert pour une hausse et en noir ou en rouge pour une baisse, de façon à montrer plus facilement dans quelle direction elles vont. Le range de la barre (gamme de prix) est le Haut moins le Bas (H-L).

Cependant, la grande majorité des traders techniques utilisent les bougies qui fournissent davantage d'indices.

Les graphiques chandeliers (ou candlesticks) viennent des années 1700 quand un marchand de riz japonais, appelé Homma, découvrit que le prix est influencé par la psychologie humaine, tout autant que par l'offre et la demande. Homma avait amassé une grande fortune avec les chandeliers et il est dit qu'il n'avait jamais perdu d'argent en les utilisant.

Une bougie (candle) est reconnaissable par le corps gras qui est la différence entre l'ouverture et la fermeture. L'écart de prix du corps du chandelier par rapport au haut de la journée laisse un trait comparé à la mèche d'une bougie, d'où leur nom, et le prix le plus bas fait une ombre en dessous du corps. De même qu'avec les diagrammes de barres, les chandelles haussières apparaissent vertes ou blanches et les baissières sont colorées en rouge ou en noir.

Ces chandeliers ne sont pas difficiles à interpréter et peuvent être utilisés en association avec tous les indicateurs traditionnels. Ils révèlent des opportunités d'entrée de position, tout en aidant à filtrer les données, pour un meilleur timing. Ces outils permettent également d'alerter le trader de la possibilité d'un changement de tendance et leur facilité d'utilisation part du même principe que les OHLC des Bar Charts. Leurs noms sont faciles à retenir mais seules quelques unes des nombreuses figures semblent essentielles.

Elles définissent le momentum (élan) du marché par leur direction (couleur de la barre) et leur nombre, lorsque de nombreuses chandelles sont peintes pareillement et par conséquent, vont dans le même sens. La gamme est très visible par la taille totale de la bougie et son corps gras montre l'écart entre leur ouverture et fermeture. Une longue bougie avec une petite mèche et une courte queue est très négative en noir (ou rouge) et très positive en blanc (ou vert). Moins l'échelle de prix est longue et plus les acheteurs et les vendeurs se sont affrontés sans pouvoir avoir le dernier mot.

Souvent, une petite bougie peut signaler un retournement imminent, puisqu'il y a eu une indécision et que les acheteurs comme les vendeurs n'ont pas vraiment pu gagner de l'avance.

Une autre figure s'avère importante, le Doji.

Il est formé lorsque l'ouverture et la fermeture sont au même prix, formant ainsi une croix. La longueur des ombres au-dessus ou en dessous peut varier et, par conséquent, va lui donner une interprétation différente.

En général, un Doji signale la possibilité d'un changement de direction. Lorsque le Doji n'a aucune mèche supérieure et que l'ouverture et la fermeture sont au même prix et au plus haut de la gamme avec une longue queue, il signale une tendance haussière puisque les acheteurs ont gagnés, même si juste après l'ouverture, les vendeurs ont essayé de faire descendre le prix. Seulement au final, la fermeture est quand même au plus haut. Lorsqu'une telle structure, le Dragon-Fly apparaît à un plancher du marché, elle est considérée comme un signal annonçant un retournement de tendance vers la hausse.

Pourtant, la façon la plus simple et la plus sûre d'utiliser le Dragon-Fly est dans une de tendance haussière. Il prouve sa continuation, puisque les vendeurs on essayé de descendre le prix mais en vain. La tendance est bien trop forte et le prix ferme au plus haut.

Son opposé, une mèche avec l'ouverture et la fermeture au même prix et au plus bas de la période, s'appelle la Pierre tombale. Avec ce nom sinistre, elle signale l'apparition d'une tendance baissière. Particulièrement, lorsqu'elle est vue à un sommet du marché, elle est interprétée comme un signal de changement vers la baisse. Les acheteurs ont essayé de faire monter le prix mais les vendeurs ont gagné et la valeur ferme au plus bas.

Ces Dojis n'ont pas de corps. Quant aux autres bougies, où se trouve l'emplacement de leur tronc est décisif. Un petit corps vers le haut est positif, par exemple en formant un marteau et, à l'opposé, un petit corps vers le bas en formant un marteau renversé est négatif. Qu'elles soient visibles sur des graphiques de courte ou de longue durée, les bougies donnent une lecture plus facile. Toutefois, les chandeliers ne font pas de miracles.

Quelles qu'en soient leurs formations et leurs interprétations, il est important de comprendre qu'ils indiquent exactement le prix et les mouvements de ce dernier, d'après les transactions exécutées. De là, la tendance est déterminée et de cette tendance, la projection des changements probables de prix est faite. Grâce à la base historique de données, les possibilités de comportement futur sont calculées et analysées. Les traders suivent certaines règles pour l'étude des bougies et ils utilisent souvent les plus petites dans leurs formules prédisant la fin d'une récente évolution.

Figure 4 - Chandeliers

Bien entendu, plus les probabilités sont élevées et plus le système est effectif.

Les stratégies sont jugées en back-testing, en prenant soin de noter si le marché est à la hausse ou à la baisse. Tenir compte du comportement de ce dernier dans le cas où il est dormant, ou au contraire très volatile, va amener à l'utilisation de stratégies différentes. Certains systèmes performent mieux pour un agissement particulier du marché, auquel cas il faut utiliser les formules appropriées à l'environnement.

Il y a un autre type de graphique appelé « Points & Figures » qui est unique en ce qu'il ne trace pas l'évaluation par rapport au temps, contrairement à toutes les autres techniques, mais uniquement du prix. Il sert parfois à obtenir une confirmation de tendance et le plus souvent, à capter une vue plus générale de la valeur considérée.

La présentation du graphique a l'allure d'un jeu de Tic-Tac-Toe ou Morpion avec des X et des O, et est utilisée pour tenter de prédire les niveaux importants sur de plus longues périodes. Les prix sont notés contre les changements de direction, en traçant une colonne de X pour la hausse des prix et une colonne de O pour la baisse. C'est une façon de vérifier la tendance et d'obtenir des signaux d'achat et de vente par rapport aux niveaux précédents, sans avoir besoin d'une interprétation personnelle.

Les graphiques sont construits en décidant d'abord quelle est la valeur représentée par chaque X et chaque O qui, la plupart du temps, est fixée à 1x3, quoique cela puisse être changé d'après le besoin du trader. La colonne se modifie lorsque le prix change de direction par la valeur d'un certain nombre de X ou de O.

Traditionnellement, un tableau marque la continuation de la montée de prix avec un X pour chaque point (ou 1 dollar par boîte) et l'inversion nécessite 3 boites entières pour changer de colonne et passer à une autre, baissière cette fois de O. Donc, chaque point entier représente une case continuant la colonne dans la direction établie et la colonne n'est changée qu'après trois points entiers en sens inverse. Toute modification de prix en dessous de ces valeurs de boîtes n'est pas considérée, ce qui rend le graphique Points & Figures comme une sorte de filtre qui ignore les petits changements de prix.

Les tendances peuvent être tracées, la meilleure formant un angle de 45 degrés. Les évasions de ces angles (cassure de tendance) vers le haut représentent des signaux d'achat et vers le bas, de vente.

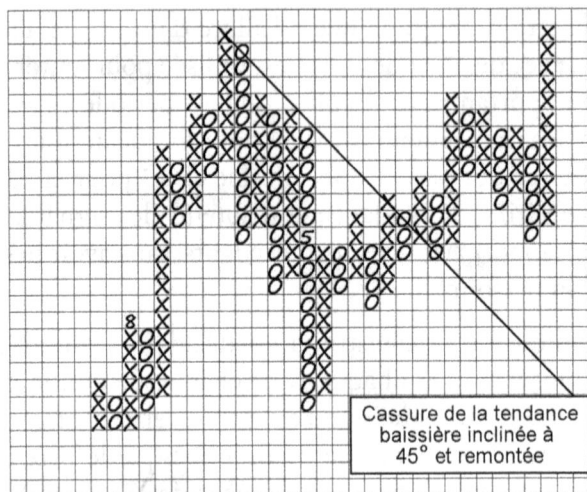

Figure 5 - Points & Figures

Ces analyses de graphiques sont généralement utilisées pour obtenir une idée d'ensemble sans tenir compte du temps nécessaire à la variation du prix car elles sont très lentes à signaler un changement de tendance.

Ainsi, la plupart des traders utilisent les chandeliers pour analyser les graphiques et les Points & Figures pour confirmer l'interprétation générale de leur conclusions sur le long terme.

Volume

Toute transaction est faite par l'accord d'un vendeur voulant se débarrasser de ses titres, avec un acheteur désireux les posséder, chacun essayant d'obtenir le meilleur prix possible. La quantité échangée à un certain niveau est donc significative.

Sur le diagramme, le volume se trouve séparé, en dessous du graphique de prix.

Plus que tout autre indicateur, le volume associé aux mouvements d'un instrument est déterminant. Les traders ne quittent pas des yeux les informations qu'il révèle, sachant que la taille de la quantité exécutée souligne le changement de valeur. Le nombre de titres changeant de main à ce niveau justifie le prix en étant plus élevé ou bien le condamne par sa faiblesse.

Lorsque la barre de volume est longue et que sa bougie reste petite, cela constitue un signal d'alerte. Effectivement, les participants ont été nombreux et les ordres s'en trouvent manifestement décuplés mais la bataille a été particulièrement sévère et ni avance ni retrait n'est visible, la barre de prix étant restée très courte. C'est souvent l'annonce d'un changement de tendance.

En associant cet indicateur avec le prix, l'évolution montre davantage d'ampleur et de poids ou, au contraire, s'avère douteuse. Un élan à la hausse accompagné d'un volume doublé ou presque, par rapport à la moyenne établie, signale que l'impulsion est d'autant plus solide que la masse des ordres en est augmentée.

Les barres indiquant le volume peuvent être reliées à leurs hauts points pour tracer une tendance qui vient confirmer ou questionner la direction de la cote. Par exemple, si la valeur a monté sur une période alors que le tracé des hauts du volume est en régression, la hausse du cours est alors démentie par l'action de cet indicateur.

Figure 6 - Volume

« Up on down volume » (un prix haussier accompagné d'un volume décroissant) est un comportement dont les traders se méfient énormément. Dans tous les cas, le volume mesurant l'expansion de la valeur a une signification prépondérante.

TENDANCE

*Sans avoir un but et une direction,
les efforts et le courage ne suffisent pas.*

—*John F. Kennedy*

Normalement, les indicateurs servent à donner des signaux d'achat ou de vente. Mais utilisés traditionnellement, ils procèdent souvent avec retard et ils achèvent de bien piètres résultats. Par contre, s'ils sont employés pour confirmer ou démentir la tendance d'un marché, ils peuvent parfaitement devancer la progression de l'instrument analysé. Cette particularité les rend indispensables.

En général, la façon la plus simple d'utiliser la tendance est de la suivre. Une entrée de trade respectant la direction dominante a plus de chance de succès qu'une autre, prise sans l'appui de l'inclinaison établie ou allant à l'encontre de celle-ci. Il est beaucoup plus difficile d'anticiper un changement de tendance que d'aller dans le sens bien établi du prix et de participer à sa continuation.

Une tendance haussière est représentée par des hauts plus hauts et des bas plus hauts que les précédents et inversement, une tendance baissière est indiquée par des bas plus bas et des hauts plus bas.

Le trading dans la direction d'un marché haussier est d'acheter lorsque le prix, après s'être éloigné de sa moyenne mobile de 20 périodes alors qu'elle est joliment montante, revient pour la toucher à la fin d'un retracement ou « dip » en arrière.

Figure 7 - Suivi de tendance

Inversement, dans un marché baissier il faut vendre lorsque le prix est remonté quelque peu sur ses pas après une forte baisse, pour revenir toucher la zone entourant la ligne moyenne de 20 bougies, alors que les moyennes mobiles de différentes périodes sont quasi parallèles, en descendant.

En particulier, quand le prix s'est trop éloigné par une grande distance par rapport à sa MM20, il est souhaitable d'attendre qu'une rétrogression le ramène jusqu'à la toucher de nouveau.

Bien sûr, une seule raison n'est pas suffisante pour établir une entrée de trade. Plusieurs probabilités de succès doivent être accumulées, avec plusieurs indicateurs regroupés au même niveau pour indiquer le point idéal et donner plus de poids à la décision d'entrer. En outre, ces calculs servent à trouver l'endroit stratégique pour placer le stop, afin qu'il soit protégé pour plus de sécurité.

On peut aussi tracer des lignes de tendance, celle joignant tous les hauts étant la résistance du prix et celle joignant tous les bas, le support. La tendance la plus cohérente étant de 45 degrés, sa vélocité ne doit pas être trop rapide ou trop lente, tout comme dans les graphiques de Points et Figures.

Tant que la tendance n'est pas brisée, le sens de l'évolution du prix reste le même.

Deux clôtures au dehors de la ligne de démarcation sont nécessaires pour indiquer un changement de direction. Cependant, il est rare qu'un marché se retourne sans un temps d'hésitation, ce dernier étant marqué par une ou plusieurs petites bougies décrivant un moment où les acheteurs et les vendeurs ne peuvent pas avoir le dernier mot.

Pourtant, il est possible que la ligne de tendance soit juste touchée et excédée, par un ou deux ticks seulement, sans vraiment être annulée ou éliminée. Ceci n'a pas de conséquence. C'est pourquoi il est raisonnable de donner un peu d'aisance à la position, avec un stop placé à un prix qui confirme cette cassure (breakout ou évasion).

En général, les faux-breakouts sont suivis d'une reprise de la direction initiale malgré ce très léger dépassement sans importance.

La fin d'une tendance est souvent marquée par une période de consolidation, alors que la valeur dessine une sorte de bottoming (bas ou plancher) ou bien de topping (haut ou sommet) sur le graphique.

A noter tout particulièrement, en prenant l'exemple d'une tendance haussière, si le prix est descendu suffisamment pour briser la ligne de support inférieure qui l'a suivi en montant, la possibilité d'un retournement est considérée. Toute transaction longue (à l'achat) établie précédemment est ainsi coupée automatiquement, puisque le stop s'est trouvé en dessous de ce support. Dans ce cas et pour de profiter d'un changement vers la baisse, le trader doit patienter jusqu'à ce que le prix remonte pour toucher la ligne de tendance par en dessous, afin d'établir une position qui va miser, cette fois, sur l'affaissement de la valeur. Et puis, un stop de protection est placé au-dessus du top, survenu avant la cassure.

L'hypothèse assume qu'une ligne de tendance, ayant représenté un support de prix pendant un certain temps, devient résistance une fois que la ligne de soutien est brisée. Il s'agit d'ailleurs, d'une règle d'or du trading:

«Une fois brisé, un support devient résistance et réciproquement.»

Cette même base d'appui se transforme en obstacle et va empêcher le prix de le passer en sens inverse, tout en établissant un plafond solide. C'est pourquoi un stop de protection est placé au-dessus de ce niveau.

Bien que peu probable, il n'est pas impossible que le prix revienne pour continuer la tendance haussière initiale mais, dans cette éventualité, le stop est exécuté quand le prix fait un nouveau haut, le risque demeurant réduit.

A l'inverse, quand une valeur affiche une tendance baissière (downtrend) depuis longtemps, une évasion de prix cassant la ligne de tendance, tracée en joignant tous les hauts inférieurs les uns aux autres et suivant la descente, va faire sortir de la position short (vente à la baisse) puisque le stop est placé juste au-dessus.

Figure 8 - Retournement de Tendance

Comment avant, mais dans la direction opposée, si le prix redescend, il est arrêté par cette ligne agissant maintenant comme support. C'est une indication que la tendance s'est retournée vers le haut et par conséquent, le trader est encouragé d'acheter. Par mesure de précaution, un stop est placé sous le dernier bas, juste au cas où le prix viendrait briser la nouvelle ligne de support, pour reprendre sa descente.

Les évasions offrent d'excellentes opportunités. Seulement une fois de plus, la patience est avisée parce que le prix revient souvent tester la ligne de tendance dans l'autre sens. Il est donc préférable d'utiliser ce recul comme un point d'entrée qui a plus de chance de générer des profits.

Autrement dit, puisque que les transactions anticipant un retournement de tendance s'avèrent plus risquées, il est recommandé d'aller avec le courant et de sortir de sa position lorsque la ligne de tendance est cassée.

Quand la nouvelle direction devient claire, il est plus facile de négocier dans ce sens.

Moyennes Mobiles

*Etre un bon leader consiste à montrer à des gens ordinaires
comment faire le travail des gens de qualité supérieure.*

—*John D. Rockefeller*

Une moyenne mobile montre la moyenne de tous les prix de clôture d'un instrument sur une durée déterminée. Les risques étant inhérents à la longueur de temps considéré de la moyenne mobile, plus la vitesse est lente (calculant de nombreuses barres) et moins elle est fiable. Son interprétation principale est de confirmer une tendance et d'en soutenir sa direction. Lorsque plusieurs lignes de différentes périodes sont penchées, dans l'ordre de leur taille, parallèlement à l'évolution des prix, elles en justifient la route. Elles peuvent être simples (SMA), en ajoutant le prix de chaque clôture et en divisant la somme par leur nombre (MM20 = total divisé par 20) ou exponentielles (EMA), en appliquant plus de poids aux prix récents.

Ces indicateurs sont utilisés de plusieurs façons.

Le premier concept est simple, le trader achète quand le cours de clôture est au-dessus de la moyenne mobile choisie et il vend lorsque la fermeture est tombée en dessous. Cette stratégie est rentable dans un marché à tendance (vers le haut ou vers le bas) mais n'est pas recommandée pendant les périodes de « marché latéral » ou de consolidation. Certains traders considèrent une moyenne lente comme un indicateur de rester en position d'achat pour le long terme tant que le prix reste au-dessus et comme un signe d'en sortir, si le prix va en dessous.

La deuxième utilisation prend deux moyennes mobiles, une rapide avec une lente, afin d'établir une entrée de trade si elles se croisent. Cette fonctionnalité donne un signal d'achat si la rapide coupe la lente de bas en haut et inversement, de vendre si la rapide croise la lente d'en haut vers le bas.

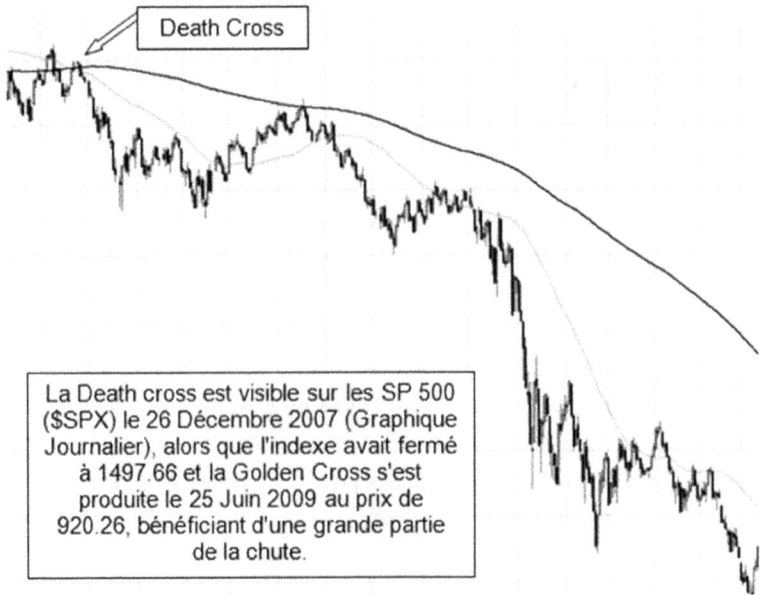

Figure 9 - Croisement de la Mort

Elles peuvent être utilisés comme support ou résistance, en « empêchant » le prix de les dépasser. Les Moyennes Mobiles de longues périodes sont assez léthargiques et il est très facile de détecter leurs croisements qui peuvent être vraiment impressionnant. Certains d'entre eux sont notoires.

La « Croix de la mort » est formée lorsque la moyenne mobile de 50 jours vient d'en haut vers le bas pour traverser celle des 200 jours. C'est un signal de vente pour le long terme.

Son opposé, la « Croix d'or » est tout simplement l'inverse. Lorsque la MM50 vient d'en bas pour traverser la MM200 vers le haut, cette croix d'or est un appel pour une acquisition majeure.

Avec trois moyennes mobiles qui utilisent 10, 20 et 50 jours, un signal d'achat est donné lorsque, venant du bas la MM20 traverse la MM50 vers le haut, tandis que la MM10 est déjà au-dessus. De même pour vendre, c'est indiqué lorsque la MM20 passe la MM50 à partir du haut vers le bas, alors que la MM10 est déjà en dessous. Les plus fréquemment consultées sont les 20 - 50 - 100 et 200 unités de moyennes mobiles et leurs intersections les plus importantes sont 20/100 et 50/200.

Toutefois, ces croisements ne sont pas infaillibles. Puisque la faiblesse des moyennes mobiles est inévitablement qu'elles ont un temps de retard par rapport au marché et que leur intersection n'indique pas nécessairement un changement de tendance, elles doivent être utilisées autrement.

Ainsi, il semble préférable de ne les considérer que comme une confirmation de la continuation de la tendance et une démonstration de sa direction visible par le fait qu'elles se trouvent parallèles avec le prix.

Mais l'utilisation la plus simple et la plus efficace pour gagner de l'argent est dans une tendance bien établie. Lorsque le prix s'est éloigné de la zone entourant la MM20, il suffit d'attendre que la valeur recule une partie de son avance avec un faible volume, pour revenir la toucher. L'entrée de pose est faite quand une petite bougie d'indécision (négative pour une tendance baissière et positive pour une tendance haussière) signale la fin du retracement.

En outre, il est dangereux d'établir une position si l'entrée est trop loin de la ligne MM20, le retour du prix vers cet équilibre est plus sûr et permet au trader d'anticiper que la valeur de l'instrument va reprendre la direction de la tendance établie, après cette régression. La petite bougie de déclenchement signale la lutte entre acheteurs et vendeurs et fait allusion à la fin du retracement.

Petite bougie
sur la 20 MM

Une petite bougie
d'indécision doit
signaler la fin du
recul au toucher de
la moyenne mobile
de 20 périodes,
pour vendre short,
avant la reprise de
la tendance
baissière.

Figure 10 - Moyenne Mobile de 20 périodes

Dans une tendance baissière, si le prix est inférieur au bas de la bougie d'incertitude, c'est un signal de vendre et le stop est juste au-dessus du haut de cette dernière, le risque étant réduit au minimum. Évidemment, dans le cas d'une tendance haussière, l'inverse est a faire.

C'est une stratégie d'autant plus efficace que toutes les lignes de plus longues durées sont parallèles au prix en suivant la tendance.

Cette façon d'employer les moyennes mobiles est plus rentable que les croisements et les bons opérateurs l'utilisent régulièrement.

Support - Résistance

Renversez toujours une situation négative en une situation positive.

—*Michael Jordan*

Lorsque des lignes de tendance se trouvent placées en parallèle, celle du bas marquant un prix plancher où l'intérêt des acheteurs est renouvelé et celle du haut, un prix plafond où les vendeurs se font plus nombreux, elles forment un canal (ou channel)

Ces lignes sont les extensions des points qui joignent tous les hauts et tous les bas du prix durant une période et elles permettent d'identifier les lignes de support et de résistance.

Le Support étant le bas d'une tendance et la Résistance étant le haut de celle-ci, il est donc recommandé d'acheter près du support d'une tendance haussière et de vendre près de sa résistance, une stratégie ayant pour nom « trend fading. »

Dans le sens inverse et pour suivre la tendance baissière, il faut vendre à découvert près de la résistance et couvrir sa position (la fermer) près du support, tant que le prix reste confiné dans ce canal ou corridor.

Le principe est d'attendre qu'un marché soit surévalué et par conséquent, que les acheteurs soient visiblement épuisés ou ont disparu pour décider de vendre, alors que le prix est arrivé à un niveau de résistance, et éviter d'être en position quand le prix retourne vers un équilibre.

Au contraire, quand le prix est sous-évalué et que les vendeurs semblent arrivés au point d'être exténués, c'est le moment d'acheter.

Figure 11 - Canal ou Channel

A un certain niveau, les vendeurs sont plus nombreux (ou agressifs) et l'instrument chute en valeur jusqu'à ce qu'il arrive à un coût si bas, que les acheteurs prennent enfin le dessus et que le prix ne descende plus.

Parfois, dans les phases de consolidation quand les lignes de tendance sont latérales, il arrive que le prix passe au travers de cette ligne, alors que la clôture (close) se trouve quand même à l'intérieur du canal. Dans ce cas, cela n'a pas d'importance.

L'important à retenir est la règle fondamentale concernant le support et la résistance qui est considérée comme une règle d'or du trading. Par principe, un support rompu devient une résistance ou plafond qui empêche le prix de monter plus haut et le passage au travers d'une résistance la transforme en support, permettant de stopper le recul du prix par un plancher en lui évitant d'aller plus bas.

Ces niveaux de prix sont d'autant plus considérables s'ils sont horizontaux. Ils signalent le palier auquel les acheteurs sont prêts à s'accaparer de l'instrument en entrant dans le marché (support) et le sommet où les vendeurs sont prêts à s'en débarrasser (résistance).

C'est à ces niveaux que le graphique connaît une tension qui le fait remonter ou une pression qui le fait retomber.

Aussi, dans une forte tendance haussière, quand le prix a essayé d'aller plus haut avec plusieurs tentatives qui ont été stoppées par une ligne horizontale sur une durée assez longue et que les bougies deviennent de plus en plus petites en se regroupant en dessous de cette ligne, un breakout (évasion ou cassure) est d'autant plus important qu'il brise un niveau de résistance robuste. La rupture de cette résistance solide arrive souvent avec une force vers le haut d'autant plus grande que la pression est montée, avec le temps qu'il a fallu pour la briser.

Achat juste au dessus de la cassure (évasion ou breakout) du niveau de forte Résistance pour anticiper la continuation de la tendance haussière

Stop placé en dessous du dernier bas

Figure 12- Evasion d'un niveau plat

La stratégie du Momentum Breakout profite de l'élan du prix, souvent furieux, et permet des profits rapides et substantiels.

Pour cette entrée, l'ordre d'achat est placé en avance, juste au-dessus de la ligne de résistance agissant comme un plafond. Puisque l'hypothèse de la transaction est que la tendance haussière va continuer, le stop de protection est situé juste en dessous du dernier bas du prix car si ce niveau est touché, la tendance haussière est démentie.

D'un autre côté, ce principe est tout aussi valable dans une tendance baissière établie, quand la faille d'un support très solide va récompenser une entrée de position short ou de vente, juste en dessous cette ligne.

Les supports et résistances représentent des outils tout particulièrement importants de l'étude de l'analyse technique.

INDICATEURS

L'imprécision est parfois une indication
de la proximité d'une vérité parfaite.

—*Charles Ives*

Le principe de trading le plus élémentaire est simplement de suivre la tendance (Trend-Following). Toutefois, un seul critère ne suffit pas pour assurer une transaction réussie.

Un trader doit avoir accumulé le plus de probabilités de succès possibles et il est nécessaire d'ajouter de nombreuses preuves pour donner plus de poids à un signal de reprise de la tendance, après un recul de l'avance.

Une des justifications est d'examiner les indications autour des points pivots, agissant souvent comme résistance ou comme support. Ces points sont déterminés avant l'ouverture du marché et, puisque tous les traders connaissent leur emplacement, les niveaux pivots peuvent influencer les réactions psychologiques des participants du marché.

Par conséquent, ils affectent les mouvements de prix.

Le pivot est calculé à partir de la barre ou bougie précédente et peut être mesuré sur des périodes différentes, parfois même sur la semaine ou le mois précédent. Mais quelle que soit la durée de l'intervalle de graphique utilisé, les traders considèrent toujours le pivot journalier car il est le plus efficace.

Prenant la barre représentant le jour précédent, la formule prend le haut + bas + clôture et divise le total par 3. Une fois le niveau de

Pivot connu, les autres points sont calculés, pour obtenir les autres supports et résistances, en utilisant la méthode suivante.

Support 1= (Pivot X 2) - H

Support 2 = Pivot - (H - L)

Résistance 1 = (Pivot X 2) - L

Résistance 2 = Pivot + (H - L)

Si la valeur reste au-dessus du pivot jusqu'à la mi-journée, la tendance continue souvent à la hausse pour le reste de la journée et, si la première partie de la session voit la valeur en dessous de ce niveau, le reste de la journée sera en baisse.

Dans une tendance haussière, une baisse du prix vers le pivot est achetée et dans une tendance baissière, un retour vers le pivot est vendu.

Ces niveaux sont utilisés pour placer les stops, ce qui facilite la gestion des risques et ils sont plus fréquemment utilisés dans les marchés liquides, comme des indices.

Pour trader avec le moins de complication possible, une position d'entrée doit être dans le sens de la tendance, à un niveau de prix où plusieurs indications sont accumulés, y compris le pivot, la régression revenant toucher la MM20, des petites bougies de consolidation visibles au même niveau de prix et une diminution du volume sur le retracement précédent. Là-dessus, le stop est placé à un niveau stratégique de support ou de résistance, afin de protéger la position.

Plus les raisons sont rassemblées au même prix et plus l'entrée est susceptible de bénéficier.

Lorsque la tendance n'est pas trop évidente, il est assez facile de changer l'intervalle de temps du graphique pour obtenir une image plus claire. Qu'elle soit haussière, baissière ou voire inexistante a un impact majeur dans le processus de prise de décision de trader.

La clé est de reconnaître très tôt un changement de tendance et de mettre des « trailing stops » (ordres de sortie qui progressent avec le prix et sont exécutés si la valeur revient perdre par un nombre défini de points). Cela permet d'accumuler les profits jusqu'à ce que le stop soit touché.

Il est recommandé d'éviter l'analyse technique trop complexe qui encombre les graphiques. L'acquisition d'une certaine facilité d'utilisation des différents outils simples est nécessaire avant d'utiliser des instruments plus compliqués. En outre, même les plus grands traders reviennent aux outils de base, quand ils ont subi de lourdes pertes.

Une fois la tendance établie, les lignes de support et de résistance sont tirées et la dynamique du prix est comparée à celle des indicateurs de momentum, pour veiller à ce que leur orientation soit dans le même sens. Reconnaître la violation d'une tendance est souvent récompensée par des profits et évite d'entrer pour un suivi de tendance alors que la direction semble désavouée.

Habituellement, les indicateurs sont calculés sur la base du prix de l'instrument, en donnant un signal d'achat lorsque leur graphique a atteint une zone sous-évaluée et un signal de vente, dans sa zone surévaluée.

Par exemple, le MACD inventé par Gerald Appel, mesure par la différence entre deux moyennes mobiles exponentielles (EMA), les plus fréquemment utilisées étant celles de 26 et 12 barres ou bougies. Cette variation (appelée le MACD) forme une ligne évoluant au-dessous ou au-dessus de la ligne zéro. Là-dessus, une troisième moyenne mobile exponentielle de 9 barres, appelée la ligne de signal, est ajoutée.

Ainsi, le croisement de la différence des deux premières (26EMA et 12EMA) avec la troisième (9EMA) donne un indice d'acheter lorsque la ligne de signal traverse le MACD à la hausse, alors qu'elle est loin de la ligne du zéro, dans la zone sous-évaluée.

Au contraire, un avertissement de vente est donné lorsque de la ligne de signal vient croiser le MACD d'en haut vers le bas, alors qu'elle est dans une zone surévaluée, bien au-dessus du niveau zéro.

Les moyennes mobiles exponentielles donnent plus de poids aux mouvements les plus récents relatifs aux anciens et, en tant que tel, le MACD est plus sensible aux récents changements du prix.

Toutefois, plus tôt est le signal et plus il est susceptible de donner une indication erronée. L'inconvénient du MACD, comme tous les autres indicateurs utilisés classiquement, est que ses signaux de retournement s'avèrent souvent être à la traîne comparés au prix.

Figure 13 - MACD

Quant à l'indice de force relative ou RSI, il a été développé en 1978 par Welles Wilder pour mesurer la vitesse des fluctuations d'une valeur et de comparer l'ampleur d'un gain récent avec l'échelle d'une perte récente. Cet indicateur représente la force interne du mouvement de l'instrument.

En utilisant un seul paramètre, généralement 14 barres ou bougies, il indique la force intrinsèque d'un titre en identifiant son changement de vitesse. C'est donc un oscillateur qui mesure la vélocité de sa direction.

Si le prix monte rapidement à la hausse, à un moment donné, il devient suracheté et par conséquent, le retournement devient plus probable. La courbe de l'indicateur est proportionnelle à la portée de l'avance (ou du déclin) et l'information donne une valeur comprise entre 0 et 100. Lorsque le RSI va en dessous de 30, il génère un signal d'achat et quand il va au-dessus de 70, c'est une vente.

Deux lignes sont tracées automatiquement pour déterminer les niveaux de 30 et 70, afin de les localiser plus facilement.

Un autre indicateur, le « Stochastics Oscillator » montre la dynamique des prix plus intensément. Combiné avec d'autres outils, il est très utile pour donner un signal allant à l'encontre de la tendance, pour en annoncer sa fin.

Plus efficace que le MACD ou le RSI pour anticiper un revirement, les « Slow Stochastics » marquent le potentiel d'un changement de prix vers la baisse si l'intersection de ses lignes est au-dessus de 80% de l'échelle de valeur, et de prévoir un mouvement à la hausse si elles passent en dessous du niveau de 20%.

Dans un graphique haussier, quand une ligne de tendance joignant les sommets de l'indicateur stochastique, le MACD ou le RSI se dirige dans la direction opposée de la ligne joignant les sommets de la courbe des prix, c'est souvent une alerte de changement de tendance et il est conseillé de ne pas faire confiance au prix qui continue toujours vers le haut.

L'accord (convergence) ou le désaccord (divergence) de leur inclinaison est la propriété la plus utile de tout indicateur, mais il est nécessaire de confirmer les faits avec d'autres outils.

Le prix continue plus haut alors que les stochastiques sont divergents et montrent un sommet plus bas que le précédent

Figure 14 - Stochastiques

Pour vérifier une idée de retournement, une confirmation peut être obtenue en ajoutant le Williams Percent R qui estime la fourchette de prix d'un certain nombre de barres ou le CCI qui peut également déterminer une surévaluation ou une sous-évaluation.

Un autre outil, tiré de l'étude de Leonard P. Ayers dans les années 1920, est particulièrement intéressant pour analyser la « santé » globale entourant un prix. Représentée comme une ligne, la ligne « Advance/Decline » (A/D) permet aux spéculateurs de mesurer le nombre d'actions à la hausse par rapport à celles à la baisse d'un marché boursier. Une divergence est notée quand le marché se déplace dans une direction, alors que cet indice se dirige dans la direction opposée.[4]

---

4 Une telle divergence négative a également été observée à la fin du marché haussier de 1920-1929, au cours de 1972 et du top du NYSE Nifty Fifty, vers la fin de la bulle dot-com aux États-Unis de 1999 à 2000 (lorsque les indices ont continué à monter tandis que la ligne AD divergeait vers le bas depuis le début de l'année 1999) et aussi, à partir de Mars 2008, avant l'effondrement du marché jusqu'à la fin de 2008.

Toutefois, considérés de façon traditionnelle, ces indicateurs analysent des données historiques à partir des prix précédents. Cette particularité signifie que leur signal est souvent en retard quoique si le trader examine la convergence ou la divergence des indicateurs par rapport à la courbe des prix, le signal va être en avance pour permettre des décisions plus rentables.

En regardant plusieurs de ces indicateurs, s'ils montrent tous une convergence en ligne avec le graphique du prix, ils confirment la tendance établie et le trader peut entrer dans une position allant avec le courant, tout en étant plus confiant de la poursuite de son élan. Dès qu'une anomalie est visible, une idée de trade dans la direction apparente du prix est rejetée, car l'avertissement est donné qu'elle s'affaiblit.

Une combinaison d'indicateurs est donc considérée comme une boussole qui vient confirmer ou démentir la direction du flux.

Lorsque d'un commun accord ils signalent une divergence, un changement imminent de la tendance est anticipé et cette déviation est d'autant plus significative qu'elle est en avance par rapport au prix. Cette condition peut également être utilisée pour parier contre la tendance visible du marché.

Un autre indicateur considère le sentiment des spéculateurs. Il est conseillé de vendre quand ils sont euphoriques et d'acheter quand ils se lamentent. Pour évaluer tout cela, le Put / Call ratio estime le volume des options baissières (Puts) par rapport au volume des options haussières (Calls). Les Put options sont utilisées pour se couvrir contre la faiblesse du marché ou pour parier sur son déclin et les Calls options sont pour tirer parti de sa force ou pour anticiper son ascension.

En général, cet indicateur est utilisé pour évaluer la perception du marché. Un sentiment excessivement baissier est observé lorsque le Put / Call ratio est supérieur à 1, le volume des paris baissiers dépassant le volume des haussiers. A l'opposé, le point de vue de l'environnement est trop optimiste quand il est bien en dessous de 1, le volume des achats spéculatifs dépassant celui des ventes. Le chartiste peut appliquer des moyennes mobiles et d'autres indicateurs sur leur représentation graphique pour anticiper si le Put / Call ratio va augmenter ou diminuer.

Sa formule est tout simplement le volume des options de vente divisé par le volume des options d'achat. Comme avec la plupart des indicateurs d'opinion, le quotient Put / Call est utilisé comme un signe contraire qui permet d'évaluer les niveaux extrêmes, que ce soit haussiers ou baissiers.

Lorsque le sentiment montre les participants trop optimistes, les traders s'attendent à une baisse du marché et une fois que l'état d'esprit tourne excessivement pessimiste, c'est l'augure d'une prévision haussière.

En effet, le Put / Call Ratio considère les « sautes d'humeur » des émotions positives ou négatives, et donne un signal de vente si l'euphorie rend le marché boursier surévalué et d'achat, quand la peur le rend sous-évalué. Ce signe permet aux opérateurs de se positionner à l'avance et anticiper la tournure des événements. Souvent, acheter lorsque la panique est dominante peut grandement récompenser les spéculateurs et cet indicateur est l'un des outils pour le faire.

En général, les options sur indices sont associées avec les traders professionnels et les options sur actions avec des amateurs, ce qui explique pourquoi le quotient d'options sur indices a le plus d'influence. Ainsi, les statistiques du Chicago Board Options Exchange (CBOE) sont les plus largement suivies.

STOPS & CIBLES

Dans les affaires, l'entrée est plus facile d'accès que la sortie, il est donc communément prudent d'en chercher l'issue avant de s'y aventurer.

—Esope

Dans la préparation d'un plan, il est aussi nécessaire de chercher des raisons de ne pas trader que des justifications confirmant le potentiel de le faire. C'est une question de préservation du capital, afin de s'assurer que l'idée de trade a vraiment du mérite, en empilant plusieurs probabilités.

Les stops font partie intégrante de l'opération. Ils doivent être marqués sur le carnet de commandes ou mentalement si les quantités sont très grandes, puisque « montrer sa main » n'est pas recommandé.

Ces ordres sont placées à un niveau stratégique, pour sortir d'une position à la volée ou « at the market » automatiquement, dès que le prix est touché. Il est également possible de spécifier le prix minimum souhaité une fois le stop élu mais, dans ce cas, la sortie n'est pas plus garantie.

Un danger d'une position maintenue plusieurs jours est que son prix peut ouvrir avec un écart à la baisse, par exemple de 10 points, alors que le stop a été placé à seulement deux points en dessous à la clôture de la veille.

Des surprises désagréables, comme la publication inattendue de chiffres négatifs ou l'annonce d'un événement grave et imprévu, peut dissuader les acheteurs jusqu'à ce qu'un niveau de prix reflétant la déception soit trouvé. Bien sûr, le risque d'un écart de prix est plus courant dans les marchés qui ferment dans la soirée, comme les actions.

A l'ouverture, l'ordre de vente du stop est exécuté après le premier « print » de l'ouverture et le montant reçu n'est pas avec une perte de deux points, mais plutôt de dix. Ainsi, le calcul du risque établi avec le stop est faux et remplacé par un déficit beaucoup plus important. En général, c'est pour cette raison qu'un trader évite de prendre une position juste avant les résultats du chiffre d'affaires d'une entreprise ou quand les annonces économiques sont anticipées, afin d'éviter ce genre de choc vraiment désagréable.

Ce problème ennuyeux d'écart de prix peut également se produire si la position est short. Suite à un « takeover » (rachat de l'entreprise) à un prix beaucoup plus élevé, la valeur peut s'élancer plus haut en faisant un écart de prix et en occasionnant une perte tout aussi grande, même si le niveau du stop n'était pas loin.

Malgré ces lacunes désagréables, les stops doivent être placés sous le support pour les achats et au-dessus la résistance pour les ventes à découvert. Dès que la position gagne, le stop peut être déplacé vers un nouveau niveau stratégique dès que le prix indique un endroit sûr, de façon à verrouiller une partie du mouvement rentable.

Certains traders utilisent également des « trailing stops » qui bougent avec une distance de prix prédéterminée, afin de conserver les bénéfices en vigueur jusqu'à la fin du mouvement profitable, sans sortir trop tôt. Dès l'entrée à $ 20,00 un Trailing Stop de $ 0,50 est à un prix de $ 19,50 et dès que le prix a monté à $ 20,125, il est automatiquement modifié à $ 19,625 et ainsi de suite.[5]

Si le nombre de transactions est intense et les trades de moins de dix mille actions sur un marché très liquide, il est possible de mettre les stops sur le carnet d'ordres et d'en placer deux simultanément, l'un au stop-loss et l'autre au prix de cible avec un ordre OCO (l'un annule l'autre). Avec cette configuration particulière, une fois le prix d'objectif atteint, le stop n'étant plus nécessaire est automatiquement annulé ou bien si le stop est touché avant la cible, celle-ci est supprimée.

---

5 A l'époque, l'intervalle de prix minimum était d'un huitième de dollar (une valeur de $0,125), mais aujourd'hui, l'écart minimum des actions à chaque centime.

Quelle que soit la stratégie et en particulier pour le day-trading, un objectif de profit fait toujours partie du plan de trading.

Ainsi, parmi les nombreux choix pour définir le niveau de prix auquel le trader va prendre ses bénéfices, le plus simple est aussi le plus largement utilisé par les opérateurs. Tout d'abord, il est nécessaire de calculer le risque qui est là où le stop se trouve placé stratégiquement. Ensuite, il est alors facile de placer un ordre pour une première sortie de la moitié de la position avec un gain égal au risque (éloigné de l'entrée pour le même montant d'argent), ce qui garantit une position sans risque puisque cela permet d'arriver au « break even » (seuil de rentabilité). Au pire, le stop est touché et il n'y a ni gain ni perte et au mieux, la deuxième sortie pour la moitié restante rapporte un bénéfice net représentant au moins le double de la prestation initiale.

Par conséquent, les risques sont éliminés et les transactions peuvent être exploitées plus longtemps.

Comme toujours, le plus simple est le mieux.

ERREURS

*Toute personne qui n'a jamais commis
d'erreurs n'a jamais tenté d'innover.*

—*Albert Einstein*

En début de carrière, il est normal qu'un débutant fasse plusieurs faux-pas mais le nombre d'erreurs va diminuer au fur et à mesure et ainsi, les fautes deviennent plus rares après plusieurs mois d'expérience.

Une étude a démontré que plus grand est le total des transactions effectuées et plus le pourcentage d'erreurs est réduit:

TRADES (Quantité)	50	100	200	300	500
ERREURS (%)	14%	10%	7%	6%	4%

Avec le temps, l'habitude du trading s'installe comme une seconde nature et de moins en moins de maladresses sont enregistrées.

Mais le doigté n'est acquis qu'avec de vraies négociations qui vont ancrer les leçons à en tirer dans la mémoire du trader. D'ailleurs, en tenant un journal et en faisant le point de chaque opération en fin de journée avant de préparer son plan de travail pour le lendemain, il est possible d'acquérir la pratique bien plus rapidement, puisque chaque décision est prise en compte.

Quelques petites erreurs sont:

✓ Entrer un ACHAT au lieu d'une VENTE: Attention !

✓ Acheter le mauvais titre (qui a un nom similaire ou un symbole similaire). S'assurer du nom et du symbole !

✓ Placer une limite d'achat à 13.0, quand le prix affiche 13.30, mais au lieu d'entrer le prix correct, écrire 133.0, pour voir que l'exécution a été faite « at the market » à 13.40. C'est désagréable. Il suffit de prendre son temps et de ne pas s'affoler pour entrer les ordres, en vérifiant toujours toutes les données... Etc.

Par contre, les grosses erreurs sont impardonnables. Ces exemples résultent souvent en une réduction de durée de la carrière du trader:

✓ Rajouter à une position perdante, pour réduire la moyenne du coût (mais avec une plus grosse quantité). Une des phrases célèbres est de ne jamais augmenter une position perdante. « Never ! Never average down. » Une des lois du trading est de ne jamais le faire, sous aucun prétexte. Une position à perte doit être éliminée et non pas augmentée.

✓ Négocier sur un marché sans volume et sans liquidité est dangereux. Quand on veut s'en sortir, cela peut être dramatique ![6]

✓ Ne pas limiter ses pertes. La taille de la position est très importante et l'étude du niveau où celle-ci a perdu son mérite aussi. Sans stop, cela mène tout droit à la catastrophe. Perdre fait partie du métier. Toutefois, une position perdante doit être éliminée dans les plus brefs délais.

---

6 En 1998, le Hedge Fund LTCM (Long Term Capital Management), dirigé par des prix Nobel de Finance, a fait faillite pour avoir investi dans un marché manquant de liquidité. Sans acheteur pour leur permettre de sortir de leurs très larges positions, ils subirent d'énormes pertes. Ils sont investis pour 100 milliards et ont tout perdu sauf les derniers 400 millions. Leur faillite risque une crise systémique pouvant faire éclater le système financier international mais, grâce à une intervention de sauvetage organisée par la Fed, le danger fut évité de justesse.

✓ Rester « marié » à une pose, ne pas pouvoir accepter d'en sortir et ainsi, se trouver paralysé de voir les pertes s'amonceler.

✓ Paniquer rend une mauvaise situation encore plus grave. C'est perdre ses moyens de réflexion, d'analyse et de décision. On peut l'éviter avec une bonne préparation, une étude du marché et la vérification des instruments utilisés, ainsi qu'une bonne connaissance de soi-même. Le plan de trading, les stops et une bonne stratégie n'invitent pas la peur.

✓ Over-trading (Prendre trop de positions). C'est l'indication d'un manque de confiance en soi et aussi d'un manque de préparation. Cela indique que la compréhension de la direction du marché est douteuse et que le trader n'est sûr de rien.

✓ La Cupidité: Dans le cas où le trader est sortit d'une position gagnante en étant discipliné et en suivant son plan, s'il voit que la position aurait pu gagner beaucoup plus, il est contrarié du manque à gagner. C'est alors qu'il entre à nouveau à un niveau de prix sur-étendu et sans aucune préparation et c'est ainsi qu'il perd non seulement tous ses gains précédents mais qu'il transforme ses profits en perte.

✓ Revange: Si l'opérateur a perdu mais qu'il n'accepte pas d'avoir eu tord, il entre dans une autre position parce qu'il veut absolument avoir raison et il perd encore plus.

✓ Ennui: Le trader attend, il attend encore et rien ne se passe. Il s'ennuie tellement qu'il se persuade que s'il ne négocie pas, il ne peut pas gagner d'argent. Pourtant, entrer dans une position sans un plan d'action et sans réfléchir à l'avance est rarement profitable. Ne pas trader, c'est également ne pas perdre.

✓ Avoir mal dormi, être de mauvaise humeur ou encore être contrarié peut être au détriment de la performance du trader. Il est impératif d'avoir de la patience et de s'assurer d'être en forme pour éviter les problèmes.

✓ Vouloir se rattraper, coûte que coûte… Cela ne fait qu'entraîner plus de pertes. C'est pourquoi, après une suite de mauvaises positions et une réduction importante du capital, il faut s'arrêter quelques jours ou une semaine. Le désir de prouver qu'on est capable ou pire, qu'on est le plus fort est la meilleure façon d'ajouter aux difficultés.

✓ Perdre sa perspective est aussi une grosse erreur. Un trader doit toujours garder en vue la « BIG PICTURE » (une vision générale du marché), de façon à rester objectif tout en utilisant un plan d'action étudié d'avance qui lui permet de ne pas trop s'éloigner du droit chemin.

PERTES & LUTTE MENTALE

Le succès consiste à aller d'échec en échec,
sans perdre son enthousiasme.

—*Winston Churchill*

Généralement, si un plan n'a pas déjà couvert toutes les éventualités avant même que l'émotion puisse se manifester, une perte peut devenir paralysante.

Lorsqu'un trader perd le sommeil à cause d'une position, c'est malsain. S'il se ronge les ongles et se rend malade d'inquiétude, il a les symptômes évidents d'une mauvaise entrée de trade dont il anticipe les conséquences.

Ces signes ne sont éliminés qu'en sortant celle-ci.

Quelle que soit la cause de l'angoisse, elle est reliée d'une façon ou d'une autre à un manque de préparation, au non-respect des règles d'une stratégie ou encore aux risques encourus qui s'avèrent manifestement trop importants par rapport à la taille du portefeuille.

Dans tous les cas, les règles de gestion du risque ont été ignorées.

Après avoir essuyé plusieurs pertes, les réactions sont souvent les mêmes. Un état dépressif s'installe et certains traders décident de réduire leur exposition avec des stops placés si près de leur entrée, qu'aucune aisance n'est laissée au mouvement du prix, ce qui prive de toute possibilité de profit puisque les stops sont exécutés à la moindre oscillation du marché.

D'autres, alors que leur compte est largement en baisse, vont couper une position gagnante trop tôt, pour finalement enregistrer un profit, si petit soit-il. Ainsi, en étant déprimés, ils ajoutent de nouvelles erreurs aux premières.

La raison de l'embarras et du refus de se résigner à admettre une défaite vient de la petite enfance.

De très bonne heure, il nous est inculqué que perdre est honteux. Abandonner est déshonorant. Par contre, gagner est largement félicité et positif.

Avec cette base ancrée au plus profond de nous-mêmes, la réaction instinctive est de dénier une perte avec l'espoir que tout peut s'arranger ou encore, de présumer qu'avec un plus grand effort et une intention de se battre davantage, on peut finir par éviter cet embarras.

Comment capituler et accepter de perdre ?

Pour cela, il faut changer sa perspective, sinon la rébellion prend le dessus. Par fierté, il est terriblement difficile d'accepter rapidement de s'être trompé et pourtant, cette admission est tout simplement une réaction vitale dans ce métier. Pour pouvoir laisser les gains s'accumuler, il ne faut pas penser aux erreurs précédentes. C'est un travail psychologique profond car les peurs s'installent dans le subconscient et les émotions reviennent en mémoire, au moindre problème.

Il est prouvé que sous le stress, les facultés sont temporairement réduites de façon notoire et que la capacité de réflexion d'un adulte est abaissée dramatiquement, pour se trouver au niveau de celle d'un enfant en bas âge.

Un ouvrage médical sur les émotions démontre qu'un système d'alarme se déclenche dans la tête et provoque cette régression. C'est une part de tissu en forme d'amande, dans la partie primitive du cerveau qui prend le relais pendant la lutte pour la survie.

Celle-ci est appelée l'amygdale et déclenche la panique, la lutte ou la paralysie de réflexion (Dr. Ledoux: Cognitive-Emotional Interactions in the Brain).

Lorsque le trader ne supporte plus les aléas normaux du métier, il doit arrêter son activité pour quelque temps afin de remettre ses idées en place. Cette résolution est une sauvegarde nécessaire, puisqu'il suffit d'une mauvaise décision pour ruiner plusieurs jours ou plusieurs semaines de bénéfices.

Principe de la Vague d'Elliott

Vous devez vivre dans le présent, vous lancer sur chaque vague, et trouver votre éternité à chaque instant.

—Henry David Thoreau

Il est tout à fait compréhensible que le comportement des marchés dépend de la psychologie des masses. Les sentiments et les réactions émotionnelles font bouger les prix d'après l'humeur et la perception des informations. Ces mouvements peuvent être inattendus si le contexte dans lequel la nouvelle est annoncée est ignoré.

C'est tout aussi bien le principe des vagues d'Elliott que celui des retracements Fibonacci.[7]

L'« Elliott Wave Principle » est la découverte de Ralph Nelson Elliott qui décrit les émotions des foules, avec des poussées et des revers formant des motifs reconnaissables. Un bon timing du marché dépend de l'étude du comportement psychologique humain. L'évolution ou le chemin toujours changeant des cours boursiers révèle une structure qui reflète une harmonie fondamentale, celle-ci étant aussi trouvée dans la nature. Au sens large, la théorie d'Elliott propose que la même loi qui façonne les êtres vivants et les galaxies va influencer les émotions et les activités des hommes en masse.

Les mouvements de prix sont répétitifs (fractals) et se retrouvent aussi bien dans des vagues mineures en utilisant des parcelles horaires que dans les grandes vagues annuelles.

---

7 Les retracements de Fibonacci sont couverts en détail dans la première partie du livre.

A tout moment, le marché peut être identifié comme étant à un certain niveau de vagues, situé lui-même dans un degré d'un de motif plus large.

Parce que le modèle de déambulation est la forme de base de la progression du marché, tous les autres modèles en sont des divisions. Il y a deux modes de développement: l'étape motrice et l'étape correctrice.

Un cycle complet est composé de huit vagues, constituées de deux phases distinctes. La phase motrice (aussi appelée un « cinq ») représente la direction majeure dont les subwaves (sous-vagues) sont désignées par des chiffres (1-2-3-4-5) et la phase de correction (appelée un « trois ») révèle la réaction inverse dont les vagues sont désignées par des lettres (A-B-C). La plupart des vagues motrices sont des impulsions et les extensions sont des impulsions allongées, avec des subdivisions exagérées.

A l'intérieur de la phase motrice, vague 2 ne retrace jamais plus de la vague 1, la vague 4 ne revient jamais plus loin que le début de la vague 3 et la vague 3 va toujours plus loin que la vague 1. L'objectif d'une vague motrice est de progresser et donc, cette règle en assure la bonne interprétation.

En terme de prix, la vague 3 est souvent la plus longue, alors qu'elle n'est jamais la plus courte parmi les trois vagues principales (1, 3 et 5) d'une vague motrice. Tant que la vague 3 représente un mouvement plus grand en pourcentage que la vague 1 ou la vague 5, cette règle est satisfaite. En outre, les vagues d'action (1, 3 et 5, ainsi que A et C) d'une impulsion motrice sont elles-mêmes subdivisées en mini phases motrices (1-2-3-4-5), tout particulièrement la 3. Les phases correctives (2 et 4, ainsi que B) se divisent en 3 mini phases (a-b-c).

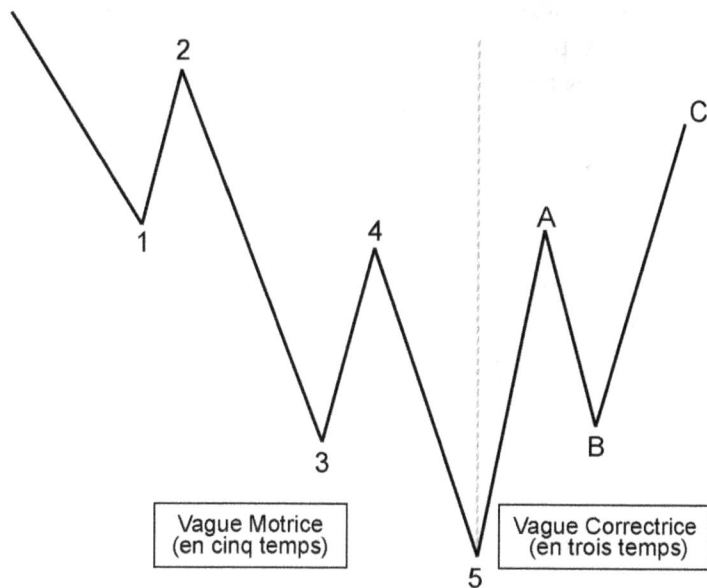

Figure 15 - Principe des vagues d'Elliott

Le terme « truncated » (tronqué) est utilisé pour décrire une situation dans laquelle la cinquième vague ne se déplace pas au-delà de la fin de la troisième. Une vague tronquée peut généralement être vérifiée en notant que la vague présumée être la cinquième contient les cinq subdivisions nécessaires et qu'elle s'est produite après une longue et puissante vague 3.

Si les extensions de la cinquième vague se terminent en triangles tronqués ou en diagonale, ils impliquent qu'un renversement dramatique est à venir. Si deux de ces derniers se produisent ensemble à différents degrés, le mouvement dans la direction opposée n'en est que plus violent.

Le volume permet de vérifier le compte des vagues et d'en projeter les extensions, celui-ci étant en diminution dans les phases de correction. Un point faible en volume coïncide souvent avec un point tournant dans le marché. Ainsi, la cinquième vague a moins de volume que les quatre précédentes.

Le principe de l'Elliott Wave apparaît clairement dans les graphiques financiers parce que le marché boursier est le meilleur réflecteur de la psychologie des foules dans le monde. C'est la manifestation des conditions psychologiques et sociales de l'homme qui détermine la fluctuation de son entreprise en production vers l'avancement et qui engendre ainsi des phases de progrès et de régression.

C'est l'observation que le développement de l'humanité ne se produit pas en ligne droite et au hasard mais plutôt au rythme de « trois pas en avant, deux pas en arrière » tout comme la nature.

La bourse représente un comportement de masse qui peut être étudié et défini en utilisant une formule mathématique simple: le golden ratio de 1,618 (Nombre d'or).

L'étude de la théorie d'Elliot assure que coïncidence ou pas, le nombre réel de points dans les vagues ou dans une partie de la formation se manifeste avec le ratio 0,618, comme il en est dans la série Fibonacci.

Stratégies

Le vrai cœur d'une stratégie est le stratégiste.

—*Max McKeown*

Naturellement, toute préparation utilise des stratégies.

Avant l'ouverture, le potentiel d'entrée de transaction commence par la possibilité d'appliquer une méthode qui va déterminer s'il est possible d'obtenir les meilleures probabilités de succès possibles.

Les règles d'une stratégie stipulent les conditions d'entrée qui doivent s'ajouter les unes aux autres et une fois l'ordre passé, il est immédiatement suivi par l'emplacement du stop, également déterminé dans la stratégie, ce dernier étant situé à un niveau où l'opération a perdu son mérite. Et puis, souvent basé sur le risque délimité par le stop, l'objectif de profit est décidé.

Les formules les plus simples sont souvent les plus efficaces. D'ailleurs, c'est souvent quand un débutant pense avoir compris le système, qu'il commence à compliquer les choses et que les transactions deviennent moins rentables.

Évidemment, il est conseillé d'utiliser le principe K.I.S.S. (Keep It Simple, Stupid) et de s'en tenir à n'utiliser que les configurations les plus efficaces. Le but n'est pas d'être un héros, mais de suivre une stratégie à la lettre, celle-ci permettant de gagner de l'argent avec le moins de risques possibles.

Il n'est pas nécessaire d'adopter une multitude de stratégies différentes. Quelques-unes sont suffisantes pour gagner de l'argent assez régulièrement, d'autant plus qu'elles deviennent innées.

La stratégie de suivi de tendance haussière nécessite d'abord une forte tendance à la hausse avec la situation des moyennes mobiles montrant la 10 au-dessus de la 20, elle-même au dessus de la 50, alors qu'elles sont pratiquement parallèles et montantes en suivant le prix.

Avant toute chose, il est requis de confirmer la force de la tendance avec l'analyse d'un graphique d'un intervalle supérieur. Le même comportement montrant des hauts plus hauts et des bas plus hauts renforce l'hypothèse d'une continuation de la direction.

Donc, une fois assuré que la direction générale de la tendance est haussière (Bullish), l'idée de trade est considérée si le prix a pris un élan qui l'a éloigné de la moyenne mobile de 20 bougies. Le trader doit attendre un retracement qui ramène le prix vers le bas pour toucher la MM20, avec une diminution du volume. Le signal pour entrer est donné par une très petite bougie positive, indiquant que le prix a le potentiel de monter à nouveau, en mettant fin à son recul en arrière.

La petite bougie d'indécision (trigger) peut aussi être un Dragon Fly, un Doji ou une autre ressemblant à une tête d'épingle et appelée un marteau, ces modèles étant haussiers et augurant un prix plus élevé. Le fait est qu'une petite barre tout particulièrement optimiste signifie que la bataille entre acheteurs et vendeurs a été difficile, mais que le combat a été remporté par les acheteurs.

Après s'être assuré que plusieurs indicateurs sont convergent avec le prix de la tendance haussière (en accord), qu'ils montrent également des sommets plus élevés, qu'ils ne sont pas dans une zone de surévaluation et que leurs lignes ne s'y croisent pas (ce qui serait négatif et un « no go »), l'idée de trade a du mérite. Et puis, si un niveau de support et un point pivot se trouvent à proximité, une particularité pouvant empêcher le prix d'aller plus bas et donc protéger la position, ils ajoutent du poids aux arguments d'achat.

De plus, si la régression du prix est arrivée au niveau de la moitié ou des deux tiers de l'avance (la plupart retracent de cette manière, à la Box Fibonacci), cela correspond à trois pas en avant, deux pas en arrière et représente simplement la croissance de la nature. Ce fait vient ajouter un motif supplémentaire à l'idée d'achat, en indiquant la reprise de la tendance haussière.

L'entrée potentielle peut être placée en avance par un ordre d'achat si le prix va au-dessus de la bougie positive de déclenchement, ce qui prouve que la barre haussière n'est pas « solitaire » et que l'avance va durer.

Le stop est situé juste en dessous de cette même barre de déclenchement car si le prix va plus bas, cela prouve que ce n'est pas la fin du retracement. Un autre endroit pour le stop, quoique plus risqué, est de le placer juste en dessous du dernier bas de prix, ce qui démentirait l'hypothèse de tendance haussière.

Figure 16 - Stratégie Suivi de Tendance

Dans une tendance baissière, c'est tout simplement le contraire, avec une petite bougie négative, un marteau inversé ou un Doji, indiquant l'incertitude chez les vendeurs et les acheteurs pour déclencher le signal au toucher de la MM20, à la suite d'un retracement avec un plus petit volume, tandis que les moyennes mobiles se dirigent vers le bas et montrent une direction parallèle au prix. Les points Pivot peuvent également ajouter des arguments à l'idée de transaction. Comme toujours, si le recul d'une partie de la descente représente la moitié ou les deux tiers de celle-ci avec une bougie de déclenchement négative, cela indique l'entrée de position short pour anticiper la continuation de la descente.

Une autre stratégie va également suivre une tendance bien établie, alors que la position du prix est proche de sa moyenne mobile de 20 bougies.

Dans toutes les trades anticipant une continuation de la tendance, il est nécessaire de considérer un graphique d'intervalle plus long pour confirmer la direction des prix et il est impératif que les indicateurs soient convergent avec le prix en montrant des hauts plus hauts dans une tendance haussière et des bas plus bas dans une tendance baissière.

Comme dans la stratégie précédente, la combinaison d'autres indicateurs au même niveau authentifie l'entrée et donne plus de poids aux probabilités de transaction rentable.

Dans cette deuxième stratégie, le principe de base est que le prix a été confronté à un fort support (dans un graphique baissier) ou une forte résistance (dans un graphique haussier) et n'est pas en mesure de passer ce niveau solide, en dépit de plusieurs essais. Si les bougies se regroupent et sont de plus en plus petites en se rapprochant de la ligne sans être en mesure de passer ce mur apparemment incassable, l'idée de trade peut être examinée.

Dans une tendance haussière, si les indicateurs montrent aussi des hauts plus hauts dans le graphique d'intervalle supérieur ou tout au moins s'ils vont suivre le prix allant plus haut, l'arrivée d'une évasion à travers la ligne de résistance va être d'une telle force que les chances de gagner sont majeures. L'ordre peut être placé à l'avance, juste au-dessus de la résistance. L'effet d'une évasion de prix cassant cette forte ligne est semblable à la vapeur d'une cocotte-minute s'échappant avec un jet puissant, grâce à l'énergie accumulée.

Si, et seulement si, le prix va franchir la ligne de résistance, l'achat est entré sur la cassure avec un stop au-dessous du dernier bas du prix, puisqu'à ce niveau, il va annuler l'hypothèse d'une tendance à la hausse et donc, rendre la transaction invalide.

Figure 17 - Stratégie de Cassure

Pour une tendance à la baisse c'est l'opposé, en passant au travers d'un soutien important qui a été touché en vain à plusieurs reprises, c'est l'entrée d'une vente.

Et puis une autre tactique est utile, cette fois pour spéculer à l'encontre de la tendance établie. Même si elle présente plus de risques, les résultats sont parfois très profitables.

Cette troisième configuration analyse le retournement potentiel d'un prix très bas. Vue à un plancher du marché, elle est signalée par une bougie de déclenchement comme un Dragon Fly, un Doji ou d'un marteau. Une indication très importante est que le prix, après avoir fait un nouveau bas, s'en va au-dessus de la barre précédente et, mieux encore, si le prix va plus haut que les cinq dernières bougies.

Si les indicateurs sont divergents (le prix fait encore des nouveaux bas plus bas alors que plusieurs indicateurs montrent des bas plus hauts), l'idée d'un retournement est envisagée.

Pour argument supplémentaire, si les « Slow Stochastics » se sont croisés vers le haut dans la zone sous-évaluée en dessous de 20% et que le prix a dépassé vers le bas les bandes de Bollinger, mais que la barre de déclenchement a fermé à l'intérieur de celles-ci, les probabilités d'un mouvement de prix plus haut augmentent.

Le stop est immédiatement placé en dessous de la bougie de déclenchement (qui est au plus bas mais a fermé positive et au plus haut de la barre) puisqu'un nouveau bas va annuler l'hypothèse de la fin du marché baissier.

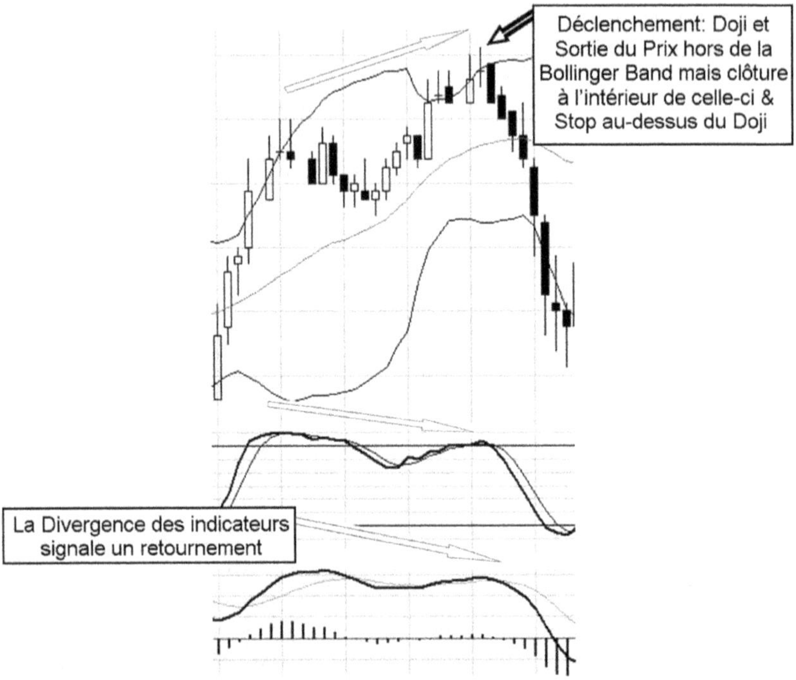

Déclenchement: Doji et Sortie du Prix hors de la Bollinger Band mais clôture à l'intérieur de celle-ci & Stop au-dessus du Doji

La Divergence des indicateurs signale un retournement

Figure 18 - Stratégie de Retournement

Dans le sens inverse, cette configuration est possible dans un marché fortement haussier, montrant une bougie de retournement comme un Doji, un Tombstone ou un marteau inversé. Après avoir marqué un nouveau haut, le prix s'est retourné pour fermer au plus bas de la barre ou même des cinq jours précédents, ce qui indique la possibilité d'un renversement de tendance vers le bas.

Alors que le graphique montre que le prix continue de faire des hauts plus hauts, les indicateurs montrent déjà des hauts plus bas et de plus, ils se croisent dans leur zone de surévaluation.

Quelle que soit la formule de stratégie choisie, le trader se doit de chercher toutes les raisons supplémentaires possibles qui vont augmenter les probabilités de profits. Plus les outils s'accumulent pour donner un signal à un même niveau et plus l'idée de trade a un potentiel de réussite.

Beaucoup d'autres stratégies existent, mais il suffit de peu d'entres elles pour gagner de l'argent. La seule exigence est de se conformer aux règles et d'être discipliné. Le secret de la réussite est trouvé dans une bonne gestion des risques, tout en évitant d'exposer trop de capital au hasard. Il est important de savoir qu'une position prise dans le même sens que l'indice boursier va être facilitée et il est recommandé de maintenir un équilibre entre les positions d'achats et de vente tout en inclinant l'équilibre vers une augmentation des positions short dans un marché baissier et à l'achat, dans un marché en hausse.

Aide-Mémoire

STRATÉGIE DE SUIVI DE TENDANCE

(Faire l'inverse pour la tendance baissière.)

Conditions:

✓ Le marché général est confirmé être dans une tendance haussière et est également à la hausse. Son comportement est prouvé par des hauts plus hauts et des bas plus hauts. (Il est plus sûr de trader dans la même direction que le marché boursier).

✓ Le graphique de l'intervalle de temps plus grand confirme le sens de la tendance.

✓ Les Moyennes Mobiles 10-20 et 50 périodes sont parallèles au prix et se dirigent dans la direction de la tendance.

Français

✓ Le prix a grimpé en flèche rapide, en s'éloignant de sa MM20, mais recule lentement pour la toucher avec un faible volume sur le déclin.

✓ Le retracement de retour est de 50 à 61,8% de l'avance, mesuré à partir du bas vers le haut si le marché est volatile, et s'il est calme, il peut être compris entre 38,2 et 50%.

✓ Le recul s'est arrêté à un point pivot.

✓ Les indicateurs sont convergents (dans le même sens) avec le prix, montrant des sommets plus élevés (une divergence annule la possibilité de transaction).

✓ Les indicateurs ne sont pas dans une zone de surévaluation et ne se croisent pas.

✓ La Barre ou bougie touchant la MM20 a la forme d'un Doji, d'un marteau ou est très petite et positive.

✓ Il n'y a pas de résistance visible entre l'entrée de la position et de la cible prévue, et si un niveau de support protège l'emplacement du stop, c'est préférable.

Entrée: Lorsque le prix se négocie plus haut que le dessus de la bougie de déclenchement, à proximité de la MM20 (signalant la reprise de la hausse)

Stop 1: Juste en dessous du bas de la bougie de déclenchement (indiquant que ce n'est pas la fin de la baisse et que le recul n'est pas terminé).

Stop 2: Juste en dessous du dernier bas de la tendance haussière, puisqu'un prix plus bas indique un changement de tendance et réfute l'hypothèse d'une tendance haussière.

Sortie 1: Sortir de la moitié de la position à un profit équivalent le risque (la même distance de prix que le stop par rapport à l'entrée de position.

Sortie 2: Laisser les profits s'accumuler et bouger le stop dès qu'un nouveau niveau stratégique de protection est trouvé.

Aide-Mémoire

STRATÉGIE DE RETOURNEMENT DE TENDANCE

(Faire l'inverse à la fin d'une tendance baissière)

Conditions:

✓ Le marché en général est déjà baissier (il est plus sûr de négocier dans la même direction que le marché boursier).

✓ Le graphique considéré montre un prix de surchauffe.

✓ Le graphique de confirmation d'un intervalle de temps beaucoup plus grand (pour 15 mn, considérer le journalier) montre que l'instrument est dans un marché baissier général et que l'avance de prix est un retracement dans un graphique globalement en baisse.

✓ Le prix a fait un nouveau haut plus haut, mais s'est retourné et a fermé au plus bas de la barre.

✓ Sa fermeture est non seulement au plus bas de la barre, mais aussi plus bas que la barre précédente. (Inférieure aux 5 dernières barres est mieux !)

✓ Surévaluation extrême et divergence du prix avec plusieurs indicateurs. Alors que la ligne reliant les sommets de l'évolution du prix monte, les lignes joignant les sommets du RSI et des stochastiques (ou MACD), montrent des hauts plus bas.

✓ Le volume a diminué au cours des cinq dernières barres montantes.

✓ Le volume de la barre de retournement se rapproche de deux fois le volume des 10 dernières barres.

✓ CCI s'est croisé un certain nombre de barres plus tôt, dans sa zone surévaluée et commence déjà à descendre.

✓ Les Stochastiques se croisent vers le bas, au-dessus de 80%

✓ Le prix est passé au-dessus des bandes de Bollinger mais a fermé à l'intérieur.

Entrée: Si le prix va en dessous du bas de la bougie de retournement (en indiquant la poursuite de la baisse).

Stop 1: Au niveau où le prix remonte au-dessus de la bougie de retournement de déclenchement (montrant la hausse renouvelée).

Stop 2: 2% au-dessus du débordement du sommet de l'inversion de bougie (parfois une forte tendance à la hausse implique un refus de capituler et le prix peut briser le record précédent, avant une chute beaucoup plus drastique).

Sortie 1: Sortir de la moitié de la position à un profit équivalent le risque (la même distance de prix que le stop, par rapport à l'entrée de position.

Sortie 2: Laisser les profits s'accumuler et bouger le stop dès qu'un nouveau niveau stratégique de protection est trouvé.

TURTLE TRADING

Quelle que soit la beauté de la stratégie, vous n'oubliez pas d'en regarder les résultats.

—Winston Churchill

Il y a une autre stratégie de négociation digne d'être mentionnée.

Par hasard, en tout début de carrière, j'ai découvert un système de trading appelé « Tortues ». C'était une méthode mystérieuse, révélée sous le sceau du secret après le krach de 1987, une fois que l'expérience était terminée.

Elle avait été créée quelques années auparavant par un ancien trader du Mid-American Exchange qui avait accumulé suffisamment de profits pour acheter une adhésion à part entière sur le Chicago Board of Trade et était devenu millionnaire à vingt-cinq ans. Avec son ami, il avait fait le pari qu'il pouvait enseigner au novice comment trader, comme les tortues pouvaient être élevées à Singapour, d'où il venait de rentrer de voyage.

Cette expérience était conçue pour découvrir si les traders sont nés avec ce qu'il faut pour réussir, ou si c'est l'expérience qui leur permet de gagner. Pour ce faire, quatre-vingts personnes avaient initialement été recrutées mais ce groupe fut réduit à seulement treize individus, des gens tout à fait ordinaires et sans qualités particulières, formés pour devenir traders en quinze jours avec une stratégie de suivi de tendance.

Ensuite, chacun des opérateurs fut autorisé à négocier sur les marchés pour un maximum de douze contrats au total et, en fonction du rendement qu'ils avaient obtenu après un mois d'essai, un montant allant de cinq cent mille à deux millions de dollars leur fut remis afin qu'ils puissent négocier en appliquant cette méthode.

Elle permit au plus jeune d'entre eux de gagner plus de trente millions de dollars en quatre ans.

Chaque système et celui-là en particulier, prête une attention stricte à la taille de la position. La base du trading étant d'avoir une bonne maîtrise des risques, les « Tortues » n'y font pas exception. « Normaliser la volatilité » est une façon élégante de réduire la position si un instrument est plus volatile ce qui signifie que chaque trade va porter un risque de capital similaire.

'N' étant le nom donné à une moyenne mobile exponentielle à 20 jours de l'ATR (Average True Range), sa formule est la suivante:

(19 x PDN (la veille N) ajoutée à la True Range (ou mouvement de la journée), divisé par 20.

Puisque la formule de 'N' demande un premier N, cela signifie qu'il faut commencer avec 20 jours et après cela, c'est 19xN + TR/20.

L'ATR est calculé en trouvant la plus grande valeur parmi les trois résultats suivants:

✓ La distance entre le haut et le bas de la journée,

✓ La distance entre la clôture de la journée et le plus haut de la journée, et

✓ La distance entre la clôture de la journée et le bas de la journée, y compris les gaps (ou écarts) de prix.

Une fois l'ATR 20 noté, il est nécessaire de comprendre l'« Ajustement de la volatilité du dollar. » C'est tout simplement (dollars par point x N), afin de calculer la taille d'une soi-disant « unité ». Et puisque chaque « unité » prend en compte une participation de 1% du capital de l'opérateur, en d'autres termes, une unité équivaut à:

1% du compte / Volatilité en dollar.

Par exemple, si un instrument se déplace selon la position de $100 par point et la taille du compte est de dix mille dollars. Si N = 1/10ème, une unité est désormais 1% du compte divisé par (N x Dollars par point).

Soit (1% x $10.000) / (0,1 X $100), donnant de $10.

Les tortues peuvent théoriquement commencer l'année avec un million de dollars, mais dans le cas d'une perte de 10%, la taille du compte est réduite de 20%. En d'autres termes, l'opérateur voit son compte diminué davantage encore, pour prendre beaucoup moins de risques, comme si il n'a plus que huit cent mille dollars et non les neuf cent mille restant jusqu'à ce que le compte soit retourné à la figure originale.

La méthode de négociation est basée sur deux stratégies, un système d'évasion de tendance de 20 jours et un autre de 55 jours.

Pour utiliser le premier système dans un marché haussier, si le prix a franchi la ligne reliant tous les sommets des 20 derniers jours au cours de la session (ou si elle a ouvert de cette façon), c'est un signal d'entrer pour une unité qui doit être achetée pour démarrer la position. L'inverse est vrai pour une tendance baissière, la cassure à la baisse du bas des 20 derniers jours est un signal pour vendre une unité.

Cependant, si le signal précédent a conduit à une transaction réussie, le nouveau signal est ignoré afin d'éviter un trop grand nombre de « mouvement de zigzag ».

Le second système donne un signal d'achat si le prix a dépassé le haut des derniers 55 jours (ou cassé en dessous du bas des 55 derniers jours) et, contrairement à la politique des 20 jours, ces positions sont toujours prises indépendamment de la réussite ou de échec de la transaction précédente.

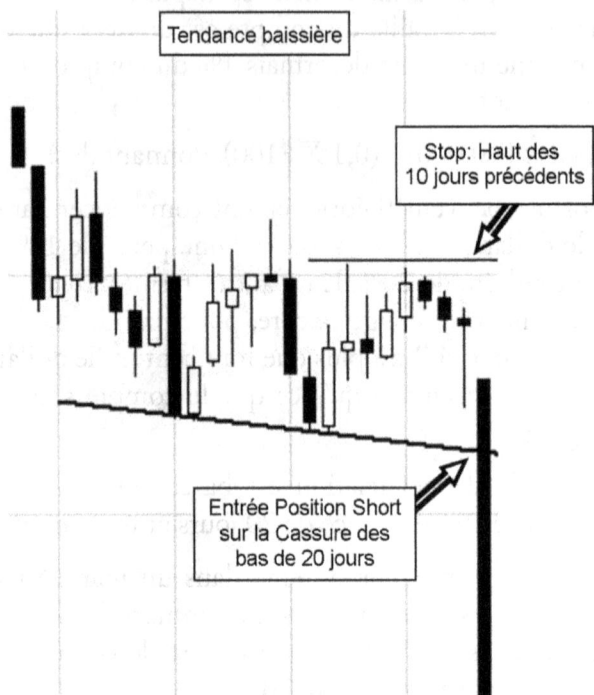

Figure 19 - Stratégie des Tortues

Une fois en position, les tortues ajoutent une unité supplémentaire chaque 1/2 'N' de profit, jusqu'à concurrence du nombre maximum autorisé à accumuler (4 en un seul instrument, six dans des marchés « fortement corrélés » comme le pétrole (Crude) par rapport au Brent (brut), 10 unités sur les marchés « faiblement corrélé » et 12 unités au total dans une même direction).

La directive principale dans tout cela est la cohérence. Comme la majorité des transactions échouent, il est essentiel d'effectuer chacune d'elles parfaitement, afin de ne pas rater les quelques gagnantes qui effectuent à elles seules d'énormes profits et compensent largement pour les perdantes.

Leurs stops et sorties: Aucun trader n'est autorisé à risquer plus de 2% de son capital - en d'autres termes, les Tortues utilisent un stop mental et ne peuvent pas risquer plus de 2 'N' à l'entrée d'une position. Toutefois, pour toute unité ajoutée, chaque fois que le prix augmente d'un 1/2 N, le stop des unités précédentes est rapproché par 1/2 N et, tant que la position gagne, de nouvelles unités sont rajoutées jusqu'au maximum autorisé.

Pour sortir du premier système (évasion des 20 jours), si le bas des derniers 10 jours (pour l'achat) est brisé, cela signifie de fermer la pose. De même, si le sommet des 10 derniers jours est rompu (vente à découvert), la position est fermée immédiatement. Pour sortir du deuxième système (55 jours), la rupture des 20 derniers jours dans la direction opposée donne le signal.

Les tortues étaient des super traders, puisqu'ils devaient avoir une forte discipline. Ce style de trading demande une volonté de fer pour être en mesure de suivre parfaitement les règles sans chercher à « plier » la mécanique de la formule.

Ainsi, les tortues ne pouvaient que s'y appliquer

Le plus difficile était probablement d'être mentalement équipé pour faire face à des pertes constantes, même si ces dernières étaient grassement récupérées par les trades gagnantes. Pour la plupart des gens, c'est un stress insupportable.

Une grande force de caractère était donc impérative, mais les résultats étaient spectaculaires.

MES FORMULES

La vie est vraiment simple, mais nous insistons à la rendre compliquée

—*Confucius*

Mes formules de changement de tendance comprennent une longue liste d'ingrédients différents et des outils affinés au cours de mes trente six mois de back-testing.

Mon système utilise les bandes de Bollinger, un outil de trading créé dans les années 1980 par John Bollinger. Cet indicateur est représenté par deux lignes utilisées comme « écarts-types » autour d'une moyenne mobiles de 20 périodes, pour déterminer si le prix est élevé ou faible par rapport à son historique. La méthode est dérivée de l'observation que la volatilité est dynamique et non pas statique.

Dans une inclinaison modérée, les bandes de Bollinger sont utilisées comme un canal avec la mise en place d'un achat si le prix a touché la bande inférieure et d'une vente si le prix entre en contact avec la bande supérieure, tout en suivant la tendance établie.

Selon son créateur, le prix doit rester contenu à l'intérieur des bandes dans 88% des cas.

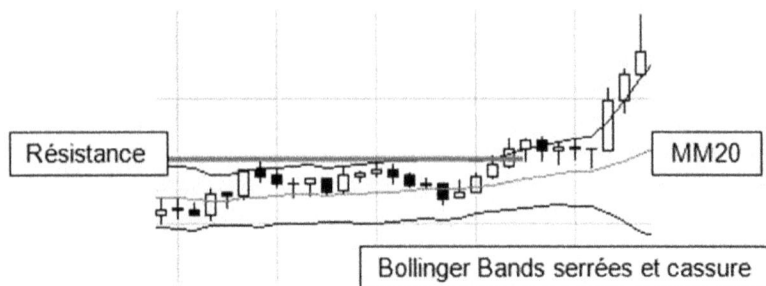

Figure 20 - Bandes de Bollinger et Evasion

Leur calcul est largement influencé par la clôture de chaque bougie et quand les bandes se resserrent très près l'une de l'autre, un grand mouvement est anticipé, entraînant un changement de prix parfois brutal avant de revenir graduellement à une distance plus normale de la moyenne mobile qui les sépare.

Figure 21 - Bandes de Bollinger et retournement

Un autre exemple d'utilisation des bandes de Bollinger est quand la tendance a été à la baisse pendant une longue période et que chaque barre a touché la bande inférieure. Si le prix est allé au-dessous de la bande inférieure, mais que la fermeture de la barre ou bougie s'en trouve à l'intérieur, après une brève consolidation où plusieurs petites bougies apparaissent au même niveau, une hausse des prix peut être anticipée, en particulier si la base s'est formée avec un volume plus élevé sur les bougies positives. L'achat est effectué après un signal visible de déclenchement, comme une bougie ayant la forme d'un Doji ou d'un marteau.

Le stop est ensuite placé juste en dessous du dernier bas de prix.

Parmi les meilleurs outils de mes configurations figurent également les Slow Stochastiques. Dr. George Lane a développé cet indicateur de momentum en 1954, grâce à l'inspiration d'une recherche commencée par ses professeurs et, selon lui, cet indicateur doit être utilisé avec l'analyse des cycles, le principe de l'Elliott Wave et les retracements Fibonacci.

Figure 22 - Divergence Stochastique

Sa formule est de prendre le cours de clôture et de la comparer à la fourchette de prix des barres ou bougies sur une période de temps. Apparemment, le « Stochastic Oscillator » ne suit pas le prix et ne suit pas le volume, il obéit à la vitesse de l'élan du prix.

La sensibilité de l'oscillateur aux mouvements du marché le rend essentiel car son évolution change de direction avant le prix. Ainsi, une divergence haussière ou baissière peut signaler un retournement de la valeur et annoncer un changement de tendance.

La théorie derrière cet indicateur est que dans un marché haussier, les prix ferment généralement près de leur haut et dans un marché baissier, près de leur point le plus bas.

Un signal de transaction est donné lorsque la moyenne mobile de trois jours appelée %D croise le %K de 14 barres. Si la traversée se trouve en dessous des 20% du graphique, c'est un signal d'achat et lorsque le niveau du croisement est au-dessus du niveau de 80%, un signal de vente est donné.

Lorsqu'une ligne de tendance est dessinée sur les Stochastiques et que son inclinaison va dans le sens opposé de la direction du graphique des prix, il y a une divergence et c'est souvent une indication d'un changement de tendance ou de l'affaiblissement de celle qui est visible.

Combinée avec d'autres analyses, l'utilisation régulière des stochastiques est très utiles pour donner un signal qui va à l'encontre de la tendance et qui annonce sa fin.

Un autre indicateur utile, le CCI est la création de Donald Lambert en 1980.

Conçu à l'origine pour les matières premières, d'où son nom de « Commodity Channel Index », il est adopté dans tous les marchés. Il ressemble un peu au « Stochastic Oscillator » tout en étant bien plus volatile.

Un niveau CCI élevé indique un prix surévalué incitant à la vente et un niveau faible témoigne d'un prix sous-évalué, permettant d'envisager l'achat.

Figure 23 - CCI

Pour filtrer les petits changements et ne garder que l'information la plus pertinente, deux niveaux sont tracés sur le graphique, à 100 et -100. Selon l'inventeur, la plupart des oscillations se trouvent à l'intérieur et ces niveaux ne sont pas intéressantes. Par conséquent, quand le CCI varie entre -100 et 100, il n'y a aucune suggestion et le graphique est censé être dans une période de consolidation. Par contre, au-dessus de 100, une baisse est prévue et en dessous de -100, une augmentation de prix peut être envisagée.

La combinaison de ces indicateurs est au cœur de mes formules.

STATISTIQUES

Les faits sont têtus, mais les statistiques sont plus souples.

—*Mark Twain*

Avant d'avoir côtoyé des traders, je croyais qu'une des conditions majeures pour pouvoir exercer le métier de négociation est d'être un excellent mathématicien. J'anticipais aussi que les statistiques allaient jouer un rôle beaucoup plus important mais j'ai vite compris que j'avais tord sur ces deux points.

La seule expression mentionnée de temps en temps est la « standard déviation » ou écart type qui, en général, est employée pour parler de positions de longue durée et non pas du trading rapide.

En statistiques, la règle d'une distribution normale est qu'une valeur ne s'éloigne de sa moyenne qu'à une distance maximum de trois unités et que toutes les mesures restent dans cette zone à 99.7%. Ensuite, à deux standard déviations se trouvent 95% des valeurs et enfin, à un seul écart type (one standard deviation) se situent 68.2% de celles-ci. Bien sûr, dans le cas où la distance va se trouver entre ces 99,7% et 100%, il va s'agir d'un événement tellement rare en théorie des probabilités que s'il survient, il prendra très probablement la forme d'un accident grave et très exceptionnel.

L'improbabilité et la surprise occasionnerait un impact et des conséquences certainement considérables.[8]

---

8 En 2001, dans son livre « Fooled By Randomness » Nassim Taleb a donné le nom de « Black Swan » (Cygne Noir) à une telle éventualité. Aussi rare qu'imprévisible, cette circonstance peut amener une valeur à s'éloigner de sa moyenne d'une façon tout à fait spectaculaire.

Dans les statistiques et la théorie des probabilités, l'écart type montre à quel point la variation ou la « dispersion » existe, par rapport à la moyenne ou à la valeur attendue.

Une courte distance de la moyenne indique que les points référencés sont très proches de l'équilibre alors qu'un large écart par rapport à celle-ci révèle que ces points sont répartis sur une large plage de valeurs. L'écart type d'une variable aléatoire d'un ensemble d'éléments ou de la distribution de probabilités étant la racine carrée de sa variance, une propriété utile de l'écart type est qu'il s'exprime dans les mêmes unités que les données, et cela, contrairement à la variance aléatoire réelle.

La standard déviation est couramment utilisée pour mesurer la confiance dans les conclusions statistiques, la marge d'erreur signalée étant typiquement d'environ deux fois l'écart type - le rayon d'un intervalle de confiance de quatre vingt quinze pourcent.

Dans la finance, l'écart type (SD - standard déviation) du taux de rendement d'un placement est une mesure de la volatilité de l'investissement et par conséquent, c'est une indication importante pour examiner les risques d'un portefeuille.

Mais pour l'évaluation du trading à court terme, il est inutile de calculer ces déviations de la moyenne. Une bonne gestion du risque et une discipline farouche permettent de rester dans une zone de résultats positifs. Le danger est d'essayer de gagner beaucoup plus, en prenant des risques audacieux. D'ailleurs, il est universellement reconnu que les meilleurs traders gagnent lentement, mais sûrement.

Ce principe semble être la clé de la réussite.

Ainsi, ma seule utilisation de la SD reste dans l'analyse technique avec les bandes de Bollinger.

Une autre étude de statistiques et des probabilités est de mesurer la corrélation. Encore une fois, aucune raison absolument nécessaire de l'appliquer en day-trading. La seule réciprocité recherchée est faite en examinant le comportement des titres par rapport à leur secteur ou à leur indice de référence, ce qui est facilement évident de visu.

En ce qui concerne les rapports trimestriels d'un hedge fund, les experts comptables peuvent fournir, sur simple demande, les évaluations du rendement du portefeuille que ce soit à la fin du mois, du trimestre ou de l'année.

Ces rapports épluchent les résultats et en tirent des statistiques de performance par rapport aux indices de référence, ce qui libère le trader qui n'a plus qu'à se préoccuper de gagner des profits.

L'ANALYSE FONDAMENTALE

*En dernière analyse, ce que nous sommes communique d'une façon
beaucoup plus éloquente que tout ce que nous disons ou faisons.*

—Stephen Covey

L'analyse fondamentale va examiner tous les chiffres de rendement
d'une entreprise, la qualité de son management, son potentiel
de profits, sa probabilité d'expansion et aussi ses dérivés, afin de
déterminer si la cotation actuelle est surévaluée ou sous-évaluée.
En comparant les derniers résultats trimestriels aux précédents et
en estimant la « santé » du secteur général dans lequel se trouve
l'instrument, le compte rendu permet de définir la possibilité d'une
montée de prix de l'investissement éventuel. L'examen comprend
également la situation économique et politique du moment, ainsi
que les nouvelles qui peuvent affecter la valeur de l'entreprise, en bien
ou en mal.

Une bonne maîtrise de la macro et de la microéconomie est
nécessaire pour comprendre efficacement les données et prendre les
décisions appropriées. Mais fréquemment, cette recherche fait face
à des surprises car certains faits inconnus ne sont révélés que bien
plus tard, pour affecter dramatiquement le marché. C'est pourquoi,
il est vraiment nécessaire de combiner l'analyse fondamentale avec
l'analyse technique, cette dernière pouvant lever un drapeau rouge
d'alerte, alors que les chiffres ne dévoilent encore rien.

Souvent, les traders débutants commettent l'erreur de ne pas
considérer une vue d'ensemble de l'environnement. Les professionnels
tiennent compte de la « Big Picture », une perspective plus complète

afin d'anticiper le potentiel de croissance d'une entreprise.

En tant que tel, le secteur dans lequel appartient le titre est très important. À bien des égards, les meilleurs investissements viennent d'abord de la sélection parmi les industries et ensuite du choix parmi les entreprises.

Une analyse « top-down » est faite en commençant par le point de vue global en évaluant l'industrie et, ensuite, d'examiner les détails spécifiques à la société en question. Après tout, une société à la traîne dans un secteur gagnant va généralement mieux s'en tirer qu'une compagnie leader, dans une industrie en chute libre.

Ensuite, il est nécessaire de développer une compréhension du fonctionnement de cette entreprise, vérifier la force relative de son bilan, l'efficacité de son administration et les prospects de ses rendements futurs. De plus, il est indispensable d'en connaître les produits, d'évaluer leur popularité, d'étudier leurs coûts par rapport à leurs ventes et la marge de profit qu'ils génèrent pour cette organisation.

Les facteurs internes à l'organisation sont généralement classés en tant que Forces et Faiblesses, tandis que les facteurs externes sont enregistrés comme des Possibilités et des Menaces (FFPM - en anglais, SWOT). Par exemple, il est important d'étudier si la compagnie a une bonne réputation pour ses brevets, si elle est propriétaire de marques exclusives ou d'un savoir-faire inégalé, si elle a l'accès exclusif à certaines ressources ou encore, à un réseau de distribution préférentiel.

Cette étude peut être extrêmement utile lorsqu'on veut comprendre l'environnement concurrentiel d'une organisation et vérifier qu'elle utilise ses points forts pour tirer parti de ses ressources et de ses capacités, afin de développer un avantage compétitif sur ses concurrents.

Il faut aussi tenir compte des menaces. De même que les opportunités, les dangers résident généralement en dehors de l'entreprise. Les alertes peuvent venir d'un changement dans les goûts des consommateurs, de services compétitifs ou du développement de produits de substitution. Des périls peuvent venir de nouveaux règlements gouvernementaux ou bien de nouvelles barrières commerciales.

Toutefois, le day-trading est terriblement moins efficace s'il est basé sur l'analyse fondamentale. Il est largement plus affecté par le battage médiatique, les nouvelles ou la perception du marché à ce moment-là.

En bref, le day-trading est réactif.

Certains traders ont développé des modèles assez sophistiqués pour tirer parti des opportunités associées aux événements liés aux annonces de résultats, pour répondre à des analystes « upgrades » ou « downgrades » (recommandations positives ou négatives) et aussi, ils ont une méthode pour les stock-splits (division d'actions).

Par exemple, un « stock split » de 2 pour 1 signifie que le prix est réduit de moitié, tandis que l'investisseur va recevoir en échange deux fois le nombre d'actions qu'il possède. La méthode consiste à acheter cette action sur l'annonce d'un stock split et de vendre, si c'est un reverse-split qui est de n'avoir plus que la moitié des titres, à un prix doublé.

Pour les acquisitions et les réorganisations, les traders achètent, en principe, la société qui est convoitée et ils vendent short celle qui va faire l'acquisition, puisqu'en général cette dernière va s'endetter par cette appropriation. Quant aux introductions en bourse, tout dépend du secteur et de la croissance potentielle.

Ces stratégies sont testées, intelligentes et bien qu'elles ne soient pas infaillibles, elles génèrent des bénéfices en identifiant correctement les mouvements de prix pouvant survenir plus tard.

La clé est d'être bien préparé pour faire face à tout événement et surtout, de bien comprendre les données.

L'analyse fondamentale est le territoire des analystes travaillant comme personnel de soutien pour les responsables de l'argent, les traders. Alors que les traders considèrent l'information précieuse, ils doivent y ajouter l'analyse technique avant de décider d'établir une entrée, pour que la performance soit améliorée par un meilleur timing.

L'Analyse des Cycles

Règle numéro un: la plupart des choses s'avèreront cycliques.

Règle numéro deux: quelques-unes des plus grandes opportunités de gain
et de perte viennent quand d'autres gens oublient la règle numéro un.

—*Howard Marks (Oaktree)*

Bien que les cycles de la nature soient visibles et prévisibles, ceux du marché prêtent à confusion car des petits cycles interfèrent avec les plus grands, pour en dissimuler l'évidence. Malgré cela, certains instruments montrent des comportements réitérés à intervalles plus ou moins réguliers. Par exemple, pour les matières premières, les cycles de l'agriculture sont compréhensibles puisque leur prix va dépendre des récoltes et des saisons.

Le coton, le soja et le maïs voient généralement leur prix comptant atteindre le plus bas de l'année à l'automne pendant la récolte. Par conséquent, leur coût influence celui du bétail (bovins, porcs) qui atteint son prix de plancher à la même époque.

Et puis, le blé et l'avoine ont leur valeur minimum, sauf exception, pendant l'été qui est la période de leur moisson. Leur valeur saisonnière reflète l'offre et la demande et va dépendre du temps, de la production et du besoin.

Un trader sait que les prix ne doivent pas, toujours sauf exception, descendre plus bas que le bas saisonnier, jusqu'à ce qu'un haut épisodique puisse être établi plusieurs mois plus tard.

Toutes les données fondamentales sont insuffisantes parce qu'elles ne sont connues qu'après le fait accompli. C'est pourquoi il semble judicieux pour les traders d'utiliser l'analyse technique et l'étude des cycles, de façon à prédire les probabilités de mouvements de prix et de changement de tendance,avant même que les chiffres soient annoncés.

Pour cette étude, il est d'abord nécessaire de définir les cycles dominants (annuels) qui vont affecter l'activité de la cote de l'instrument considéré. Ces résultats sont ensuite combinés avec l'analyse des cycles plus courts (semaines et mois).

La plupart des marchés ont aussi des petits cycles de 14 à 35 jours et en combinant ces derniers, le trader peut détecter un cycle intermédiaire de 6 à 20 semaines, d'un bas à un autre bas du graphique, dépendant du marché étudié.

Les diagrammes de cycles sont rarement symétriques les uns par rapport aux autres et plusieurs exemples différents sont à noter:

9 ans pour le blé,

5½ ans pour le maïs et les métaux précieux,

25 et 38 mois pour le soja,

11 ans pour le bétail et,

4 ans pour le cycle de business.

Mais il est plus important encore de considérer le cycle de 60 ans régissant les marchés actions et, par conséquent, les SP500 (l'indice de référence pour la plupart des investissements).

L'ECONOMIE

Il ne peut y avoir économie que là où il y a efficacité.

—*Benjamin Disraeli*

La santé du marché dépend grandement de la santé de l'économie du pays, c'est pourquoi toute information à son sujet est analysée scrupuleusement par les financiers.

Les annonces économiques peuvent faire monter ou descendre les indices de façon importante.

Un des plus grands effets se produit à la suite d'une annonce de la Fed, la banque centrale des Etats-Unis. Même si le taux d'intérêt reste inchangé, les sentences publiées dans le communiqué sont épluchées mot à mot afin d'essayer de deviner ce que les membres du comité vont décider à l'avenir.

Une autre manifestation importante est le compte rendu sur la situation de l'emploi. Et puis, d'autres rapports sur les conditions régionales ont leur propre impact avec le Beige Book, l'Empire State Index de New York et celui de la Philadelphia Fed auxquels s'ajoutent des conclusions plus générales, comme l'indice de la production des manufactures (ISM).

Les traders tiennent compte de certains guides qui vont donner l'alarme ou les rassurer sur la situation de l'économie.

Par exemple, si le taux des obligations gouvernementales à court terme (durée 90 jours) passe plus haut que le taux de celles qui sont à long terme (durée 10 ans) et que cette situation dure depuis plus de trois mois, c'est de mauvais augure pour la santé de l'Etat.

Une courbe de taux inversée s'avère être un signe très fâcheux et même sinistre pour le futur.

Aussi, certains marqueurs économiques sont considérés leaders ou en avance sur d'autres, pour prédire ce qui va se passer plus tard. Ces derniers comprennent la moyenne des nouveaux ordres et les heures travaillées en usine, le chômage, la valeur des SP500, les attentes ou espérances des consommateurs et le taux d'intérêt à 10 ans comparé au fonds monétaire.

De plus, si ces « leading indicators » (qui devancent le comportement économique du pays) sont continuellement en baisse sur une durée de six mois et, de surcroît, que le ratio des « coïncident to lagging indicators » (le quotient de ceux qui coïncident avec l'économie par rapport à ceux qui réagissent avec retard) se dirige vers la baisse depuis deux trimestres, les traders peuvent se tenir prêt à changer leur vue positive du marché, puisque ces indications reportent qu'une récession est imminente.

Cette prédiction est aussi valable dans le cas où le PIB (Produit Intérieur Brut) descend sur plusieurs trimestres d'affilé ou si le chômage du pays a augmenté de 1,5% ou plus, sur l'année.

Toutefois, contrairement aux suppositions émises par certaines personnes, un pays ayant une dette dépassant son PIB n'est pas forcément au bord de la faillite.

Les annonces économiques doivent être prises en considération pour gérer tout portefeuille, même pour les négociations en day-trade, puisque le trading à court terme profite largement des réactions occasionnées par les détails publiés sur l'économie du pays.

Evaluation des Performances

*Le vrai génie réside dans la capacité d'évaluation des
informations incertaines, dangereuses et contradictoires.*

—**Winston Churchill**

L'intérêt des investisseurs pour les hedge funds réside dans le fait qu'ils soient associés avec les mots « absolute returns » (retours absolus) et c'est cette caractéristique qui les rend aussi attrayants, en particulier quand les marchés sont baissiers.

Cela les différencie des fonds communs de placement qui se mesurent contre leurs repères. Lorsque ces derniers ont des résultats négatifs, leurs résultats restent acceptables tant qu'ils sont légèrement meilleurs par rapport à leur indice de référence.

En revanche, un hedge fund doit fournir des rendements absolus, indépendamment des conditions générales. Les performances d'un portefeuille sont évaluées par certains facteurs de risques et il est important pour le gérant d'en tenir compte dans ses prises de décisions. Ainsi, ils peuvent être comparés à des modèles d'évaluation.

« VaR » (Value at Risk ou risque de perte) est un outil prédictif pour empêcher les gestionnaires de portefeuilles de dépasser la tolérance au risque convenue dans leur contrat de management. Cela permet d'avoir une estimation des pertes qui ne devraient pas être dépassées, sur une période de temps définie, dans des conditions normales du marché et sans rien changer aux positions. VaR est utilisée pour mesurer et évaluer le niveau de risque financier et s'assurer d'un certain contrôle tout en essayant d'obtenir un rendement supérieur. C'est fait en supposant un comportement normal de l'actif qui reste semblable, basé sur l'histoire.

Le Modèle d'Evaluation des Actifs Financiers (MEDAF) ou « Capital Assets Pricing Model (CAPM) » est utilisé pour évaluer des actions dans un marché en équilibre. Il indique que le rendement attendu d'un titre ou d'un portefeuille doit être égal au taux d'une sécurité sans risque, majoré d'une prime de risque. Le modèle est une base de rentabilité exigée par un investisseur. Le taux de l'argent sans risque est en principe représenté par le taux d'un emprunt d'Etat (OAT - Obligation générale du Trésor) et il est majoré par une prime de risque uniquement liée au risque du marché de l'actif. Si ce retour ne peut pas égaler ou battre le rendement requis, l'investissement ne doit pas être entrepris.

CAPM a introduit le concept d'alpha. Cette évaluation porte sur les facteurs liés à la performance d'un actif ou d'un fonds et est une mesure active ajustée du risque de profit dans un investissement. Parce qu'alpha représente le profit au-delà de la rémunération du risque pris, alpha est couramment utilisé pour évaluer la performance des gestionnaires d'actifs. Souvent, le rendement d'un indice de référence est soustrait du résultat, afin de montrer la performance relative.

En général, l'indice SP500 est pris comme l'indicateur de choix pour le marché dans son ensemble et une seconde mesure, bêta, évalue la volatilité représentant le risque systématique d'un titre ou d'un portefeuille par rapport au marché.

Ainsi, bêta est calculé en utilisant une analyse de régression et il est possible de penser au bêta comme la tendance des rendements d'un titre à répondre aux fluctuations du marché. Une valeur bêta de 1 , indique que le prix du titre va se déplacer de manière proportionnelle avec le marché. Puisque sa volatilité est corrélée à son indice de référence, une action avec un bêta de un est souvent une très large société pesant considérablement sur l'ensemble et contribuant largement à l'indice.

Un bêta inférieur à 1 signifie que le titre réagit moins en pourcentage que le marché et un bêta supérieur à 1, indique que le prix du titre est plus volatile que le marché.

Par exemple, le bêta d'un titre à 1,2 est théoriquement 20% plus volatile que le marché. Si les SP500 descendent de 1%, l'action est sensée descendre de 1,2%.

De nombreuses actions de services aux collectivités ont une version bêta de moins de 1 et à l'opposé, les actions high-tech (haute technologie) ont un bêta bien plus grand que 1 et offrent la possibilité d'un taux de croissance supérieur, associé à plus de risques aussi. Un bêta à zéro, ne suit aucunement les mouvements du marché et un bêta inférieur à zéro signifie que le titre agit à l'inverse des SP500.

Un autre critère est la volatilité, représentant la fluctuation des prix ou des résultats dans le temps. C'est une force négative dans un portefeuille d'investissement, car elle affecte la stabilité de la rentabilité et elle augmente le risque de perte du capital investi. C'est l'écart type d'un titre donné et elle relève l'ampleur des variations du cours de l'actif financier par rapport au rendement moyen du secteur. Bêta est donc un des composants principaux de la volatilité.

Certains des investissements alternatifs sont conçus non seulement pour réduire les risques de baisse mais également pour maintenir un niveau de volatilité plus bas. Le gestionnaire d'un fonds doit faire des analyses statistiques pour hiérarchiser les valeurs selon la rentabilité attendue et les facteurs de risques (analyse quantitative du risque). Cette étude l'aide à déterminer les valeurs à choisir pour augmenter l'alfa et minimiser le bêta. L'analyse mathématique est faite d'après des modèles assistés par des ordinateurs, d'où leur nom de « Black Box» (Boîte Noire).

De nombreux hedge funds utilisent des instruments dérivés qui permettent au gérant d'établir des paramètres pour chaque investissement ou encore de maximiser l'alfa pour le fonds.

Et puis, l'APT (Arbitrage Pricing Theory) est une théorie générale de prix des actifs qui soutient que le rendement attendu d'un investissement financier peut être modélisé, comme une fonction linéaire de divers facteurs macro-économiques ou d'indices de marché et où la sensibilité aux variations de chaque facteur est représentée par un coefficient spécifique du facteur bêta. Le taux de profit dérivé du modèle est alors utilisé pour estimer le prix de l'actif correctement - la valeur devant être égale à celle prévue en fin de période, déduite du taux stipulé par le modèle.

Si le prix diverge, l'arbitrage doit le ramener dans le rang.

En fin de compte, quelle que soit la façon d'analyser un portefeuille, tant que les profits sont réguliers, c'est quand même le pourcentage de bénéfices en fin d'année qui fait la différence, tant que la volatilité est réduite.

Dans mon fonds, je regardais tous ces modèles d'évaluation, mais je laissais la tâche d'analyser mes résultats à un organisme extérieur qui recevait à la fin de chaque journée, directement de ma chambre de compensation toute la liste de positions, chaque évaluation des trades et le P & L de mon portefeuille. Ces études étaient faites pour moi ainsi que toutes les mesures nécessaires afin que ma performance soit en conformité avec les normes.

Personnellement, je préférais une approche K.I.S.S.

Tant que je ne perdais pas l'esprit avec des Enron ou des options, ma performance était régulière et je n'avais pas à me plaindre. Mes leçons apprises avaient été trop pénibles pour être répétées et j'appréciais récolter les fruits de ma discipline.

L'utilisation de moins d'outils de négociation et de seulement deux ou trois stratégies m'avait permis d'acquérir plus facilement une certaine aisance à générer des revenus constants et cohérents. Mes toutes premières erreurs ainsi que les plus récentes m'avaient enseigné d'importantes leçons alors que les épreuves et les tribulations de l'exercice de ma profession avaient contribué à mon expérience, même si mes premières années étaient associées au stress persistant d'assurer le bien-être de mes garçons.

En écrivant ce livre, mes pensées ont été celle d'une maman, dont le but a toujours eu pour objectif de protéger et d'éduquer ses petits.

Il est dédié à amour et affection à mes fils. Chaque sacrifice dans ma vie a été amplement récompensé par leur succès personnel et professionnel. J'ai voulu particulièrement révéler à Maxime ce que j'ai appris au cours de ma carrière, dans l'espoir de le voir bénéficier d'un succès remarquable, qu'il pourra raconter à son tour. Je suis immensément fière de lui, comme son frère.

J'espère que ce livre les aidera à comprendre le chemin que j'ai choisi.... Mais plus important encore, je voudrais les remercier d'avoir été mon inspiration. Pendant chaque lutte que j'ai enduré et chaque succès que j'ai achevé, j'ai toujours pensé à mes enfants et à ce que cela signifiait pour leur avenir.

Aussi, ma satisfaction serait décuplée, si mon histoire s'avère être bénéfique pour ceux qui veulent aussi embrasser la carrière d'un trader de Wall Street.

A tous, je souhaite sincèrement bonne chance et bon trading.

FIN

INDEX

bougies 104, 249, 254, 255, 256, 262,
263, 273, 276, 277, 278, 300,
302, 303, 317
bourse 25, 53, 54, 55, 59, 67, 69, 73,
91, 98, 99, 100, 101, 103, 110,
113, 114, 120, 141, 142, 145,
150, 154, 161, 173, 179, 186,
195, 196, 210, 221, 249, 298, 327
Box Fibonacci 205, 207, 218, 222, 300.
voir retracement
butterfly spreads 215. *voir* options

C

Calls 186, 187, 216, 217, 218, 219, 281.
voir options
canal 271, 315
candlesticks. *voir* chandeliers
Capital Assets Pricing Model 334
CAPM. *voir* Capital Assets Pricing
Model
CBOE 282. *voir* Chicago Board Options Exchange
CCI 11, 73, 79, 83, 88, 104, 133, 183,
249, 254, 261, 262, 267, 277,
278, 280, 281, 282, 300, 302,
303, 305, 306, 307, 318, 319.
voir indicateurs
chambre de compensation 54, 55, 177,
178, 186, 336
chandeliers 74, 254, 255, 258.
voir graphique
channel. *voir* canal
Charles Ives 275
Chicago Board of Trade 309.
voir bourse
Chicago Board Options Exchange
250, 282. *voir* bourse
Cognitive-Emotional Interactions in
the Brain 292. *voir* Dr. Ledoux
COMEX 13, 186, 188. *voir* bourse
Confucius 315
contrôle 93, 127, 333
convergence 279, 281. *voir* indicateurs
courbe de taux inversée 332
Covered Calls 217. *voir* options

Croix de la mort 268. *voir* indicateurs
Croix d'or 268. *voir* indicateurs
cross-trade 35
CVX. *voir* Chevron

D

Dalaï- Lama 239
Dale Carnegie 13, 44, 83
day-trader 72, 74, 76
Dean Arthur Stanley 229
Delta 216. *voir* options
Denis Waitley 93
dérivatives 215, 217, 218, 219. *voir* op-
tions
divergence 79, 83, 88, 279, 280, 281,
306, 307, 318. *voir* indicateurs
Doji 255, 300, 304. *voir* chandeliers
Donald Lambert 318
Dow Jones 40, 73, 234, 236, 239, 249,
250. *voir* bourse; *voir* indice
Dragon Fly 300, 303. *voir* chandeliers
Dr. George Lane 317
Dr. Ledoux 292

E

easy language 159
écart de prix (gap) 168, 254, 283, 284
écart type 90, 321, 322, 335
effritement de la valeur avec le temps
56
Elizabeth Cady Stanton 49
EMA 267, 277. *voir* moyennes mobiles
exponentielles
Esope 283

F

Fear and Greed (Peur et Cupidité) 70
Fibonacci 79, 80, 82, 205, 222, 295,
298, 300, 317
Fooled By Randomness 321. *voir* Nas-
sim Nicholas Taleb
Force Psychologique et Discipline 142,
143
FRE. *voir* Freddie Mac

A Propos de L'Auteur

Ninette D. Uzan-Nemitz, dans sa quête de succès, est devenue l'une des premières femmes traders de Wall Street. Dans une industrie où les carrières durent rarement plus d'un an ou deux, elle continue à investir profitablement sa discipline et sa détermination pour obtenir des rendements extraordinaires.

Elle a été décrite dans le Boston Globe, le Tokyo Shimbun et Playboy. Son histoire est une inspiration pour tous ceux qui veulent prendre le contrôle de leur destinée financière sans être dévorés par les loups.

Depuis ses débuts dans une société de courtage sans scrupules, elle a lutté et réussi à trouver des opportunités en or, elle a créé son propre système de trading et a fondé un fonds de gestion alternative, le Viking Hedge Fund. Sur son chemin, elle a pu éviter toutes les ruses et échapper aux nombreux pièges des loups de Wall Street.

A présent « retraitée », elle enseigne ses stratégies, donne des conférences dans les écoles de commerce et présente des wébinaires privés sur le trading.

Après de nombreuses années aux Etats Unis, Ninette vit à Paris, tout près de sa famille et de l'Arc de Triomphe.

www.reminiscences-trader.com